2021年度河北省哲学社会科学学术著作出版资助

国家社科基金丛书
GUOJIA SHEKE JIJIN CONGSHU

基于国家治理现代化的政府间事权配置机理研究

Research on the Allocation Mechanism of Intergovernmental Administrative Power
Based on the Modernization of National Governance

任广浩 著

人民出版社

目　　录

第一章　导　论

一、选题背景及研究意义

（一）选题背景

对任何国家来说,中央与地方权力关系都是制度构建的核心问题。"数千年的中国政治历史经验指向了中央地方关系的重要性。一个稳定的中央地方关系,不仅决定了国家政治是否稳定,更决定了国家的兴衰。"①中央地方权力关系首先事关国家统一和分裂,统一能够带来和平与繁荣,而分裂往往意味着战乱与衰败;另一方面,中央地方权力关系直接影响着经济社会发展,均衡、协调的中央与地方权力关系能够确保国家治理效能的发挥、良好公共服务的供给,进而保障社会稳定和人民福祉的增进。中央与地方政府的事权配置是中央地方权力关系的基础和重心所在。如何能够适度集权,保持中央权威与国家统一,同时又能适度分权,保持地方稳定与活力,进而保障国家长久的稳定与繁荣,是国家治理追求的理想目标。人类几千年的政治文明发展史证明,要维持集权与分权适当的纵向权力结构,是非常艰巨而重

---

① 郑永年:《中国央地关系向何处去?》,《联合早报》2018 年 1 月 30 日。

大的理论和实践问题。

新中国成立 72 年来,执政党的历届领导集体都对处理好中央地方关系高度重视。1956 年毛泽东在《论十大关系》中提出中央地方关系的著名论断;改革开放初期邓小平提出"一国两制"的设想;1994 年社会主义市场经济初期的分税制改革;2004 年党的十六届四中全会把"正确处理中央与地方的关系"作为妥善处理关系经济体制改革全局的六个重大关系之一;2007 年党的十七大明确提出要"统筹中央与地方关系"。

党的十八大以来,党和国家以建立现代事权与支出责任制度为契入点,不断深化权力纵向配置体制机制改革,提出了一系列新理念、新举措。2013 年召开的党的十八届三中全会,在全面深化改革进程中具有里程碑意义,这次会议确立了全面深化改革的总目标是:"完善和发展中国特色社会主义制度,推进国家治理体系和治理能力现代化"。[①] 推进和实现国家治理体系现代化,是全面深化改革两大总目标之一,也是实现治理能力现代化的前提和基础。2019 年 10 月召开的党的十九届四中全会通过了《中共中央关于坚持和完善中国特色社会主义制度、推进国家治理体系和治理能力现代化若干重大问题的决定》,这是完善我国制度建设、推进国家治理现代化的纲领性文件,进一步明确了推进国家治理体系和治理能力现代化的重大战略地位。政府治理、市场治理和社会治理是现代国家治理体系中三个最重要的组成部分。[②] 政府治理处于整个治理体系中的枢纽地位,是市场治理和社会治理的前提和基础。处理好中央与地方政府间事权的纵向配置问题,是实现良好政府治理的关键所在。

改革开放 40 多年特别是党的十八大以来,以基本公共服务领域事权和支出责任划分为突破口,政府间事权纵向配置一系列重大改革取得了明显的成

---

① 《中共中央关于全面深化改革若干重大问题的决定》,《十八大以来重要文献选编》(上),中央文献出版社 2014 年版,第 512 页。
② 俞可平:《推进国家治理体系和治理能力现代化》,《前线》2014 年第 1 期。

效。因此,在这样的背景下,如何构建科学、合理的政府间事权纵向配置体系及治理机制,是完善国家治理体系、提高国家治理能力的重大课题。

(二) 研究意义

1. 政府间事权纵向配置是党的历代领导集体始终高度关注的重大问题

早在 1956 年,毛泽东在《论十大关系》中专门论述了"中央与地方的关系"。毛泽东提出"处理好中央和地方的关系,这对于我们这样的大国大党是一个十分重要的问题"[①],并明确提出处理中央地方关系要发挥中央地方两个积极性的基本原则,"我们的国家这样大,人口这样多,情况这样复杂,有中央和地方两个积极性,比只有一个积极性好得多。"[②]这一原则成为新中国成立后几十年指导纵向权力配置的最高准则并被写进了共和国的宪法。

作为改革开放的总设计师,邓小平系统地提出了一系列处理转轨时期中央与地方关系的原则,这些原则在改革开放进程中发挥了巨大作用。邓小平在改革开放初期就指出:"我们的一切工作都会涉及全局与局部的关系、中央与地方的关系、集中统一与因地制宜的关系。"[③]邓小平高度重视中央地方权力关系在改革中的地位,提出改革的重点是"权力要下放,解决中央和地方的关系。"[④]邓小平还深刻指出"中央要有权威。改革要成功,就必须有领导有秩序地进行。"[⑤]他还创造性地提出"一国两制"的构想,在成功解决港澳问题的同时,也极大的丰富和发展了我国中央地方权力配置的理论。

1995 年,江泽民在党的十四届五中全会系统提出了要正确处理包括"中

---

① 《毛泽东选集》第 5 卷,人民出版社 1977 年版,第 276 页。
② 《毛泽东选集》第 5 卷,人民出版社 1977 年版,第 275 页。
③ 《邓小平文选》第 1 卷,人民出版社 1993 年版,第 198—199 页。
④ 《邓小平文选》第 3 卷,人民出版社 1993 年版,第 177 页。
⑤ 《邓小平文选》第 3 卷,人民出版社 1993 年版,第 277 页。

央和地方关系"在内的社会主义现代化建设中 12 个方面的重大关系,指出"充分发挥中央和地方两个积极性,是国家政治生活和经济生活中的一个重要原则问题,直接关系到国家的统一、民族的团结和全国经济的协调发展。"①

胡锦涛在党的十七大报告中提出要"要正确认识和妥善处理中国特色社会主义事业中的重大关系,统筹中央和地方关系,充分调动各方面积极性。"②

党的十八大以来,以习近平同志为核心的党中央把推进政府间事权配置的制度化、法治化作为全面深化改革、推进国家治理现代化的重点领域。十八届三中全会提出建立事权和支出责任相适应的制度;十八届四中全会明确要"推进各级政府事权规范化、法律化,完善不同层级政府特别是中央和地方政府事权法律制度"③;2016 年,为落实党中央关于事权和支出责任改革的部署,国务院出台了《关于推进中央与地方财政事权和支出责任划分改革的指导意见》,这是政府间事权纵向配置制度化的重大突破;习近平总书记在十九大和十九届三中全会提出要赋予省级及以下政府更多自主权,推进党和国家机构改革,优化中央与地方政府机构设置和职能配置;党的十九届四中全会决定将"健全充分发挥中央和地方两个积极性体制机制"作为推进国家治理体系现代化的重要内容进行了系统部署,明确提出要"构建从中央到地方权责清晰、运行顺畅、充满活力的工作体系。"④党的十九届五中全会通过的《中共中央关于制定国民经济和社会发展第十四个五年规划和二〇三五年远景目标的建议》进一步提出,"明确中央和地方政府事权与支出责任,健全省以下财政体制,增强基层公共服务保障能力。"

---

① 《江泽民文选》第 1 卷,人民出版社 2006 版,第 471—472 页。

② 胡锦涛:《高举中国特色社会主义伟大旗帜 为夺取全面建设小康社会新胜利而奋斗——在中国共产党第十七次全国代表大会上的报告》,《人民日报》2007 年 10 月 25 日。

③ 《中共中央关于全面推进依法治国若干重大问题的决定》,《十八大以来重要文献选编(中)》,中央文献出版社 2016 年版,第 165 页。

④ 《中共中央关于坚持和完善中国特色社会主义制度、推进国家治理体系和治理能力现代化若干重大问题的决定》,《〈中共中央关于坚持和完善中国特色社会主义制度、推进国家治理体系和治理能力现代化若干重大问题的决定〉辅导读本》,人民出版社 2019 年版,第 18—19 页。

2. 政府间事权纵向配置改革是全面深化改革、推进国家治理现代化的必然要求

政府间事权纵向配置问题,既是重要的法律命题、也是重要的经济命题、更是重大的政治命题。从法律的角度来看,政府间事权纵向配置是基于宪法、组织法、立法法等国家法律所设置的一系列涉及国家基本政治架构、经济、社会制度的安排;从经济的角度来看,政府间事权纵向配置关系到中央和地方各层级政府事权和支出责任的制度安排和政府公共服务的有效供给;从政治的角度来看,政府间事权纵向配置是国家结构形式的具体体现,直接关系到国家的主权、统一和政治稳定。因此,在全面深化改革的进程中,政府间事权纵向配置必然会成为经济体制、政治体制改革和推进全面依法治国的交汇点而备受关注。要实现国家治理体系和治理能力现代化,一方面要有中央政府强大的宏观调控能力,维护中央权威,确保国家大政方针的有效贯彻;另一方面,还要有高效且充满活力的地方政府。习近平总书记指出,“治理国家,制度是起根本性、全局性、长远性作用的”①。因此,要从理论上理解中央与地方政府事权纵向配置改革与国家治理现代化的关系,分析我国政府间事权纵向配置中存在的弊端及其根源,实现中央与地方政府间事权纵向配置的制度化、法治化。

3. 政府间事权纵向配置的研究,可以拓展对全面深化改革总目标的理论研究

党的十八届三中全会确立了全面深化改革的总目标,党的十九大进一步强调要不断推进国家治理体系和治理能力现代化,并提出要“构建系统完备、

---

① 《习近平关于全面深化改革论述摘编》,中央文献出版社 2014 年版,第 28 页。

科学规范、运行有效的制度体系"①,特别明确要"建立权责清晰、财力协调、区域均衡的中央和地方关系"②,以适应全面深化改革总目标、实现治理现代化的客观要求。政府间事权纵向配置是中国特色社会主义制度体系的重要组成部分,是国家治理的基本内容。党的十九届四中全会决定第五部分将"坚持和完善中国特色社会主义行政体制,构建职责明确、依法行政的政府治理体系"作为推进国家治理体系和治理能力现代化的重要内容之一作出了进一步明确部署,对充分发挥中央和地方两个积极性作出了新的重要阐释,强调要"健全充分发挥中央和地方两个积极性体制机制",明确提出"理顺中央和地方权责关系","加强中央宏观事务管理","赋予地方更多自主权,支持地方创造性开展工作。"③目前理论界对国家治理体系现代化从制度层面进行系统、实证和对策研究不足,尤其缺乏对治理体系中政府间事权内在关联、配置机理的系统研究。因此,开展对政府间事权纵向配置的研究有重要的理论意义。

二、研究现状述评

(一)国内研究现状综述

政府间事权纵向配置问题的研究涉及马克思主义理论、政治学、法学、经济学、行政管理学等多学科领域。相关研究所涉及的问题也非常广泛,包括中

---

① 习近平:《决胜全面建成小康社会　夺取新时代中国特色社会主义伟大胜利——在中国共产党第十九次全国代表大会上的报告》,《中国共产党第十九次全国代表大会文件汇编》,人民出版社 2017 年版,第 20 页。

② 习近平:《决胜全面建成小康社会　夺取新时代中国特色社会主义伟大胜利——在中国共产党第十九次全国代表大会上的报告》,《中国共产党第十九次全国代表大会文件汇编》,人民出版社 2017 年版,第 27 页。

③ 《中共中央关于坚持和完善中国特色社会主义制度、推进国家治理体系和治理能力现代化若干重大问题的决定》,《〈中共中央关于坚持和完善中国特色社会主义制度、推进国家治理体系和治理能力现代化若干重大问题的决定〉辅导读本》,人民出版社 2019 年版,第 18—19 页。

央地方关系、国家结构形式、政府间关系、分税制改革、财政事权和支出责任划分等诸多方面。从总体上说,国内学术界对政府间事权纵向配置问题相关的研究主要有四种研究进路,包括马克思主义理论、党史党建视角的研究,政治学视角的研究,经济学视角的研究和法学视角的研究。而每一种分析方法之下又涉及不同类型的研究领域和研究论题。

1.马克思主义理论、党史党建视角的研究

这一视角的研究主要涉及三个方面的问题,一是政府间事权纵向配置的理论基础,即中央集权和地方自治关系;二是这一问题在中国的具体实践,即"中央和地方两个积极性"原则的提出及其发展;三是马克思主义经典作家国家结构形式的理论及中共领导人对中国选择单一制国家结构形式的认识。

(1)中央集权与地方自治的基本理论

薄贵利在《中央地方关系研究》一书中专章论述了马克思主义中央地方关系理论,特别对马克思主义经典作家关于中央集权与地方自治的思想进行了分析,指出马克思、恩格斯肯定中央集权制的必然性、合理性和进步性。[1]同时也提出"马克思、恩格斯虽然肯定和主张中央集权制,但不因此而否定地方自治。"[2]

(2)"中央和地方两个积极性"原则的提出及其发展

从 20 世纪 90 年代开始,中央地方关系的研究越来越受到理论界的关注,产生了一系列的研究成果,许多研究都对毛泽东在《论十大关系》中提出的"中央地方两个积极性"做了理论阐释。这其中有代表性的成果包括辛向阳的《百年博弈——中国中央地方关系 100 年》《大国诸侯:中国中央与地方关系之结》,薄贵利的《中央地方关系研究》、朱光磊的《当代中国政府过程》等。辛向阳对毛泽东《论十大关系》中提出"中央地方两个积极性"的背景作了深

---

① 薄贵利:《中央地方关系研究》,吉林大学出版社 1991 年版,第 170 页。
② 薄贵利:《中央地方关系研究》,吉林大学出版社 1991 年版,第 174 页。

入的分析,强调了其历史意义,认为《论十大关系》关于中央地方关系的思想"至今仍有重要现实意义。""邓小平提出的中央与地方关系理论,江泽民提出的处理中央地方关系的原则,都是以《论十大关系》为指导的。"①朱光磊也提出"在中华人民共和国的历史上。'充分调动中央和地方两个积极性'这一原则的地位,及其相应的基本管理模式从未发生过变化。"②要在"维护中央权威"和"尊重地方利益"这两大基石上发挥两个积极性。在中央和地方关系这对矛盾中,"维护中央权威""是矛盾的主要方面。"③一些学者还对中共几代领导人的中央地方关系思想进行了阐释,如杨小云的《论新中国建立以来中国共产党处理中央与地方关系的历史经验》(《政治学研究》2001 年第 2 期),关晓丽的《论三代领导人关于中央与地方关系的主要思想与实践》(《马克思主义研究》2010 年第 7 期)、辛向阳的《第三代领导集体关于中央地方关系的思想及其时代风格》(《重庆行政》2000 年第 3 期)等。

(3)对马克思主义经典作家国家结构形式的理论及中共领导人对中国选择单一制国家结构形式认识的研究

杨小云的《新中国国家结构形式研究》(中国社会科学出版社 2004 年版)、魏红英的《宪政架构下的地方政府模式研究》(中国社会科学出版社 2004 年版)、《列宁的国家结构制度思想及其特点》(《中南民族大学学报(人文社会科学版)2004 年第 2 期)》,薄贵利的《中央地方关系研究》等都对马克思主义经典作家关于国家结构形式的思想进行了研究。杨小云提出"马克思和恩格斯最早提出了民族区域自治的思想。""列宁在领导俄国革命的过程中,进一步发展马、恩有关地方自治和区域自治的思想。"④魏红英提出马克思、恩格斯一直主张无产阶级夺取政权后采取单一制的国家形式,分析了列宁

---

① 辛向阳:《百年博弈——中国中央地方关系 100 年》,山东人民出版社 2000 年版,第 185 页。

② 朱光磊:《当代中国政府过程》,天津人民出版社 2002 年版,第 325 页。

③ 朱光磊:《当代中国政府过程》,天津人民出版社 2002 年版,第 325 页。

④ 杨小云:《新中国国家结构形式研究》,湖南师范大学 2002 年博士学位论文。

关于国家结构形式的思想在十月革命前后的发展变化。列宁根据俄国无产阶级革命的局势和俄国的民族特点,用联邦制主张代替了原来的单一制主张,建立了第一个社会主义联邦制国家。

杨小云、魏红英等都分析了中国共产党以及毛泽东等中共领导人国家结构思想的发展和演变,阐释了党的第一代领导集体探索中国实行单一制国家结构形式和民族区域自治制度的理论发展和实践轨迹。

自20世纪80年代"一国两制"构想提出以后,国内学者围绕着一国两制的内涵意义、一国两制与国家结构形式、一国两制实施的具体模式、一国两制与台湾问题等开展了广泛的研究,形成了丰富的研究成果。具有代表性的成果包括林尚立的《一个国家,两种制度》(上海人民出版社1998年版),王邦佐、王沪宁的《从"一国两制"看主权与治权的关系》(《政治学研究》1986年第2期),程林胜的《邓小平"一国两制"思想研究》(辽宁人民出版社1992年版),陈道华的《"一国两制"与国家理论》(中共中央党校出版社2002年版)。林尚立提出"一国两制"这个概念虽然是针对国家统一问题提出的,其思想是对马克思主义国家学说的新发展,体现了一种新的国家观念和国家理论。①

2.政治学视角的研究

我国中央地方关系理论的研究在政治学领域开展最早,成果也最为丰硕。主要包括以下具体领域的研究。

(1)关于中央与地方政府权力关系内涵的界定

林尚立提出,广义的中央与地方政府间的关系"主要体现为立法关系、行政关系和司法关系。"狭义的政府间关系主要体现为"中央政府与地方政府以及地方政府之间的行政关系。"②高韬芳提出,中央与地方关系的主体应界定

---

① 林尚立:《一个国家,两种制度》,上海人民出版社1998年版,第143—179页。
② 林尚立:《国内政府间关系》,浙江人民出版社1998年版,第68页。

为狭义的"中央政府"和"地方政府",即国务院和地方政府的关系。① 高民政、芮明春等在广义上使用政府概念,认为中央与地方政府的权力关系包括国家立法机关、行政机关、司法机关等所有国家机关。② 朱光磊和王敬松、胡伟等则认为政府是将权力机关、行政机关、司法机关和执政党都包括进去,是"大政府"的概念,这更符合中国政治权力的实际运行状况。胡伟提出中国的情况完全不同于西方国家,如果把中国共产党的组织排除在"政府"之外,就根本无法解释当代中国政府间事权纵向配置的现实状况。③

一些学者提出从宪法与法律规定之权力分配关系、政治权力分配关系、公共事务管理权分配关系和财权分配关系四个方面,分析中央与地方政府权力关系的结构。④ 还有的学者提出中央与地方的权力结构包括立法权力关系、行政权力关系、司法权力关系三个方面。⑤ 朱光磊提出中央与地方政府权力关系由两种具体形式构成,一是中央政府与一般行政区域地方政府的关系,二是中央与自治地方政府包括民族自治区域地方政府和特别行政区地方政府的关系。⑥

(2)从府际关系理论的视角研究政府间事权配置

在我国,府际关系或政府间关系理论对政府间纵向权力配置有较为深入系统的研究,成果较为丰硕。林尚立特别强调"政府间关系的中轴是中央政府与地方政府的关系。"⑦张志红在《当代中国政府间纵向关系研究》一书中

① 高韬芳:《当代中国中央与民族自治地方政府关系研究》,人民出版社2009年版,第14页。
② 高民政主编:《中国政府与政治》,黄河出版社1993年版,第3页;芮明春主编:《政府学》,中国人事出版社1993年版,第34页。
③ 胡伟:《政府过程》,浙江人民出版社1998年版,第16—17页;朱光磊:《当代中国政府过程》,天津人民出版社2002年版,第13—14页。
④ 孙柏瑛:《当代地方治理》,中国人民大学出版社2004年版,第132页。
⑤ 孙波:《中央与地方关系法治化研究》,山东人民出版社2013年版,第40页。
⑥ 朱光磊:《当代中国政府过程》,天津人民出版社2002年9月第2版,第343页。
⑦ 林尚立:《国内政府间关系》,浙江人民出版社1998年版,第19页。

提出要跳出"集权"、"分权"二分法,寻求以"保持国家统一、促进经济社会发展、推动政府发展与民主化进程"为价值目标的政府间纵向权力配置的制度设计。①

(3) 集权与分权的理论视角

许多学者从集权和分权的角度研究中央与地方政府的权力关系,形成了合理分权说、选择性集权说和集分平衡说等主要代表性观点。薄贵利认为由中央高度集权体制走向合理分权体制是中国现代化稳步发展时期中央地方权限划分的必然趋势,合理分权是在中央与地方权力法定基础上的"有限度的集权与分权"②;郑永年认为要实现"地方更大的积极性和中央控制,就需要制度创新。""中央政府尝试通过在它认定的地区介入地方,重建中央——地方关系并增强中央的权力——这种战略可以被称为'选择性再集权'"③;王沪宁通过分析我国中央与地方关系的某些失衡现象提出"集分平衡"作为中央与地方协同关系的原则,他认为"超大社会从发展趋势看,势必要走权力下放的道路。不过在各项条件没有臻于完备之时,过早或过快地跨入这一过程,或者说不当地介入这一过程则会欲速不达。"④

(4) 比较研究的视角

许多学者运用比较研究的方法,分析当代西方国家处理中央与地方政府权力关系的理论、制度及其改革趋势等。在比较研究的成果中,既有综合研究如薄贵利的《近现代地方政府比较》(光明日报出版社 1988 年版),许崇德的《各国地方制度》(中国检察出版社 1993 年版),郑贤君的《地方制度论》(首都师范大学出版社 2000 年版),任进的《中外地方政府体制比较》(国家行政学院出版社),潘小娟的《发达国家地方政府管理制度》(时事出版社 2001 年

---

①　张志红:《当代中国政府间纵向关系研究》,天津人民出版社 2005 年版,第 15 页。
②　薄贵利:《建立和完善中央与地方合理分权体制》,《国家行政学院学报》2002 年(专刊)。
③　郑永年:《中国的"行为联邦制"》,邱道隆译,东方出版社 2013 年版,第 312 页。
④　王沪宁:《集分平衡:中央与地方的协同关系》,《复旦学报》(社会科学版)1991 年第 2 期。

版),魏红英的《西方发达国家处理中央与地方关系的几点启示》(《广西社会科学》2002 年第 3 期)等;也有按国别、区域开展的研究,如胡康大的《欧盟主要国家中央与地方的关系》(中国社会科学出版社 2000 年版),曾祥瑞的《新日本地方自治制度研究》(中国法制出版社 2005 年版),董礼胜的《欧盟成员国中央与地方关系比较研究》(中国政法大学出版社 2000 版)等。对美国、英国、德国、日本、法国、俄罗斯等国家的中央与地方政府权力划分的立法、体制机制、发展趋势等方面开展了较为深入的研究。这些比较研究为我国政府间纵向权力配置体制机制的改革提供了重要的理论参考。

3. 财政事权与支出责任视角的研究

从财政事权与支出责任视角研究中央与地方政府间事权配置是财政理论近年来关注的热点问题,产生了大量的研究成果,特别是党的十八届三中全会提出建立事权与支出责任相适应的制度以来,伴随着党中央、国务院一系列重大改革举措的推进,相关研究不断深化。

(1)关于事权的内涵及其划分模式的研究

事权概念是政府间纵向权力配置的一个核心概念,近年来我国学者对事权的涵义进行了广泛的讨论。代表性的观点主要有以下几种,一是"公共物品供给责任说",马海涛等认为,市场经济下的政府职能主要是供给公共物品,因此,事权的内涵就是公共物品供给责任。[1] 王浦劬提出:所谓"事权",实际是指特定层级政府承担公共事务的职能、责任和权力。[2] 二是"支出责任说",认为"事权一般指的是一级政府在公共事务或服务中应承担的任务和职责,或者简单的说,就是政府的财政支出责任。"[3]三是"政府职权说",认为事权就是政府的职权,是政府处理公共事务的权力,事权由国家事权、政府事权

---

① 马海涛:《政府间事权与财力、财权划分的研究》,《理论视野》2009 年第 10 期。

② 王浦劬:《中央与地方事权划分的国别经验及其启示》,《政治学研究》2016 年第 5 期。

③ 黄韬:《中央与地方事权分配机制》,格致出版社、上海人民出版社 2015 年版,第 6 页。

和财政事权三个部分构成。[①] 刘剑文、郑毅认为,广义事权包括立法、行政和司法事权。狭义事权仅指行政事权[②]。也有一些学者对事权的概念提出质疑,齐守印认为"事权"概念所代表的治理理念与民主基础上的现代国家治理原则不相符合,反映出我们的国家治理理念还停留在突出权力、忽视责任的传统体制理念窠臼中,与推进国家治理现代化的本质要求大相径庭,现代国家治理首先强调政府负有的提供公共服务或公共物品的责任,因此主张用"责权"的概念替代"事权"。[③]

关于事权如何划分,学界也进行了深入的探讨。王浦劬认为中央与地方之间的事权划分,基本依据是公共事务的属性,其中具有根本性和决定性作用的是政治属性。[④] 基于不同标准,学者们对事权提出不同的划分方法,根据事权归属主体划分为中央事权、地方事权、中央与地方共同事权;根据事权的内容、受益范围把事权划分为全国性事权、地方性事权和混合性事权;根据事权的属性,划分为事权的立法监管与事权实施。[⑤]

(2)关于我国现阶段政府间事权划分存在问题的探讨

学术界把我国中央与地方政府事权划分中凸显的问题主要归纳为以下几个方面:一是政府间事权的划分法律基础薄弱,权力配置以行政化手段为主。[⑥] 二是中央与地方政府间事权划分不明确、不清晰,中央与地方事权重叠过多,地方政府的事权几乎都是中央政府事权的延伸或细化,责任不清、相互

---

① 谭建立编著:《中央与地方财权事权关系研究》,中国财政经济出版社 2010 年版,第 6 页。

② 刘剑文、侯卓:《事权划分法治化的中国路径》,《中国社会科学》2017 年第 2 期;郑毅:《中央与地方事权划分基础三题——内涵、理论与原则》,《云南大学学报法学版》2011 年第 4 期。

③ 齐守印:《深化纵向财政体制改革理顺政府间财政关系》,《财政科学》2018 年第 1 期。

④ 王浦劬:《中央与地方事权划分的国别经验及其启示》,《政治学研究》2016 年第 5 期。

⑤ 楼继伟:《中国政府间财政关系再思考》,中国财政经济出版社 2013 年版,第 287—288 页。

⑥ 楼继伟、刘尚希、熊文钊等都对此有过论述,参见赵福昌、樊轶侠:《第二届"财政与国家治理"论坛主要观点综述》,《财政科学》2018 年第 1 期。

推诿;许多应由中央负责的事务下放给了地方,而很多应有地方负责的事务中央又承担了较多的支出责任。① 三是各层级政府间的事权与财权不匹配,事权与支出责任划分不合理,上级政府将许多支出责任下移,下级政府就将事责后移,在一定程度上造成了地方特别是基层政府财政负担过重、地方债务累积,同时也使一些事责不能真正落实到位。②

(3)关于中央与地方政府事权划分的路径选择

第一,明确事权和支出责任划分的原则。楼继伟提出了事权划分的三原则,即外部性、信息复杂性和激励相容原则;齐守印则提出把国家结构形式、民主政治要求、公共物品的层次性、规模经济、公共机构权能等作为划分政府间纵向责权的依据。③ 第二,清晰划分各级政府事权,强化中央政府事权和支出责任。楼继伟提出要明确政府间职责分工,强化中央政府事权和支出责任;贾康、白景明提出应增加中央政府在公共医疗、基础教育、社会保障和公共安全等方面的事权;白景明等提出采用"中央有限列举、剩余归属地方"的原则调整中央与地方的事权划分。④ 第三,事权划分法治化。财政学和法学领域在这个问题上达成了普遍的共识,并提出了许多具体的建议,如尽快在宪法中增加相关条款,制定中央地方关系法等。

4. 权力纵向配置法治化视角的研究

从法学视角研究政府间事权纵向配置问题,主要体现在以下几个具

① 宋立:《各级政府公共服务事权财权配置》,中国计划出版社 2005 年版,第 23 页;楼继伟:《中国政府间财政关系再思考》,中国财政经济出版社 2013 年版,第 43 页。

② 柯华庆:《"谁请客,谁买单"——建构分税制支出责任与事权相匹配原则》,《中国财政》2013 年第 22 期。

③ 楼继伟:《中国政府间财政关系再思考》,中国财政经济出版社 2013 年版,第 144—151 页;齐守印:《构建现代公共财政体系:基本架构、主要任务与实现途径》,中国财政经济出版社 2012 年版,第 131—133 页。

④ 贾康、白景明:《中国地方财政体制安排的基本思路》,《财政研究》2003 年第 8 期;楼继伟:《中国政府间财政关系再思考》,中国财政经济出版社 2013 年版,第 304 页;白景明等:《建立事权与支出责任相适应财税制度操作层面研究》,《经济研究参考》2015 年第 43 期。

体领域：

（1）从宪法与国家结构形式视角的研究

法学视角的研究从总体上强调利用法律来调整中央与地方政府关系，实现事权配置的法治化。宪法学者主要关注中央与地方的初始权力构建和宪制性组织结构，强调从国家结构形式的不同来分析中央与地方政府权力关系，如童之伟的《国家结构形式论》。另外还有一些学者从我国宪法涉及的中央地方权力关系的基本原则如"两个积极性"、"民主集中制"等方面展开研究，如马岭在《我国现行〈宪法〉中的民主集中制原则》一文中，对我国宪法文本关于"民主集中制条款"进行了体系解释，并分析了其在中央地方政府关系中的指导作用；吴显庆也对宪法关于民主集中制的原则进行了研究。① "两个积极性"是毛泽东提出并成为中国共产党历代领导集体处理中央地方关系一以贯之的基本原则，这条基本原则被载入宪法并受到法学学者的特别关注，郑毅从"两个积极性"原则在宪法第 3 条第 4 款中表述为"主动性"的规范解释出发，分析了"两个积极性"原则入宪的背景及其现实意义。②

（2）中央与地方立法关系的研究

封丽霞的《中央与地方立法关系法治化研究》是国内学术界第一部系统研究中央与地方立法关系的著作，作者从理论和实践两个方面，对我国中央与地方立法关系的历史、发展、现状进行了论述，对现行中央与地方立法格局进行了制度分析，特别强调了当前加强中央立法集权的特殊意义。除此以外，孙波等也对中央与地方立法分权进行了研究。③ 党的十八大以来，党中央高度重视党内法规建设，由此引起了党史党建、法学、政治学等相关领域的学者开

---

① 马岭：《我国现行〈宪法〉中的民主集中制原则》，《云南大学学报》（法学版）2013 年第 4 期；吴显庆：《论我国现行宪法中民主集中制的科学含义》，《社会主义研究》2005 年第 1 期。

② 郑毅：《论中央与地方关系中的"积极性"与"主动性"原则—基于我国《宪法》第 3 条第 4 款的考察》，《政治与法律》2019 年第 3 期。

③ 封丽霞：《中央与地方立法关系法治化研究》，北京大学出版社 2008 年版；孙波：《我国中央与地方立法分权研究》，吉林大学 2008 年博士学位论文。

始关注党内法规的研究,产生了一些理论成果。① 从目前的研究现状看,对党内法规中党中央与地方党委立法关系及其对中央与地方政府权力配置所产生的影响,学术界的研究仍然薄弱。

(3)中央与地方司法权力配置的研究

早在 20 世纪 90 年代,一些学者针对我国司法权力存在的地方化、行政化弊端展开了理论研究,提出了中国司法体制改革的方向是实现"司法权力中央化"或"国家化",并提出了设置巡回法庭、司法机构垂直化管理、设置区别于行政区划的司法辖区、跨省区设置法院、司法经费统一由中央财政负担、司法人事管理上收等改革建议。② 党的十八大以来,随着新一轮司法改革的推进,上述许多改革建议已经在司法改革实践中落实。近年来围绕着省以下司法机关人财物由省级统一管理、司法权是中央事权、跨行政区域设置司法机构等改革的研究正进一步深化。

(4)关于"一国两制"、特别行政区法律制度的研究

"一国两制"构想提出后,引起法学界特别是宪法学界高度重视并开展了广泛的研究,研究的重点主要包括三个方面,第一,是对"一国两制"构想和特别行政区基本法进行解读;③第二,是对"一国两制"构想和实现台湾与祖国大陆统一的研究,一些学者分析了港澳和台湾实施"一国两制"背景条件的差异,④一些

---

① 其中有代表性的成果有王振民、施新州等《中国共产党党内法规研究》,人民出版社 2016 年版;殷啸虎:《中国共产党党内法规通论》,北京大学出版社 2016 年版;李忠:《党内法规建设研究》中国社会科学出版社 2015 年版;武汉大学党内法规研究中心:《党内法规理论研究》(2018 年第 1 期),社会科学文献出版社 2018 年版。

② 相关研究成果主要有王旭:《"论司法权的中央化"》,《战略与管理》2001 年第 5 期;王利明:《司法改革研究》,法律出版社 2000 年版;刘作翔:《"中国司法地方保护主义之批判——兼论'司法权国家化'的司法改革思路"》,《法学研究》2003 年第 1 期;焦洪昌:《"从法院的地方化到法院设置的双轨制"》,《国家行政学院学报》2000 年第 1 期。

③ 其中代表性的成果有:许崇德:《"一国两制"理论助读》,中国民主法制出版社 2010 年版;王振民《"一国两制"与基本法:二十年回顾与展望》,江苏人民出版社 2017 年版;王叔文:《香港特别行政区基本法导论》和《澳门特别行政区基本法导论》,中共中央党校校出版社 1990 年版等。

④ 李家泉:《港澳回归话台湾》,《统一论坛》2000 年第 1 期。

学者对如何在"一国两制"框架内实现国家统一提出了理论构想;①第三,是对"一国两制"和特别行政区基本法在港澳的具体落实开展研究,如中央政府对特别行政区的全面管治权和监督权如何落实,中央全面管治权与特别行政区高度自治权的关系等问题。② 在当前形势下这方面的研究有必要进一步加强。

5. 国家治理现代化视角的研究

楼继伟认为,中央与地方的事权划分改革具有国家治理属性,是属于国家基本制度层面的问题。高培勇提出,必须立足于国家治理体系和治理能力现代化的全局来谋划中央和地方财政关系的改革。③ 总体来看,目前国内学术界把政府间事权配置与国家治理现代化结合研究的成果很少,大都是宏观的倡导,缺乏具体制度层面的分析。

(二)国外研究现状综述

西方学者对于中央与地方政府事权配置的研究,主要从两个层面展开,一方面是从理论上分析中央与地方政府间的权力结构,另一方面是从实践角度分析中央与地方政府事权配置的具体模式及其运行机制。

1. 集权与分权及中央地方关系基本模式划分的理论

西方的中央集权理论发源于布丹、霍布斯等人的国家主权理论。霍布斯

---

① 王英津:《国家统一模式研究》,九州出版社 2008 年版;张千帆:《国家统一与地方有治——从港澳基本法看两岸和平统一的宪法机制》,《华东政法大学学报》2007 年第 4 期。

② 相关成果有:周挺:《论中央监督权的正当性、范围与行使的法治化建议》,《港澳研究》2016 年第 3 期;邓莉、杜承铭:《"一国两制"下中央对特别行政区全面管治权之释义分析——兼论全面管治权与高度自治权的关系》,《吉首大学学报(社会科学版)》2018 年第 5 期;夏正林、王胜坤:《中央对香港特别行政区监督权若干问题研究》,《国家行政学院学报》2017 年第 3 期。

③ 赵福昌、樊轶侠:《第二届"财政与国家治理"论坛主要观点综述》,《财政科学》2018 年第 1 期。

主张建立一个中央集权的"利维坦"国家。他主张实现立法、行政、司法等各项权力的绝对中央集权,强调国家主权的不可转让和不可分割性,认为"国分则国将不国"。①

西方学者早期主要是从静态权力划分的角度分析中央与地方权力关系,1851年,英国学者史密斯的著作《地方自治与中央集权》,在分析总结英国中央地方关系实践的基础上提出了中央集权与地力自治不能偏颇的"史密斯主义"。

法国思想家托克维尔在《论美国的民主》一书中,十分关注对美国联邦制和联邦与地方政府权力关系的考察。托克维尔首先肯定了美国联邦制和地方分权,他指出"我认为地方分权制度对于一切国家都是有益的,而对于一个民主的社会更是最为迫切的需要。"②托克维尔认为政府间事权关系中的中央集权主义存在着制度缺陷,他指出"欧洲的集权主义拥护者们坚持认为,由中央政府管理地方行政,总比由不会管理地方行政的地方当局自己管理为好。这种说法,当中央政府是有知,而地方政府是无知的时候;当前者是积极的,后者是消极的时候;当前者是惯于工作的,而后者是惯于服从的时候,可能是正确的"③

英国学者 R.A.W.罗兹提出中央与地方相互依存关系的构想并将其划分为四种类型,第一,中央地方相互独立;第二,地方单方面依存于中央;第三,中央单方面依存于地方;第四,中央与地方相互依存。罗兹还提出了中央——地方相互依赖的政治关系网络。④

法国学者安德雷·拉焦尔在《行政部门的结构》一书中提出了中央地方关系有政治性分权、行政性分权和行政权转让三种类型,并分析了三种类型中

---

① [英]霍布斯:《利维坦》,黎思复、黎廷弼译,商务印书馆1985年版,第140页。

② [法]托克维尔:《论美国的民主》,董国良译,商务印书馆1997年版,第106页。

③ [法]托克维尔:《论美国的民主》,董国良译,商务印书馆1997年版,第100页。

④ Rhodes.R.A.W., *Beyond Westminster and Whitehall:the sub-central government of Britain*, Academic Division of Unwin Hyman Ltd,1988.

央地方关系的不同特点。①

1992 年由戴维·米勒主编的《布莱克维尔政治学百科全书》对中央与地方关系进行了界定,并分析了合作型和代理型两种中央与地方关系的基本类型。

2. 财政联邦主义理论

财政联邦主义是西方经济学利用经济分析方法分析中央与地方政府关系的理论,财政分权是财政联邦主义的基本主张。财政联邦主义关注的核心问题是央地各级政府如何进行功能配置和权力划分,主张中央政府应更多注重再分配功能和稳定功能,而地方政府应该承担更多的反映民众需求的功能。

马斯格雷夫在《财政理论与实践》一书中阐述了财政联邦主义的基本原则、结构和主要内容。他认为财政联邦主义的核心是实现各级政府执政的空间配置,他提出政府有三项主要职能即配置职能、分配职能和稳定职能,其中配置职能可以在各级政府之间有所不同,分配和稳定职能应由中央政府拥有。②

奥茨在 1972 年出版的《财政联邦主义》一书中,就公共物品在中央与地方政府间如何进行最优划分进行了全面分析,他认为,中央政府只应提供具有广泛偏好相同的公共物品,地方政府对本地居民公共物品的需求偏好、数量、质量、结构等相关信息了解更充分,由局部区域居民共同享用的公共物品应由地方政府提供。③

蒂布特在《地方支出的纯理论》一文中提出彻底的地方分权有利于公民

---

① 辛向阳:《大国诸侯——中国中央与地方关系关系之结》,中国社会出版社 1995 年版,第 326—327 页。

② 参见[美]理查德·A.马斯格雷夫、佩吉·B.马斯格雷夫:《财政理论与实践》,邓子基、邓力平译,中国财政经济出版社 2003 年版,第 471—523 页。

③ 参见李齐云:《建立健全与事权相匹配的财税体制研究》,中国财政经济出版社 2013 年版,第 14 页。

拥有更多的选择,形成类似于市场的选择,从而可以达到资源配置的帕累托最优状态。蒂布特提出,地方政府越多,居民选择居住地的机会就越多,居民会选择那些提供最适合自己的税收和公共服务组合的政府所在地居住,也就是所谓的"用脚投票"。① "用脚投票"理论对于我们研究中央与地方政府的权力配置,以及如何科学设计各层级政府公共物品供给有很大的启发。

3. 依法规范政府间纵向权力关系的理论

西方学者大都强调通过法律手段来协调政府间事权关系。托克维尔肯定美国通过法律方式协调政府间关系的做法,"只要一切下属单位和全体官员依法行事,社会的各部分全会协调一致行动。"②他主张通过法院来处理政府间的权力冲突,从而达到政府间事权关系的协调。公共选择学派的代表人物文森特·奥斯特罗姆和埃莉诺·奥斯特罗姆也主张政府间关系应在宪法调整下进行治理,强调基于规则治理而形成的有序关系。③

(三)国内外研究现状评析

1. 国内研究现状评析

改革开放以来,国内学术界从马克思主义理论、政治学、法学、经济学等多学科对政府间事权纵向配置问题开展了广泛深入的研究,取得了丰硕成果,对我国政府间事权配置的改革实践发挥了重要的指导和推动作用。但也应该客观地看到,现有研究仍存在着许多不足。

第一,现有研究大都从政府间纵向权力配置的某个领域或某个问题展开,例如目前从财税体制改革角度分析政府间事权配置的成果较多,研究也比较

---

① Charles M.Tiebout,"A Pure Theory of Local Expenditures", *Journal of Political Economy*, Vol.64, No.5, 1956, pp.416–424.

② [法]托克维尔:《论美国的民主》,董国良译,商务印书馆1997年版,第81页。

③ 李文钊:《中央与地方政府权力配置的制度分析》,人民日报出版社2017年版,第38页。

深入、针对性较强,但是现阶段我国政府的权力配置具有复杂性,往往是财政事权所不能囊括的,而财政学研究往往不能跳出财税体制的局限把研究视野扩展到经济社会的整体和宏观层面,故而缺少全面、系统的研究。例如我国政府间纵向事权配置中,立法事权和司法事权的配置不可或缺,而财政事权研究对这些方面涉及不够。

第二,现有成果对政府间事权纵向配置问题与国家治理现代化的结合研究不足。中央与地方政府间事权纵向配置问题,从表面上看是政府权力的空间配置问题,然而其实质是国家治理结构问题。政府间的事权纵向配置是完善国家治理结构,实现国家治理体系和治理能力现代化的重要环节和核心内容。但已有相关研究很少从国家治理角度来分析政府间事权纵向配置问题。因此,把政府间事权纵向配置问题置于国家治理现代化的范畴进行研究意义重大。应努力探索政府间纵向权力结构与现代治理体系之间的相关性以及这些相关性的具体内容和体现,并分析如何配置纵向事权以完善治理体系,从而促进国家长期治理目标的有效实现。

第三,对党政关系及党的领导与政府间事权纵向配置的关系研究不够。在中国政治权力结构中,中国共产党的领导权居于核心地位。党的十九大明确提出党的领导是中国特色社会主义最本质的特征,党的十九届三中全会部署的党和国家机构改革,把党的机构和国家机构改革统筹考虑,并提出了党政机构合并、合署办公等重大改革举措,这些都应是在学术研究中高度关注的重大现实课题。

第四,应加强政府间事权纵向配置与完善基本公共服务体系相结合的研究。政府间事权纵向配置的目标是实现政府职能优化,提升政府效能和治理水平,以便能够更好为人民提供公共服务。基本公共服务领域央地事权配置优化应是进一步深化研究的重点之一。

第五,应着眼于国家统一和民族团结的长远战略,加强对政府间事权纵向配置中中央与民族自治地方、中央与特别行政区政府权力关系具体模式、机制的研究。在我国,中央政府与普通行政区域地方政府、中央政府与民族自治区域地方政府和中央与特别行政区政府间事权纵向配置,是政府间事权纵向配置的三种具体样态,学界对第一种样态的研究较为深入,而对后两种样态中关于民族区域自治、"一国两制"制度实施过程中的前瞻性、对策性问题研究不够。在当前形势下,相关学科应改变过去更多采用解读式研究的状况,进一步加强对民族区域自治、"一国两制"制度的超前性、对策性研究。

2. 国外研究现状评析

从上述国外相关研究的主要理论观点可以看到,西方学者关于中央地方关系与政府间事权纵向配置相关理论处于不断的发展过程中。西方国家长期的分权传统,使近代以来各国对地方自治高度重视,通过较为科学、规范的制度安排,保证了地方政府相对独立的权力和自治。各国普遍重视采用法律的方式规范和协调中央与地方政府关系,保证了权力运行的稳定和规范以及政府职能的有效发挥,这对我国事权纵向配置体制机制的改革提供了有益的借鉴与启示。同时也应该看到,一些国家由于过于强调地方自治而导致中央政府权威不足,由此造成了中央政府宏观调控和统筹能力弱化,导致央地政府间相互掣肘、效率低下。近年来西方国家对金融危机缺乏有效应对以及英国在脱欧过程中中央与地方政府相互抵触、美国在应对 2020 年新冠肺炎疫情中联邦政府与州政府间之间因权责不明而产生纷争等现象的出现,是其权力配置中制度缺陷的凸显。我们在改革的过程中要立足本国国情,构建中国特色社会主义政府间事权配置的理论和制度体系。

三、重要概念阐释

(一)政府概念的界定

从一般意义上讲,政府就是国家行使公共权力的权力运行体系即国家机构,是和阶级、国家、政党紧密联系的一种政治现象。政府和国家密不可分,通常人们会认为二者是同一事物,但二者有很大区别,国家的概念所强调的是公共权力的性质,即其阶级性和历史性,而政府概念所强调的则是公共权力的具体结构及其运行状况。① 政府是国家的重要组成部分,国家是由领土、人口、政府和主权构成的统一体。

在中国传统文化中,古代"政府"一词是指"政"——政务与"府"——衙门、官府的结合,即处理政务的处所。《资治通鉴》中有这样的记载,唐玄宗天宝二年,"李林甫领吏部尚书,日在政府"②。《宋史·欧阳修传》也曾提到欧阳修"其在政府,与韩琦同心辅政"③。这里所说的政府都是同一个意思,即处理政务的地方。

我国早期政治学者邓初民提出:"由于国家权力的运用,必须发生出一系列的立法、行政、司法的政治行为,要司掌这些行为,必须有立法、行政、司法等政府机关(中央政府和地方政府),设官分职,各司其事。这就是对政府明确之至的说明。那么,政府不过是执行政治任务、运用国家权力的一种机关罢了。"④

在当代,多数学者从狭义和广义两方面来界定政府的概念。

关于狭义的政府概念,学者们的理解比较一致,是指国家机构中执掌行政权力、履行行政职能的机构。"所谓政府是国家行政机关或国家管理机关,通常是指国家权力机关的执行机关。"⑤包括"中央和地方行政机关",⑥是与立法机构、监察机构、司法机构并列的国家机构。我国宪法规定国务院是中央人

---

① 李景鹏:《权力政治学》,北京大学出版社 2008 年版,第 44 页。
② 《资治通鉴》卷 215,天宝二年春正月。
③ 《宋史·欧阳修传》。
④ 邓初民:《新政治学大纲》,中国社会科学出版社 1984 年版,第 110 页。
⑤ 云光主编:《政治学纲要》,中国政法大学出版社 1987 年版,第 86 页。
⑥ 辛向阳:《新政府论》,中国工人出版社 1994 年版,第 6 页;赵宝煦:《政治学概论》,北京大学出版社 1982 年版,第 38 页;应松年:《行政学教程》,中国政法大学出版社 1998 年版,第 70 页。

民政府,地方各级人民政府是地方各级国家行政机关。此处所指的政府就是中央和地方各级国家行政机关(即各级人民政府),即"一府、一委、两院"中的"一府",不包括国家的立法、监察和司法机构。

广义的政府概念"泛指依法行使国家权力的一切机关,包括国家立法机关、行政机关、司法机关等所有国家机关"。①

还有学者在更广义范围来界定政府的概念,认为政府不仅指行政机关,并且包括权力机关、行政机关、司法机关和执政党(中国共产党)②。把党的权力纳入政府权力的范畴,是基于中国的国情,考虑到中国党政关系在整个权力结构中的特殊意义而做出的选择。正如有学者所言"研究当代中国政府过程,不涉及党政关系;研究美国政府过程不涉及美国的国会势力州权势力;研究泰国政府过程,不涉及其军方的地位和作用;研究伊朗政府过程,不涉及其宗教领袖的影响力;都是不可想象的。"③

党的十九届三中全会提出"统筹设置党政机构","科学设定党和国家机构,准确定位、合理分工、增强合力,防止机构重叠、职能重复、工作重合。党的有关机构可以同职能相近、联系紧密的其他部门统筹设置,实行合并设立或合署办公,整合优化力量和资源,发挥综合效益。"④统筹设置党政机构、实行党政机构合并设立或合署办公的改革思路,正是基于我国国情,对过去单边推进政府机构改革成效不尽如人意的总结与反思,是国家治理理念和制度的重大变革。

从以上可以看出,对中国党和政府关系的分析,必须立足于中国特色社会主义制度的实践,而不能囿于西方政治学理论中政党与政府关系的分析框架。在当代中国,如果排除中国共产党的组织单纯分析政府权力配置,"不仅无法

① 高民政:《中国政府与政治》,黄河出版社 1993 年版,第 3 页。
② 王敬松:《中华人民共和国政府与政治》,中共中央党校出版社 1994 年版,第 1—2 页。
③ 朱光磊:《当代中国政府过程》(修订版),天津人民出版社 2002 年版,第 15 页。
④ 《中共中央关于深化党和国家机构改革的决定》,《〈中共中央关于深化党和国家机构改革的决定〉〈深化党和国家机构改革方案〉辅导读本》,人民出版社 2018 年版,第 10—11 页。

解释政府决策和执行的基本动力和作为,而且可以说在根本上就是不得要领的,这全然不同于西方国家的情况。""中国共产党的结构和功能更接近西方国家的政府,而不是政党。"①因此,本书是在广义意义上使用政府概念,也就是"大政府"的概念,即政府间事权配置不仅包括中央和地方行政机关的权力配置,还包括中央与地方间立法、监察、司法等权力的配置,同时还要把执政党权力对政府权力的影响与交互作用纳入政府权力配置的分析过程中。

(二)政府间事权纵向配置的内涵

1. 事权

所谓事权,从字面上理解即政府处理公共事务的权力,实际是指特定层级政府承担公共服务的职能和责权。②

我国学术界对事权的概念有广义、中义和狭义三种理解。广义的事权也被称为"大事权",与广义政府权力的含义相同,即包括政府所承担的立法、行政、监察、司法等各项公共事务的职能、责任和权力。事权划分包括横向和纵向两个维度,纵向的事权划分就是政府间的权力纵向配置,也就是公共事务及其相应实施权责在不同层级政府和行政区域间的区别性配置。中义的事权是指行政事权,也即国家行政机构所承担的提供公共服务的职能、责任和权力。狭义的事权概念更多的是在经济学和财政学领域中使用,是与"财权"、"支出责任"紧密联系的概念。多数学者之所以将事权与支出责任等同起来有两个因素,一是事权研究是财政学关注的焦点,也是成果最丰富、影响最大的领域,而政治学、行政学、法学等学科的学者对事权研究相对薄弱;二是2013年党的十八届三中全会提出"要建立事权和支出责任相适应的制度"③,也是从财政

---

① 胡伟:《政府过程》,浙江人民出版社1998年版,第16—17页。
② 王浦劬:《中央与地方事权划分的国别经验及其启示》,《政治学研究》2016年第5期。
③ 《中共中央关于全面深化改革若干重大问题的决定》,《十八大以来重要文献选编》(上),中央文献出版社2014年版,第21页。

体制改革作为突破口,于是使得许多学者将事权与"财政事权"、"支出责任"划上等号。但是"支出责任只是事权的一个面向,虽然在特定的论域中,它是能够代表事权的本质的,然而要将其与事权的全部内涵直接等同,却无疑是不科学的。"①

本书中政府间事权纵向配置与政府间事权划分是通用的概念,亦即采纳"大事权"概念。政府间事权的划分不仅涉及行政事权,还涉及立法、监察、司法等广义政府部门权力的纵向配置。

2. 政府间事权纵向配置的含义

权力配置是指一个权力系统中如何分配权力和行使权力。权力配置包括横向配置和纵向配置两个方面。政府间事权的横向配置,是指权力按照功能在政府机构之间的分配,即同一层次政府机构之间的权力配置格局,也就是政权组织形式,政府权力在功能上通常划分为立法、行政、司法三个部分,并分别由三个不同的机构来行使。政府间事权纵向配置,是指中央与地方政府之间的权力格局,即政府对其管辖地域、人口、历史传统、公共事务的性质和总量等各种复杂变量关系加以考量后,自上而下或自下而上设立不同层级的政府,事权在不同层级政府之间进行分配。政府间事权纵向配置就是中央与地方政府间以及地方各层级政府间事权分配的原则、方式及其运行机制、机理。只要存在两个层级以上政府,国家都会面临事权如何在多层级政府间纵向配置的问题。

3. 政府间事权纵向配置机理

机理最初是自然科学的概念,后被广泛运用于社会科学领域。其基本含义是指为实现某一特定功能,一定的系统结构中各要素的内在工作方式以及

---

① 郑毅:《中央与地方事权划分基础三题——内涵、理论与原则》,《云南大学学报》(法学版)2017 年第 4 期。

诸要素在一定环境条件下相互联系、相互作用的运行规则和原理。

政府间事权纵向配置机理,是指一国为实现政府治理的功能和目标,中央与地方政府间以及地方各层级政府间事权配置的主体、客体、方式等诸要素相互联系、相互作用的运行规则和原理。政府间事权纵向配置模式选择受制于治理规模、治理层级、经济因素、民族因素、自然环境、历史传统等多重因素的影响。

4. 政府间事权纵向配置与国家结构形式

按照中国大百科全书的界定,"国家结构形式是指国家的整体与部分、中央与地方的相互关系"。① 我国宪法学界和政治学界对国家结构形式概念的阐释基本一致,都强调国家结构形式是指国家为安排整体和局部、中央与地方之间相互关系而采取的制度原则和模式。②

理解国家结构形式应从两个方面入手,首先,行政区划分布状况是国家结构形式的外部形态表现;另一方面,国家结构形式实质上是一种权力的配置方式,而不仅仅是简单的区域划分。

国家结构形式与政府间事权纵向配置有着密切的关系。国家结构形式从法理上规定了政府间事权纵向配置的基本形态。国家结构形式理论的发展,是研究政府间事权纵向配置的基础。只有在国家结构形式产生之后,才会有所谓的中央与地方关系以及政府间事权的纵向配置问题。

5. 政府间事权纵向配置与中央与地方关系

从法律制度的形式上看,中央与地方关系就是指中央与地方之间职责权

---

① 《中国大百科全书》(政治学卷),中国大百科全书出版社 1992 年版,第 138 页。

② 相关研究参见许崇德:《中国宪法》,中国人民大学出版社 1989 年版,第 153 页;童之伟:《国家结构形式论》,武汉大学出版社 1997 年版,第 92 页;王惠岩:《政治学原理》,高等教育出版社 1999 年版,第 119 页;王浦劬:《政治学基础》,北京大学出版社 1995 年版,第 253 页。

限划分的制度安排,主要是通过央地国家机构事权配置体现出来。从实质而言,中央与地方关系是建立在一定利益基础上的国家和地方之间的一种利益关系。

政府间事权纵向配置和中央与地方关系两个概念有时混用,但二者是有区别的。政府间事权纵向配置体现了中央与地方关系的具体制度形式,但又不完全等同于中央与地方关系。在我国中央地方关系主要是指中央政府与省级辖区政府的关系,而政府间事权纵向配置不仅包括中央政府与省级辖区政府的关系,还包括地方各级政府间的权力关系。

四、相关理论分析

(一)治理理论

1. 西方治理理论的产生与发展

在西方,"治理"(governance)一词长期与"统治"(government)混用,主要是指与国家事务相关的政治活动和管理活动。[①] 直到 20 世纪 80 年代末至 90 年代初,治理(governance)的概念得到了复兴,并且具有了更多新的含义。1989 年,世界银行在一份关于非洲的报告中第一次使用了"治理"的概念,认为非洲发展问题的根源是"治理危机"(crisis in governance)。

治理理论自 20 世纪 90 年代兴起后在西方广为传播。西方治理理论产生了很多流派,其中较有代表性的是"网络治理"理论和"多中心治理理论"。[②]

西方治理理论研究最具代表性的学者是英国的罗兹(R.A.W.Rhodes),罗

---

① 俞可平:《论国家治理现代化》,社科文献出版社 2014 年版,第 17 页。
② 燕继荣等:《中国现代国家治理体系的构建》,社会科学文献出版社 2018 年版,第 56 页。

兹提出"治理"并非"统治"的同义词,治理代表着一种全新的理念、方式和过程。罗兹认为"网络是治理的标志性特征",并提供了一个"明显区别于市场和等级制的协调机制"。① "网络治理"强调国家在治理中的局限性,网络是由公共部门、私人部门和志愿部门等在高程度信任基础上依据协商同意的规则构成的"自组织",网络不向国家负责,国家不再是治理中的最高权威。政府从强有力的执行者转变为通过网络治理,越来越多的政策决定正在经由或通过自我组织性的网络做出。

"多中心理论"是由美国学者利诺・奥斯特罗姆和奥利弗・威廉姆斯在《公共事务的治理之道》一书中提出的。"多中心理论"认为在社会公共事务管理的结构上存在着多中心制度安排。"多中心"意味着许多决策中心,它们在形式上是相互独立的。②

无论是"网络治理"理论还是"多中心治理理论",西方治理理论都主张政府下放权力并向社会分解权力,实现多主体、多中心的治理;主张治理中的去国家(政府)化,甚至认为国家治理、政府治理的概念不存在,主张没有政府的治理。治理理论对政府与市场、政府与社会进行对立性划分,认为有了市场和社会就不需要政府,国家强制就意味着没有市场和社会,这其实是片面的,它忽略了市场和社会正常运作所需要的制度基础。事实上,西方社会出现的许多治理危机,很重要的原因是治理中政府的缺席。元治理等理论的出现,正是对这种"治理失灵"的反思。

2. 治理理论在中国的引入

中文中"治理"一词由来已久,通常是指"国家统治与管理"。20 世纪 90 年代中国学者开始关注对治理理论的研究。《Governance:现代"治道"

---

① 江必新、鞠成伟:《国际治理现代化比较研究》,中国法制出版社 2016 年版,第 65 页。
② [美]迈克尔・麦金尼斯主编:《多中心体制与地方公共经济》,毛寿龙、李梅译,上海三联书店 2000 年版,第 114 页。

的新概念》是国内最早有关治理研究的成果,文章将"governance"一词翻译为"治道"。1997 年,徐勇教授在《GOVERNANCE：治理的阐释》一文中,认为将"governance"译为"治道"不合适,应译为"治理"更准确。① 国内较早系统研究治理理论的学者俞可平认为"治理"的基本含义是"在一个既定的范围内运用权威维持秩序,满足公众的需要;治理的目的是在各种不同的制度关系中运用权力去引导、控制和规范公民的各种活动,以最大限度增进公共利益。"②

治理理论引发了中国学术界的热情关注,特别是自党的十八届三中全会提出"推进国家治理体系和治理能力现代化"的理念后,相关的学术研究在中国理论界掀起了高潮。治理概念和理论被广泛地运用到社会科学的各个领域,并衍生出与治理相关的丰富学术话语,如"国家治理"、"政府治理"、"社会治理"、"基层治理"、"全球治理"、"网络治理"等。

治理概念被广泛使用的同时也被赋予了多种解释。其中具有代表性的观点主要有如下几种:一是强调"治理"不同于"统治","治理是一种公共管理活动和公共管理过程,它包括必要的公共权威、管理规则、治理机制和治理方式。"③二是提出治理就是"善治"④。三是强调从"管理"到"治理"的转变,认为治理和管理有质的不同,如江必新从目标职责、主体、权源、权威的性质根据和向度、方式方法等五个方面阐释了治理与管理的显著区别。⑤ 四是从"多元治理"、"多中心治理"来解读治理。⑥

中国学者对治理的研究在许多方面借鉴了西方治理理论,同时许多学者

---

① 徐勇:《GOVERNANCE：治理的阐释》,《政治学研究》1997 年第 1 期。
② 俞可平:《治理和善治》,社会科学文献出版社 2000 年版,第 5 页。
③ 俞可平:《论国家治理现代化》,社会科学文献出版社 2015 年版,第 23 页。
④ 俞可平:《治理和善治》,社会科学文献出版社 2000 年版,第 5 页。
⑤ 江必新等:《国家治理现代化——十八届三中全会《决定》重大问题研究》,中国法制出版社 2014 年版,第 11 页。
⑥ 马庆钰:《如何认识从"管理"到"治理"的转变》,《人民日报》2014 年 3 月 24 日。

对西方治理理论在中国的适应性提出了质疑。西方的治理理论是对市场失灵与政府失败的反应与应对，否定国家（政府）在治理中的核心作用，强调社会主体在治理中的主体地位和社会自我秩序在治理中的关键作用，期望构建"强社会与弱国家"的治理模式，甚至提出"没有政府的治理"。随着治理理论在实践中推进，人们发现治理并不是万能的，西方社会出现了"治理失灵"，因此也开始对治理理论进行反思。许多学者意识到，现代社会政治秩序的构建是国家特别是处于社会转型的发展中国家首要解决的问题，其次才是公民社会的构建、社会的多元发展。就我国目前情况来看，还没有建立起完善的市场经济机制，公民社会也远未发育成熟。因此一些学者结合中国国情，强调治理对国家和社会的有效管控和治理绩效，认为"治理是政治主体运用公共权力及相应方式对国家和社会的有效管控和推进过程。概括起来就是：谁治理，如何治理，治理成效如何？"①

（二）元治理理论

西方社会治理自 20 世纪 50 年代以来经历了科层、市场和网络三种治理模式的演变，三种治理模式各自具有不同的特点。

德国著名社会学家马克斯·韦伯于 19 世纪末 20 世纪初提出了"法理型"统治模式，在此之后 20 世纪 50 年代至 70 年代，以职权权威、任务分工明确为基础的第一种社会治理——科层治理成为国家治理的主体模式。20 世纪 80 年代后，以权力下放为中心的第二种社会治理——市场治理成为国家治理的主体模式。科层控制与市场治理共同组成了新形式下的"新公共管理"。从 20 世纪 90 年代后建立在相互信任、依存及同情基础之上的第三种国家治理——网络治理成为国家治理的主体模式。伴随着全球化发展，20 世纪 90 年代以后社会发展呈现出多样化、动态化，原有三种的单一治理模式已无法独

---

① 　徐勇、吕楠：《热话题与冷思考——关于国家治理体系和治理能力现代化的对话》，《当代世界与社会主义》2014 年第 1 期。

自解决复杂的现实问题,出现了"制度性失效"。社会治理呈现"三足鼎立"景象。① 然而,由于三种治理模式各自的特点(如表1-1),实践中,三种治理模式的协同混合可能会导致竞争、冲突及不满意的结果,每一种治理形式都可能会失灵,它们之间的这种混合既可能产生协同互补又可能产生对立冲突,此种情况下就要求产生一种新的社会治理需求,使三种"理想型"的治理模式之间可能产生的对立冲突得到化解,并设计一种战略驾驭不同治理形式的利益,同时将负面结果最小化。"元治理"这种能够发挥三种治理模式的长处并协调三种治理模式的冲突、促进三种治理模式协同互补效能的治理理论应运而生。

表1-1　三种治理模式及其特点

特点	科层治理	市场治理	网络治理
公共管理者角色(职能)	"办事员和殉道者"	效率和市场"最大化"者	生产公共价值的"探索者"
决策单元	公共权威部门	个体	团体
政府的角色	政府统治社会	政府向社会提供服务	只是网络社会中的一个合作伙伴
下级参与者的原动力	害怕惩罚	实惠	成为团体之一员
首要的优点(长处)	可靠性强	为成本所驱动	极大的自由裁量权,灵活性强
核心理念	公共物品	公共选择	公共价值
协调方式	强制性的,事前的协调	竞争性的,事后的协调	外交式的,自组织协调
典型的失败(失效)	无效的	无效率,市场失败	无休止的商谈,没有任何决定
体现与合作者不同的关系类型	依赖	独立	互相依赖

① 熊节春:《政府治理新范式:元治理》,《中国行政管理学会2010年会暨"政府管理创新"研讨会论文集》,第127页。

1979 年,英国学者鲍勃·杰索普提出了"元治理(Meta governance)"的概念。针对"治理失灵"现象,杰索普认为治理与市场失灵及国家失败一样也会失败。因此,"元治理"是对治理的治理。传统治理理论片面认为有了市场就不需要国家,国家强制就意味着没有市场,忽略了市场和社会正常运作所需要的制度基础。杰索普主张元治理的角色由国家担任并通过宏观组织架构的构建,对原有治理格局的修正、协调及平衡,使治理主体之间的关系与合作重新整合,以作出前瞻性的规划与管理。① "元治理"理论认为"属于政府和治理自身的治理能力建设,既包括多元负责机制又需要不同治理层级之间的协作,通过全新组织形式打破组织内藩篱,实现政府在国家与社会治理中应有角色的回归。"② "元治理"理论主张,尽管在国家、市场和社会的关系上出现了治理概念,大部分的治理行动和责任仍需政府承担,政府并不意味着退出治理的实质过程。很显然,在"元治理"概念中,"政府仍是不可缺席的角色,只是角色有所调整而已"。③

元治理的内容主要包括:一是对三种不同治理模式混合可能产生的对立与冲突进行协调。贝尔特斯和梅耶(Baltes and Meyer)认为科层和市场带给网络的双重压力致使网络治理失败,高冲突在三种治理模式之间潜在的主要原因是三种模式分别体现的关系不同:科层治理下与合作者是依赖关系,市场治理下与合作者是自治关系,网络治理下与合作者是独立关系;二是促进三种不同治理模式混合可能产生的互补与协同。现代社会充满不确定性和复杂性,在知识和资源两个方面任何单一治理模式都不可能拥有独立解决一切问题的能力,需要将科层、市场和网络三种模式结合起来,联接互动,扬长避短,使三模式之间的协同互补优势最大化和对立冲突最小化。④

---

① Bob Jessop, "The Rise of Governance and the Risks of Failure: The Case of Economic Development", *International Social Science Journal*, No.50, 1998, p.43.

② 臧雷振:《国家治理:研究方法与理论建构》,社会科学文献出版社 2016 年版,第 33 页。

③ 臧雷振:《国家治理:研究方法与理论建构》,社会科学文献出版社 2016 年版,第 34 页。

④ 熊节春:《政府治理新范式:元治理》,《中国行政管理学会 2010 年会暨"政府管理创新"研讨会论文集》,第 129 页。

在治理的主体中究竟由谁来负责元治理,也就是元治理的主体由谁来承担,1990 年杰索普在《国家理论》一书中进行了阐述,认为元治理的主体只能是国家(政府)等公共行政组织,其职责只能由国家(政府)等公共行政组织来承担,国家(政府)等公共行政组织成为元治理的主体并承担元治理的职责有其必要性和必然性①。元治理中国家在公共事务中发挥的核心主导作用包括:第一,政府一直是治理契约(法律)的制定者和最终解释主体;第二,对话与协作主导关系是政府与其他社会力量和社会机构在合作关系中的具体体现;第三,舆论和信息披露的掌控和发布主体是政府;第四,社会利益博弈的最终分配方和稳定器是政府。②

"元治理"理论对于当前我国国家治理现代化背景下政府间事权纵向配置有诸多启示。首先,元治理探索了如何通过国家治理结构进行重新表达和阐述的政府权力。通过国家治理中元主体不断进行制度创新和组织创新,维持治理环境改善并创新政府权力配置机制,重塑政府角色,实现与其他治理主体的协作与共生。其次,需要国家(政府)在元治理中承担主导角色,并非削弱其他治理力量而由政府大包大揽,恰恰相反,元治理是为了形成一个充分实现多中心治理的制度环境和运行语境安排。"国家的角色是确保治理之间的协作,国家更多的使用协商、外交和治理的非正式手段"。③ 第三,作为西方国家应对治理危机产物的元治理,市场经济的充分发展、相对完善的政治架构及较为成熟的公民社会是其有效实施的必要条件。新时代应结合我国基本国情,"因情制宜"地形成符合中国特色治理实践的元治理模式。在宏观层面,元治理与我国的国家治理体制相契合。应借鉴元治理的视角与思路,坚持中国共产党的领导,发挥政府在国家治理中统筹协调的元治理者角色,完善市场

---

① 俞可平:《治理与善治》,社会科学文献出版社 2000 年版,第 80—81 页。
② 段龙龙:《基于"国家治理论"的中国政府间财政分权研究》,西南交通大学 2017 年博士学位论文。
③ 孙珠峰、胡近:《"元治理"理论研究:内涵、工具与评价》,《上海交通大学学报》(哲学社会科学版)2016 年第 3 期。

经济体制,积极培育成熟健康的公民社会,推进政府、市场、社会等治理主体协作配合,进一步发展和完善国家治理体系。① 第四,元治理理论的基本论点对于我国国家治理实践具有很强的理论指导意义。我国国家治理坚持"党委领导、政府主导、社会参与、全民行动"的基本原则,中国共产党是政治实践中的领导核心,党委负责统筹协调,是治理体系的核心,政府负责落实执行,在治理体系中发挥主导和主体双重作用。在元治理中,党委和政府的核心主导作用在于担负统筹与协调责任,重点通过制度安排促进多元治理主体的良性互动。通过建立协商对话平台建立起透明公正的决策网络,为确保决策方案满足治理主体的利益诉求,应鼓励各种治理力量在政策制定过程中展开策略博弈以达成统一的治理目标。

由此可见,元治理并未使国家或政府的重要性降低,而是国家的重新设计和建构。国家或政府要在元治理中承担起积极角色而发挥作用,与公民社会和市场主体之间建立起一种合作伙伴关系。②

总之,元治理可以消除多元治理主体间的对抗、不平衡和冲突以弥补治理的不足,使国家治理体系和机制更加有效。我国在新形势下面临更加复杂多变的经济社会环境,亟须构建新时代中国特色社会主义的治理体系。因此,在推进国家治理体系和治理能力现代化进程中政府应充当什么样的角色、权力如何合理配置,元治理理论应当成为一个值得考量和认真关注的问题。

(三)公共物品层次性理论

从概念上看,公共物品与私人物品相对应。按照萨缪尔森对公共物品的定义,公共物品在消费上具有两大特征,一是与私人物品的排他性相对——非排他性;二是与私人物品的竞争性相对——非竞争性。非排他性是指一旦提

---

① 张骁虎:《"元治理"理论的生成、拓展与评价》,《西南交通大学学报》(社会科学版)2017年第3期。
② 郁建兴:《治理与国家建构的张力》,《马克思主义与现实》2008年第1期。

供者提供了公共物品,不可能排除其他人的消费,要么技术上不可行或成本昂贵不可能排除别人消费,或者消费者无法拒绝且各自消费的数量相等。非竞争性是指一旦提供者提供了公共物品,消费者的增加不会提高社会成本,增加消费者使该产品的边际成本为零,也不会使其他消费者的受益减损。

按照不同的标准,公共物品有不同类型。

一是依据属性不同分为纯公共物品和准公共物品。纯公共物品是同时满足具有非排他性和非竞争性两个条件的公共物品。如国防、外交、环境保护、消防等具有类似的特征。并不是所有公共物品都是纯公共物品,经济学家将不兼具非排他性和非竞争性严格特征的公共物品称为准公共物品,准公共物品包括两种类型:一是消费上具有排他性但具有非竞争性的物品,如公共游泳池、公共图书馆、能够收费的公路桥梁等。二是消费上无法有效地排他但具有竞争性的物品,也就是对于这类公共物品无法有效地将不付费者排除在消费之外,此类公共物品具有公共资源的特征,如公共牧场、公共渔场等。理论上,准公共物品和纯公共物品的划分是划分政府部门——“看得见的手”与市场机制——“看不见的手”职能界区的重要依据。政府的职能边界是提供具有非竞争性和非排他性特征的纯公共物品,之所以如此,是因为如果将非竞争性和非排他性的公共物品由市场供给的话,往往会导致供给缺失。对于准公共物品则要根据公共物品非竞争性和非排他性特征的强弱程度由政府部门和市场部门共同供给。从纵向的政府分工来看,纯公共物品应该由中央政府供给,只有这样才能保障公共物品供给的有效性和公平度;由于大多数准公共物品的消费群体限于一个国家内部的某一个区域,所以主要由地方政府供给大多数的准公共物品。

二是依据公共物品受益区域层次不同分为全国性公共物品、准全国性公共物品和地方性公共物品。这也是明确中央与地方政府权力和各层级政府之间支出责任的重要依据。受益范围的地域性是全国性公共物品、准全国性公共物品和地方性公共物品最主要、最明显的区别。很明显,全国性公共物品的受益范围是全国性的,可跨区域受益,受益对象涵盖所有居民,可供城乡社会成员同等消费和享有,如外交、国防等。可见,全国性公共物品的特征一是受益范围被限定在整个国家范围之内;二是公共物品的受益在整个国家范围内分布均匀。地方性公共物品,如市区环保、公路、公园、消防等则具有较强的地域性特征。准全国性公共物品是指具有不完全的非竞争性和非排他性的、受益范围在全国区域内的公共物品。准全国性公共物品的特征是由于存在效益外溢而使得非竞争性与非排他性显得不充分,如医疗卫生、教育、科技、卫生防疫等。由于准全国性公共物品具有较大的利益外溢性且跨区域性消费,区域之间的利益和分工合作需要进一步协调。对于这类公共物品由上一级政府直至中央政府统一提供,或者先由某一地方政府提供再由上一级政府直至中央政府给予相应补贴。[①] 地方性公共物品是满足一定区域内居民消费需求的公共物品,仅限于某个特定辖区的受益范围,其受益范围和对象有一定的地域性,地方政府是其主要供给者。由于政府体制不同地方政府的含义也会有所不同。在联邦制国家中,如美国的地方政府通常是指州以下的政府层级;在我国这样的单一制国家中,地方政府通常是指中央政府以下的各层级政府,具体包括省级及以下各级政府。当地居民偏好的公共物品由地方政府供给能够弥补中央政府和市场机制存在双重失效时带来的损失。

　　在政府间事权纵向配置过程中可以这样理解,如果将全国性公共物品供给的事权配置给单个地方政府,往往会存在外部性。因此,只能由管辖权力范围更大的中央政府来供给全国性公共物品。按这种标准来划分公共产品才能够保障实现外部效益的内部化。显然,全国性公共物品供给应遵循集权的原则,对于受益范围及于整个国家的全国性公共物品供给应划分给中央政府。

　　由于地方各层级政府具有差异性职能,对地方性公共物品而言也具有层次性特征,与我国政府层次划分相对应,地方性公共物品进一步划分为省域内

---

　　① 郑毅:《中央与地方事权划分基础三题——内涵、理论与原则》,《云南大学学报》(法学版)2017 年第 4 期。

公共物品、市域内公共物品、县域内公共物品及乡镇区域内的公共物品。对于地方性公共物品则应该按照其受益范围的大小划分不同层级地方政府的供给权力。由此可见,在政府权力纵向分工条件下,中央政府的职权是负责全国性公共物品的供给,地方性公共物品供给应划分为地方政府的职权。之所以确立这样的分工格局,一方面可以有效解决信息处理的复杂性问题,由于政府层级与居民公共物品消费者之间的信息不对称程度成正比,也就是政府的层级越高消费者的信息不对称程度也越高,最低层级的政府更容易获知消费者的需求,在公共物品供给的结构、数量和质量方面地方政府更切合当地居民的偏好。城乡居民对地方性公共物品的偏好差异更精准地反映在地方一级。另一方面,满足地方消费者对地方性公共物品的需求,也是解释地方政府权力归属的重要政治经济学理由。因此,区域性公共物品由地方政府负责提供其供给效率会更高,这样既有利于将提供公共物品的受益与成本分摊挂钩,也有利于加强居民对地方政府的监督。① 从政府治理角度来观察,政府治理所面对的公共事务可以区分为国家事务和地方事务;从经济学角度来看,全国性公共事务由中央政府负责,而地方公共事务由地方政府负责是一种有效的制度安排,同时也是国家治理的必要条件。只有将公共物品供给划分为不同层级的政府事权并合理配置,才能提高公共资源配置的经济效率。

合理划分中央政府与地方政府供给公共物品的职权,就是基于不同行政区域范围内居民对公共物品的多元化需求及各层级政府关系合理配置权力。也就是说,公共物品受益区域的层次性派生出各级政府间纵向公共权力的层次性特征,由此也决定了国家治理现代化框架内政府间事权纵向科学配置的必要性。公共物品的层次性理论成为各级政府事权合理配置的理论基础,纵向上不同层级的政府应当供给与其层级相对应的公共物品,只有如此才能保证各级政府权力科学配置和运行,使各级政府权力关系更加优化,以保障各级

① 吴笛:《中央和地方事权与财权的划分与改革思路》,《合肥工业大学学报》(社会科学版)2010年第2期。

政府提供高效优质的公共物品,进而实现有效的国家治理。

（四）财政分权理论

财政分权的核心是赋予地方政府一定的自主权,是指在中央政府的主导下赋予地方政府一定的支出责任范围及相应的税收权力,并允许地方政府自主决定预算的支出规模与结构。[1] 通过这种处理纵向政府间财政关系的基本方式,为地方政府制定与执行政策提供必要条件,促使地方政府能够"因事制宜"制定出切合地方公共物品供给的政策,以提高地方政府的公共服务水平。

财政分权现象自 20 世纪以来在世界各国已普遍存在,由于各国的政治、经济体制等因素不同,其具体形式也有差异。财政分权包括五种形式:一是通过收取公共物品的使用费使地方政府自负盈亏;二是通过公共物品的消费者提供财力来支持公共物品供给及公共基础设施建设,或通过提供劳动与地方政府共同承担公共物品的成本;三是在征收与支配财产税和销售税方面赋予地方政府一定的权力;四是中央政府通过政府间转移支付方式给下级政府无偿拨付财政资金;五是通过借款保函方式授予地方政府借贷及使用国家和地方税收的权利。[2] 财政分权的实质在于中央政府与地方政府职责与权力范围的划分,以避免信息的不对称,促进资源的有效配置和社会福利的最大化。"[3]

财政分权理论最早起源于 20 世纪 50 年代,主要是弥补新古典经济学原理不能解释地方政府客观存在这一缺陷,从而进一步解释地方政府存在的必要性及合理性。

美国经济学家蒂布特(Charles Tiebout)于 1956 年发表了《地方支出的纯粹理论》,该文是财政分权理论兴起的标志。他认为居民通过在社区间的自由流动,向符合自己偏好的公共物品辖区流动,选择公共物品消费能使自己效

---

[1]　杨灿明、赵福军:《财政分权理论及其述评》,《中南财经政法大学学报》2004 年第 4 期。

[2]　俞秋阳:《当代中国治理体系的韧性研究》,华中师范大学 2017 年博士学位论文。

[3]　邓子基等:《地方税系研究》,经济科学出版社 2007 年版,第 49 页。

用最大化的政府所辖社区,迫使社区政府为居民需求提供更有效率的公共物品,否则居民会向能更好满足其需求偏好的辖区迁移。为了吸引选民,地方政府间通过竞争使资源实现更有效配置,以有效提供地方公共物品,实现社会福利的最大化。[①] 这就是所谓的"以脚投票"理论。

施蒂格勒(George Stigler)和特里希(Richard W.Tresch)也提出了地方政府或多级政府的必要性。乔治·施蒂格勒1957年在《地方政府功能的有理范围》一书中说明由中央政府和地方政府分别提供公共物品更有效,并提出地方政府存在的合理性,认为地方政府更了解辖区的公民偏好,由其来进行资源配置比中央政府效率更高,施蒂格勒还提出了两条基本原则,一是地方政府更接近于辖区的民众并了解辖区内公民的需求;二是每个公民对公共物品都有投票表决权。这充分表明,地方政府存在的理由是为了更有效地提供公共物品以实现社会福利的最大化。当然这并不是对中央政府作用的否定,中央政府的职权范围是要解决全国范围内的资源配置、地区之间的经济摩擦及税收竞争等,在这些方面中央政府效率更高。[②] 美国经济学家特里西通过数学模型论证从理论上提出了偏好误识问题。所谓偏好误识问题是指由于社会信息具有不完全性和不确定性,会使中央政府的公共物品供给要么提供过量、要么供给不足,而由地方政府供给某些公共物品会使社会福利有可能达到帕累托最优。事实上中央政府对居民偏好的认识由于获得信息的不对称会存在不确定性,这种不确定性的存在就要求地方政府通过自治来承担相应的职能以实现社会福利最大化。特里西以信息不对称为基础为地方财政分权给予了较好的解释,因而其观点为地方分权提供了富有说服力的理论。[③]

著名学者华莱士·奥茨(Wallace E.Oates)在1972年出版了《财政联邦主

---

① Charles M.Tiebout,"A Pure Theory of Local Expenditures", *Journal of Political Economy*, Vol.64,No.5,1956,pp.416-424.

② 平新乔:《财政原理与比较财政制度》,上海三联出版社1995年版,第313页。

③ 平新乔:《财政原理与比较财政制度》,上海三联出版社1995年版,第348页。

义》一书,他通过一系列假定条件将社会福利最大化表达为一个线性规划,并建立了资源配置最优化时的一般均衡模型,为地方政府的存在提供了一个分权定理。他认为在等量提供公共物品这个限制条件下,由地方政府提供某种公共物品效率会更高,且"关于该物品的每一个产出量的提供成本无论对中央政府还是对地方政府来说都是相同的——那么,让地方政府将一个帕累托有效的产出量提供给它们各自的选民,则总是要比中央政府向全体选民提供任何特定的并且一致的产出量有效得多。"[1]奥茨的分权定理是对传统的财政联邦主义和美国财政分权原理的总结和发展,他对地方政府分权体制所做的论证在美国的实践中得到了验证。

伴随着世界各国分级财政制度和经济民主化改革,财政分权理论不断完善与更新。新的财政分权理论在沿袭传统理论指导原则的基础上引入政治学、经济学、管理科学最新成果,拓展了研究方法和分析框架,并运用机制设计学说、委托——代理关系等将政府间财政关系研究推向了新的研究层面。

新一代财政分权理论在分权框架上强调政府本身的制约与激励机制,这种新分权理论是以钱颖一和罗兰(Qian and Roland)、怀尔德森(D.E.Wildasin)及温格斯特(B.Weingast)为代表,在财政分权问题上更关注的是一个有效的政府结构应该实现官员和地方居民福利之间的激励相容,[2]即如何设计出一套机制以实现对公共政策制定者的激励。

学者们从不同角度阐述公共物品提供职责在中央和地方政府之间分权的必要性。分权理论的研究已超出了财政领域的研究范围,对经济和社会其他领域的影响越来越广泛,如福利改革、环境质量问题等。

伴随着发达国家的经济体制转型,财政分权理论日益受到广泛关注。财政分权理论为政府间纵向分权的必要性和合理性提供了重要理论支撑,有其

---

[1] Wallace E.Oates, *Fiscal federalism*, New York: Harcourt Brace Jovanovich, 1972, p.35.
[2] 朱丘祥:《分税与宪政——转型社会中央与地方财政分权的价值与逻辑》,知识产权出版社2007年版,第57页。

可资借鉴之处。但是,无论绝对分权或绝对集权体制都不科学,应合理设定集权与分权、集中与分散的格局,使中央与地方间事权配置机制的运行做到在充分调动中央和地方的积极性同时,合理有效地促使中央和地方政府各司其职。由于我国当前政府"缺位"、"越位"和"错位"现象的存在,各级政府间职能尚未理顺;各级政府间财政关系缺乏明确的法律基础,使得各级政府在改革中责权界限边界模糊不清。因此,应进一步理顺政府职能,使各级政府事权、财权、课税权的界区分明,确保中央政府和地方政府有效提供公共物品,消除政府责权"缺位"、"越位"和"错位"的现象,①使各级政府的责权相匹配并实现科学化、法治化。

(五)"集分平衡"理论

绝对的中央集权或地方分权的权力配置方式,都存在着明显的弊端,在理论和实践中受到了愈来愈多的质疑,因此,中央有限集权与地方适度分权相结合的"集分平衡"理论越来越受到重视。

1.西方学者的"稳定均衡"理论

英国学者葛兰特等人关于中央与地方权力的稳定均衡理论,建立在地方自治和地方民主理论的基础之上,同时又兼顾了国家统合与地方平衡发展的要求。葛兰特主张整合中央集权和地方分权,提出二元平衡体系理论,即在中央和地方政治分权和职能分工的前提下,构建中央集权和地方分权相互独立、稳定互动、均衡整合的二元权力运行架构。

葛兰特在对英国政府间关系发展的研究中指出,近代英国的政府间纵向关系可以分为四个阶段:②(1)限制中央政府权力期(19世纪—20世纪初),

---

① 毕丽、危素玉:《财政分权理论综述》,《云南财经大学学报》2004年第3期。
② 赵永茂:《中央与地方权限划分的理论与实际:兼论台湾地方政府的变革方向》,台湾翰芦图书1997年版,第94—101页。

借助国家立法机构的强大,地方分权体系得到了充分的发展。(2)地方政府
国家化时期(20世纪初—20世纪30年代),为了处理日益增长的经济危机,
中央政府开始插手地方事务,中央集权得到加强。(3)20世纪30年代之后,
更加注重中央与地方政府的平衡互动过程,强调突出地方政府的功能和角色
定位。(4)1985年后,随着地方政府宪政地位的提高,地方自治的权力进一步
加强,地方政府可以与私营部门共同合作提供公共服务。

2. 孙中山的均权思想

在中央和地方之间的权力分配问题上,近代资产阶级革命的先行者孙中
山认为,中央集权制和绝对的地方分权制,都过于偏颇,均不适于中国这样一
个自古以来就是一个统一而幅员又十分辽阔的国家的国情,不利于中央政府
和地方政府的科学分工。因此,他提出了均权思想。

孙中山主张应按照权力的性质来分配央地权力,"权之分配,不当以中央
或地方为对象,而当以权之性质为对象。权之宜属于中央者,属之中央可也;
权之宜属于地方者,属之地方可也。"[1]1924年孙中山提出了"均权主义"这一
概念。在1924年1月国民党一大会议上孙中山提出:"关于中央及地方之权
限,采均权主义。凡事务有全国一致之性质者,划归中央,有因地制宜之性质
者,划归地方。"[2]

孙中山认为均权思想既吸取了单一制集权的长处又吸取了联邦制分权的
优势,是克服中央集权和地方分权各自弊端的好办法。孙中山强调"均权"并
非权力的"平均"分配,而是按照事务的性质等标准在中央与地方进行权限的
合理分配。

孙中山还主张实行地方自治,认为凡有利于因地制宜的事务应归地方,地

---

① 张金鉴:《行政学典范》,"中国行政学会"(台湾),1979年,第247页。
② 荣孟源:《中国国民党历次代表大会及中央全会资料》,光明日报出版社1985年版,第36页。

方自治可以发挥地方的积极性。在地方自治中以省作为中央与县的枢纽。"省立于中央与县之间,以收联络之效。"①

3. 当代中国学者的"集分平衡"论

王沪宁在分析了上个世纪80年代—90年代初期,改革过程中实行权力下放、财政上的中央地方"分灶吃饭"、"财政大包干",并由此导致"诸侯经济"、中央调控能力下降、地方保护主义抬头等现象后,提出中国这样的超大社会未来改革的方向是进行权力下放,他还强调"在权力下放中,要注意集分平衡:分权不能使中央的宏观调控无以进行,集中不能使地方的调控能量过多削减。"②王沪宁还强调要控制权力下放的进程,以渐进式改革的方式推进。③辛向阳提出了"权责对称"的主张,④其主要观点包括四个方面:一是宏观决策中央独统;二是微观决策地方做主;三是中央与地方权责要对称;四是发挥中央地方两个积极性。郑永年和王旭则提出了中央与地方政府权力配置过程中的实行中央"选择性集权"的主张。⑤

(六)马克思主义经典作家关于中央集权和地方自治的思想

1. 马克思、恩格斯关于中央集权和地方自治的思想

首先,马克思、恩格斯充分肯定中央集权的必要性、合理性和进步性。

马克思、恩格斯分析了欧洲地方割据对社会发展的阻碍,提出建立统一的中央集权国家的必要性。恩格斯曾以德国为例分析地方割据所产生的弊端:"德国的小邦割据状况及其形形色色的工商业立法,必然很快就变成了束缚

① 《孙中山文萃》(下卷),广东人民出版社1996年版,第711页。
② 王沪宁:《集分平衡:中央与地方的协同关系》,《复旦学报社会科学版》1991年第2期。
③ 王沪宁:《集分平衡:中央与地方的协同关系》,《复旦学报社会科学版》1991年第2期。
④ 辛向阳:《大国诸侯:中央地方关系之结》,中国社会出版社1996年版,第345—347页。
⑤ 郑永年、王旭:《论中央地方关系中的集权和民主问题》,《战略与管理》2001年第3期。

这种猛烈增长的工业以及与此相联系的商业的一种不堪忍受的桎梏。"①恩格斯指出:"由于工业、贸易和交通的长足发展,政治上的集中成了比当时即十五和十六世纪更加迫切的要求"②;"当时英法两国工商业的成长促使整个国家中各种利益联成一气,因而促成政治上的中央集权。"③

恩格斯深刻分析了集权与国家的本质联系,肯定了中央集权的必要性:"集权是国家的本质、国家的生命基础,而集权之不无道理正在于此。""没有一个国家可以不要集权,联邦制国家需要集权,丝毫也不亚于已经发达的集权国家。只要存在着国家,每个国家就会有自己的中央,每个公民只有因为有集权才履行自己的公民职责。"④

第二,马克思、恩格斯强调和肯定地方自治的意义和作用。

在强调中央集权的同时,马克思、恩格斯也肯定地方自治的意义和作用。恩格斯在《中央委员会告共产主义者同盟书》1885年版的加注中指出:"在整个革命时期,直到雾月18日政变为止,各省、各区和各乡镇的管理机构都从由人民自己选出而可以在全国法律范围内完全自由行动的政权机关组成的;这种和美国类似的地方和省区自治制,正是革命的最强有力的杠杆"⑤恩格斯进一步指出:"需要单一的共和国。但并不是像现在法兰西共和国那样的共和国,现在的法兰西共和国同1798年建立的没有皇帝的帝国没有什么不同。从1792年到1798年,法国的每个省、每个市镇,都有美国式的完全的自治权,这是我们也应该有的。"⑥"省、专区和市镇通过由普选权选出的官吏实行完全的自治。取消由国家任命的一切地方的和省的政权机关。"⑦

---

① 《马克思恩格斯全集》第21卷,人民出版社1965年版,第465页。
② 《马克思恩格斯全集》第6卷,人民出版社1961年版,第333页。
③ 《马克思恩格斯全集》第7卷,人民出版社1959年版,第387页。
④ 《马克思恩格斯全集》第41卷,人民出版社1982年版,第396页。
⑤ 《马克思恩格斯全集》第7卷,人民出版社1959年版,第298页。
⑥ 《马克思恩格斯全集》第22卷,人民出版社1965年版,第276页。
⑦ 《马克思恩格斯全集》第22卷,人民出版社1965年版,第276—277页。

2. 列宁关于中央集权和地方自治的思想

第一，列宁继承和发展了马克思和恩格斯强调中央集权的思想，并提出把民主集中制作为正确处理中央与地方关系的基本准则。

列宁在十月革命胜利后十分强调中央集权制的必要性，适应了当时新生的苏维埃政权面临着复杂的国内、国际形势。列宁指出："宪法规定了集中制的基本原则。我们大家对这个基本原则并无异议，因为从高尔察克、尤登尼奇、邓尼金这些鲜明、生动甚至是残酷的教训中，以及从游击主义的教训中，我们已经学到了这个道理。"①中央集权的思想和措施对粉碎帝国主义的干涉和资产阶级的反扑、维护新生的革命政权发挥了重要作用。

列宁提出要实行必要的集中制才能实现苏维埃国家管理的目标和任务。列宁指出："我们拥护集中制，也拥护'计划'，但是，我们拥护的是无产阶级国家的集中制和计划，是无产阶级为了贫民、劳动者和被剥削者的利益，为了反对剥削者而调整生产和分配的集中制和计划。"②

第二，列宁强调要肯定地方自治。

列宁明确指出："苏维埃政权决不贬低地方政权的意义，决不伤害它们的独立性和主动性。"③列宁还进一步强调："民主集中制不仅不排斥地方自治和具有特殊的经济和生活条件、特殊的民族成分等等的区域自治，相反地，它必须既要求地方自治，也要求区域自治。"④

马克思主义经典作家对中央集权与地方自治关系的精辟分析和辨证认识，为我们今天处理中央与地方政府权力关系提供了基本的理论指引和科学的方法论。

---

① 《列宁选集》第 3 卷，人民出版社 1972 年版，第 232 页。
② 《列宁全集》第 26 卷，人民出版社 1959 年版，第 100 页。
③ 《列宁全集》第 28 卷，人民出版社 1956 年版，第 18 页。
④ 《列宁全集》第 20 卷，人民出版社 1958 年版，第 29—30 页。

五、研究的基本思路、方法、创新与不足

（一）研究的基本思路

本研究成果始终贯彻以马克思主义基本原理和习近平新时代中国特色社会主义思想为指导，特别是注重党的十八大以来以习近平同志为核心的党中央提出的关于完善中国特色社会主义制度、推进国家治理体系和治理能力现代化的新理念与政府间事权纵向配置的制度研究紧密结合。

马克思主义经典作家关于中央集权和地方自治的相关论述和新时代中国特色社会主义理论是政府间事权纵向配置的理论指导。政府间事权纵向配置与治理理论、元治理理论、财政分权理论、公共物品层次性理论、集分平衡等理论有着密切的联系。西方治理理论对政府与市场、政府与社会进行对立性划分，主张治理中的去国家（政府）化，甚至主张没有政府的治理，认为有了市场和社会就不需要政府，忽略了市场和社会正常运作所需要的制度基础。事实上，西方社会出现的许多治理危机，很重要的因素是治理中政府的缺席。元治理等理论的出现，正是对这种"治理失灵"的反思。中国学者对治理的研究在许多方面借鉴了西方治理理论，同时也对西方治理理论的不足进行了反思。"元治理"理论对于当前我国国家治理现代化背景下政府间事权纵向配置有诸多启示。应借鉴"元治理"的视角与思路，坚持中国共产党的领导，发挥政府在国家治理中统筹协调的元治理者角色，完善市场经济体制，积极培育成熟健康的公民社会，推进政府、市场、社会等治理主体的协作配合，进一步发展和完善国家治理体系。

党的十八大以来，以习近平同志为核心的党中央坚持以问题为导向深化改革，系统谋划改革的科学路径和有效方法，提出了一系列改革政府间纵向权力配置的新理念、新战略。党的十八届三中全会提出将推进国家治理体系和

治理能力现代化作为全面深化改革的总目标后,党的十九大、十九届二中全会、三中全会不断地将改革引向深入。党的十九届四中全会对中国特色社会主义制度建设、推进国家治理现代化进行了全面系统的部署。一方面以国家治理现代化为导向,加强政府间事权纵向配置体制机制的顶层设计,另一方面着眼于具体制度规范建设,使政府间事权纵向配置的体制机制改革向纵深发展。这一阶段政府间事权纵向配置改革是全方位的,改革以基本公共服务领域事权划分为突破口不断拓展,涉及立法体制、司法体制、财政体制等多个领域,是改革开放以来最为全面、系统的改革。

因此,本书始终注重将马克思主义经典作家关于中央集权与地方自治的基本理论以及治理理论、公共物品层次理论、财政分权理论、集分平衡理论的研究贯穿于对政府间事权纵向配置的具体制度设计中。与此同时,更加注重对党的十八大以来中国特色社会主义国家治理理论以及党的政策、党和国家重大会议决定、党内法规、国家法律、国务院行政法规和重大决定及地方法规政策的研判和领会,在此基础上分析当代中国政府间事权纵向配置面临的治理困境及其体制根源,并通过对立法事权、纵向基本公共服务领域事权、司法事权纵向配置以及政府间事权纵向配置监督和调节机制的分析,提出实现政府间纵向事权配置优化的具体制度设计。

(二)研究方法

1. 规范研究、实证分析与对策研究相结合的方法

政府间事权纵向配置问题的研究,涉及治理理论、权力理论、国家结构形式理论、财政理论、法治理论等重大基础理论问题。因此,本书首先通过规范研究方法对涉及的治理理论、公共物品层次理论、财政分权理论、集分平衡理论进行分析,以此为基础进一步剖析当代中国国家治理结构以及政府间纵向权力关系的主体、客体和具体制度样态。

政府间事权纵向配置既涉及党内法规、党的政策、重大会议决定,又涉及宪法、立法法、民族区域自治法、特别行政区基本法以及国务院的行政法规和其他规范性文件,还涉及各省市自治区的相关政策。研究过程中对相关党的政策、国家法规进行了大量梳理和分析工作,同时还有针对性的分析了河北、北京、上海、黑龙江、广东、甘肃等省市《省以下财政事权和支出责任划分改革实施方案》、《医疗卫生领域省以下财政事权和支出责任划分改革方案》。力求使研究紧密结合改革实际,同时也努力尝试研究结论能对我国政府间事权纵向配置提供可资参考的对策建议。

2. 比较研究的方法

课题运用了比较研究的方法,分析了西方有关治理、政府间事权配置的相关理论。对现代西方国家的政府间事权纵向配置从立法、行政、财政事权、司法等领域的具体制度进行了比较分析,以期对我国理论研究和制度建设提供有益借鉴。

3. 多学科交叉研究的方法

政府间事权纵向配置问题本身涉及多学科领域,因此我们在课题组组建的过程中充分考虑这一因素,研究团队成员拥有马克思主义理论、政治学、法学、行政学、财政学等多学科背景。本书以马克思主义基本原理和新时代中国特色社会主义思想为指导,广泛借鉴和运用政治学、法学、公共管理学、财政学等多学科研究的方法,努力尝试提出具有可行性的研究思路和综合性的相关对策建议。

(三) 研究的创新

1. 研究视角的创新

本书将政府间事权纵向配置引入国家治理体系现代化这一全面深化改革

总目标的研究中,分析政府间事权纵向配置在现代治理体系中的基础性作用。在此基础上提出中国政府间事权纵向配置制度化的理论进路。本书构建了对政府间事权纵向配置独特的研究思路和框架,即"贯穿一条主线,关注三个子系,确立两个维度,研究一对关系,确保一个中心,实现一项目标"。

2.研究内容的创新

我国学术界对政府间事权配置的研究目前大多集中在中央地方关系、财政事权和支出责任领域,本书弥补了以往研究的局限性,将执政党权力、立法权力、财政事权、司法权力共同纳入政府间事权纵向配置的研究领域,从基本构成元素及运行机理的角度,分析了当代中国政府间事权纵向配置体系的主、客体构成要件及其影响因素,并具体分析了我国执政党和政府治理结合的主要形式以及政府间事权纵向划分的主要依据、分类标准;对当代中国政府间事权纵向配置存在的问题从五个方面进行了制度反思;提出了政府间事权纵向配置的基本原则和总体目标。

3.观点创新

(1)中央与地方政府间的事权纵向配置,从表面上看是政府权力的空间配置,然而其实质是国家治理结构问题;政府间事权纵向配置是完善国家治理结构,实现国家治理体系和治理能力现代化的重要环节和核心内容。

(2)本书分析并论证了中国国家治理结构不同于西方国家的显著特征,即执政党深深内嵌于现代国家治理结构当中,政府、市场、社会三个元素在执政党统领下,整合成为一个有机的现代国家治理结构体系。这种以执政党治理为核心的治理结构形成了中国特色社会主义制度的本质特征,同时也是中国特色社会主义制度具有优越性的最重要结构性来源之一。中国的国家治理结构是以中国共产党为核心和中轴构建的;治理结构中无论是权力分配还是权力运行机制,执政党和政府都已经紧密结合在一起;执政党在进入政府结构的同时,又在一定程度上保留了自身和政府各自的相对独立性。要在加强党的全面领导前提下,以国家治理现代化为导向,以推进执政党和国家机构职能优化、协同、高效为着力点,构建系统完备、科学规范、运行高效的党和国家机构职能体系,实现党政关系的规范化、科学化。

(3)本书研究从基本构成元素及运行机理的角度,分析了当代中国政府间事权纵向配置体系的主、客体构成要件及其影响因素,并具体分析了我国执政党和政府治理结合的主要形式以及政府间事权纵向划分的主要依据、分类标准。提出中国政府间事权纵向配置的制度设计必须以中国版图广袤、人口数量巨大、民族众多、行政层级繁杂的"超大性"国情为基础。

(4)提出了政府间事权纵向配置的基本原则和总体目标。政府间事权纵向配置必须坚持党中央集中统一领导、国家统一性、中央权威与主导、中央地方两个积极性、适度分权、因地制宜、纵向权力配置法治化原则。政府间事权纵向配置的总体目标是:实现权力纵向配置中央集中统一与地方分权自治的有机结合;实现对中央和地方各级政府责权划定的明晰化和统筹设计;实现政府间纵向责权配置由政策主导向立法主导的转移;以新一轮党和国家机构改革为契机,进一步完善中央地方治理结构。

(5)"发挥中央和地方两个积极性"是新中国成立以来国家治理的核心制度要素;一个具有高度权威、行动高效、反应灵敏的中央政府,是国家处在现代化的起步阶段或社会转型期的必然选择;我国政府间事权纵向配置总的趋势是中央不断向地方放权,但放权并不意味着削弱中央权威。

(6)提出并论证了国家治理体系和治理绩效的优劣由中央权威和地方治理自主性共同决定的观点;并从立法事权配置、基本公共服务领域政府间事权配置和司法事权配置等方面分析和论证了如何建构治理体系中中央权威和地方适度分权的动态平衡机制。

第二章　现代国家治理结构中的政府间事权纵向配置

一、中国特色社会主义国家治理的基本理念

（一）中国特色社会主义国家治理命题提出的时代特征

2013年,党的十八届三中全会明确提出全面深化改革的总目标为"完善和发展中国特色社会主义制度,推进国家治理体系和治理能力现代化"。2017年,习近平总书记在党的十九大提出到2035年"各方面制度更加完善,国家治理体系和治理能力现代化基本实现",到本世纪中叶"实现国家治理体系和治理能力现代化"的目标。在2018年党的十九届三中全会上,党中央进一步强调构建以执政党为中心的国家治理体系和治理结构。2019年召开的党的十九届四中全会,更是把坚持和完善中国特色社会主义制度、推进国家治理体系和治理能力现代化作为会议的主题,进行全面系统的部署。国家治理体系和治理能力现代化集中体现了一个国家的制度和制度执行能力,推进国家治理体系和治理能力现代化是关系党和国家事业全局的重大政治任务,对加强党的长期执政能力建设、健全完善中国特色社会主义制度和实现中华民族伟大复兴的中国梦,具有十分重大的战略意义。

国家治理体系和治理能力现代化的提出,是改革开放40多年党和国家不断探索治国理政规律所取得的重大成果,具有鲜明的时代特征。

1. 推进国家治理现代化是执政党适应时代变化,探索中国特色的社会主义国家治理之路的战略选择

纵观社会主义发展史,在以往的社会主义理论及实践中,关于如何治理好社会主义社会的问题并未得到很好地解决。新中国成立后,中国共产党一直在努力探索中国特色的社会主义国家治理之路,经过几十年艰难的历程,在国家治理方面总结了适合中国国情的丰富经验,取得了重大的成果。改革开放以来,中国共产党对于国家治理的视野和认识发生了全新的变化,早在改革开放初期,邓小平就曾经反复强调制度建设的重要性,他指出:"各方面的新情况都要研究,各方面的新问题都要解决,尤其要注意研究和解决管理方法、管理制度、经济政策这三方面的问题。"①这里特别强调管理方法、管理制度。20世纪90年代,社会主义市场经济体制的确立,使中国社会的内在结构、发展逻辑和行动取向都发生了深刻的改变。社会主义市场经济发展所带来的中国社会权力关系和政治逻辑的深刻变化,要求执政党在领导国家走出计划经济体制的同时也要改变原有的治国方略。1997年,党的十五大确立了依法治国的治国方略。进入21世纪,伴随着中国改革的深入以及所取得的巨大成就,中国经济和社会进入一个新的发展时期。中国的经济发展,不仅总量增大,而且结构更加复杂,与此同时,经济全球化在给中国带来巨大发展机遇的同时,也给国家治理带来了前所未有的挑战。在此背景下,2002年,党的十六大提出"党领导人民治理国家"的论断,第一次提出了社会主义国家治理的理念。2004年,党的十六届四中全会通过了《中共中央关于加强党的执政能力建设的决定》,其目标就是在整体上提升党治国理政的能力,以推进国家的崛起和

---

① 《邓小平文选》(1975—1982),人民出版社1983年版,第139页。

民族的复兴。2007 年召开的党的十七大进一步提出："要坚持党总揽全局、协调各方的领导核心作用,提高党科学执政、民主执政、依法执政水平,保证党领导人民有效治理国家。"2012 年,党的十八大报告中多处提到了"治理"的概念,同时强调要更加注重改进党的领导方式和执政方式,"保证党领导人民有效治理国家",应该"更加注重发挥法治在国家治理和社会管理中的重要作用",并且明确提出了"法治是治国理政的基本方式"。

2. 将"推进国家治理体系和治理能力现代化"确定为全面深化改革的总目标,是执政党探寻治国理政规律的历史性创举

党的十八大以来,以习近平同志为核心的党中央针对"治理什么样的国家,怎样治理国家"这一根本性的问题,进行了持续的探索。2013 年党的十八届三中全会提出把"完善和发展中国特色社会主义制度,推进国家治理体系和治理能力现代化"作为全面深化改革的总目标,指明了今后我国国家治理的发展方向。推进国家治理体系和治理能力现代化,顺应了中国特色社会主义发展的历史要求,开创了我国国家治理的新时代,是中国共产党探寻治国理政规律的一个历史性创举。2017 年,党的十九大报告对国家治理的地位、途径、目标和任务做了进一步明确的阐释,指明了全面推进国家治理现代化的方向。2019 年,党的十九届四中全会对推进国家治理体系和治理能力现代化进行系统总结,提出与时俱进完善和发展的前进方向和工作要求。

3. 实现国家治理体系和治理能力现代化,是统筹国内国际两个大局、促进全球治理机制变革的迫切要求

国家治理体系和治理能力现代化的提出,是面对"世界百年未有之大变局",提升我国在世界范围内的综合竞争能力,促进全球治理体系变革的迫切要求。当今世界国与国之间的竞争,不仅表现为经济、科技、国防等方面的实力角逐,更进一步发展到国家制度特别是国家治理层面的能力竞争。环顾近

年来全球范围内各国的治理绩效,就会发现现实世界正变得越来越难以治理。例如,2008 年,由美国次贷危机引发的金融危机迅速蔓延全球,对全球经济造成冲击;2011 年,旧金山、华盛顿、波士顿、丹佛等美国多个城市爆发了"占领华尔街"运动;自 2016 年来英国政府便深陷脱欧困境,议会下院几乎每次会议都在就脱欧问题进行辩论和投票,但却迟迟拿不出解决问题的方案,使整个国家陷于混乱状态;法国近年来多次遭遇恐怖袭击、出现多次罢工和示威浪潮等。这些都暴露了当代西方国家的制度窘境和治理缺陷。近年来,许多发展中国家也出现经济下行、社会动荡、内乱不已,深陷发展和治理困境。在 2020 年初发生的新冠肺炎疫情中,以美国为首的西方国家应对失策,造成了国家经济社会秩序的混乱,更暴露了西方国家治理体系的严重缺陷。著名政治学家弗朗西斯·福山认为其根源在于"政府软弱、无能或者无政府的状态"。① 而中国改革开放的巨大成功,引起了全世界广泛的关注和研究,许多国家的政治家和学者指出中国之所以能够在短短 40 年发展成为世界第二大经济体,是由于中国现行制度包括中国共产党领导的中国特色社会主义国家治理制度发挥了至关重要的作用。正如习近平总书记所指出的"我国政治稳定、经济发展、社会和谐、民族团结,同世界上一些地区和国家不断出现乱局形成了鲜明对照。"②

当然,我们也应该清醒的看到当前我国国家治理面临着来自内外两方面的空前挑战。从内部来看,改革进入了深水区,20 世纪 90 年代以来改革所积累的一些深层次矛盾正逐步显现,比如分配结构的不合理造成的贫富差距、社会保障体系不完善、生态环境恶化、腐败现象、农村与城市出现的各类群体性事件、经济下行压力不断加大等。从外部来看,当今世界逆全球化和霸权主义、强权政治抬头,我国所面临的外部挑战和风险与日俱增。这些问题都对我

---

① [美]弗朗西斯·福山:《国家构建:21 世纪的国家治理与世界秩序》,黄胜强、许铭原译,中国社会科学出版社 2007 年版,序第 1 页。

② 习近平:《切实把思想统一到党的十八届三中全会精神上来》,《习近平谈治国理政》(第一卷),外文出版社 2018 年版,第 91 页。

国的国家治理带来了巨大的挑战。习近平总书记强调,"我们在国家治理体系方面还有许多不足,有许多亟待改进的地方。"①"我们要打赢防范化解重大风险攻坚战,必须坚持和完善中国特色社会主义制度、推进国家治理体系和治理能力现代化,运用制度威力应对风险挑战的冲击。"②

中国国家治理体系需要持续改进和完善,以有效应对面临的挑战。我们将通过社会主义制度的不断完善,使之更加符合国家治理的规律,更加顺应时代发展的趋势。我们应更加努力推进国家治理体系和治理能力的现代化,使中国特色社会主义道路越走越宽阔、越走越自信,为实现两个一百年奋斗目标打下坚实的制度基础。

(二) 国家治理的科学内涵

国家治理是近年来在治理观念基础上兴起的一个概念,在此之前,"治理"的概念和理论已经成为社会科学学术讨论和政策实证研究中的热门话题。传统的治理理论很长时间对于国家在治理中的积极贡献持质疑态度,"国家怀疑论"和"反政府主义"在治理理论中占据着主导地位。崛起于20世纪60年代的亚洲"四小龙"的实践历程,使得学者们重新审视国家在治理中的作用,也促进了理论层面的反思,如世界银行在《1991年世界经济发展报告》中特意设置了"反思国家"这一章节,1997年报告中这一部分又增加了一个副标题——"变革世界中的政府"。③近20年来学者们在对苏联解体与中国崛起的对比中则进一步发现了国家所扮演角色的重要性。这些研究为"国

---

① 习近平:《切实把思想统一到党的十八届三中全会精神上来》,《习近平谈治国理政》(第一卷),外文出版社2018年版,第91页。

② 习近平:《关于〈中共中央关于坚持和完善中国特色社会主义制度、推进国家治理体系和治理能力现代化若干重大问题的决定〉的说明》,《〈中共中央关于坚持和完善中国特色社会主义制度、推进国家治理体系和治理能力现代化若干重大问题的决定〉辅导读本》,人民出版社2019年版,第53页。

③ 臧雷振:《国家治理:研究方法与理论建构》,社科文献出版社2016年版,第73页。

家治理"的出场奠定了理论和实践基础。① 在我国的政治实践中,"国家治理"被重视的程度,堪称具有世界政治发展过程中的里程牌意义。

党的十八届三中全会提出"推进国家治理体系和治理能力现代化。"②这是我国执政党中央的重大文件中首次出现"国家治理体系"和"国家治理能力"的概念。全会通过的决定中24次提到"治理"一词,③涉及治理的结构层次(国际、国家、政府、社会等治理层次)、治理的方式和方法(综合、依法、系统、源头等治理方式)和治理人员的组织等多方面的规定。以此为契机,"治理"研究逐步扩展到"国家治理",并延展到"国家治理体系"、"国家治理能力"及其"现代化"。党的十九届四中全会从十三个方面强调了我国制度体系中"支撑中国特色社会主义制度的根本制度、基本制度、重要制度",坚持根本制度、基本制度、重要制度相衔接,提出"构建系统完备、科学规范、运行有效的制度体系,加强系统治理、依法治理、综合治理、源头治理。"④

学者们从不同的角度来界定国家治理:

第一,从"国家治理"与"国家统治"、"国家管理"的差异来界定国家治理。何增科认为国家治理是在扬弃国家统治与国家管理两个概念基础上提出的一个新概念。国家治理的目的在于对公共利益的增进和公共秩序的维护,是包括代表公私各方面利益的多元主体对社会公共事务合作管理过程的实现。⑤ 国家治理的概念既继承了国家统治和国家管理概念的某些要素,又有其本身的独特性。

第二,从广义和狭义两个方面来理解国家治理。丁志刚提出国家治理的

---

① 臧雷振:《国家治理:研究方法与理论建构》,社科文献出版社2016年版,第74页。
② 《中共中央关于全面深化改革若干重大问题的决定》,《十八大以来重要文献选编》(上),中央文献出版社2014年版,第512页。
③ 许耀桐、刘祺:《当代中国国家治理体系分析》,《理论探索》2014年第1期。
④ 《中共中央关于坚持和完善中国特色社会主义制度、推进国家治理体系和治理能力现代化若干重大问题的决定》,《〈中共中央关于坚持和完善中国特色社会主义制度、推进国家治理体系和治理能力现代化若干重大问题的决定〉辅导读本》,人民出版社2019年版,第5页。
⑤ 何增科:《理解国家治理及其现代化》,《马克思主义与现实》2014年第1期。

广义概念指国家主导的对社会的全面治理活动,治理主体、领域、方式等均呈多元性的特征。狭义的概念则仅指国家单一主体对政治单一领域的治理,也就是通常意义上的政治治理或者政府治理。而狭义上的政治治理、政府治理仅仅指国家行政机关的治理。①

第三,从国家治理的结构来分析国家治理。徐湘林提出国家治理结构由核心价值、权威决策、行政执行、经济发展、社会保证和政治互动机制等六个相互联系相互依存的子体系构成,并强调对于国家治理的整体结构而言,每一个子体系的有效运转都具有至关重要的影响力。②

第四,主张当代中国国家治理的"原创性"。王浦劬通过分析我们党的国家治理理念与中国传统的政权统治者以及西方治理理念的差异,指出党的治理理念同时体现了马克思主义国家理论中的政治统治和管理两个方面的功能,实现了在统治与管理两个层面的"治"与"理"的有机结合。③

第五,从治理的主体、对象、范围三个方面来界定国家治理。"国家作为主体的治理,是相对于社会、市场而言的,涉及国家与社会、国家与市场的关系;国家作为对象的治理,其实是治理国家,涉及限制国家权力、重塑国家能力;国家作为范围的治理,是相对于全球不同国家而言的,可以理解为"中国治理"、"美国治理"等。"④

习近平总书记指出:"一个国家选择什么样的治理体系,是由这个国家的历史传承、文化传统、经济社会发展水平决定的,是由这个国家的人民决定的。""推进国家治理体系和治理能力现代化,必须有主张,有定力。"⑤

---

① 丁志刚:《论国家治理能力及其现代化》,《上海行政学院学报》2015 年第 3 期。

② 徐湘林:《"国家治理"的理论内涵》,《人民论坛》2014 年第 10 期。

③ 王浦劬:《国家治理、政府治理和社会治理的含义及其相互关系》,《国家行政学院学报》2014 年第 3 期。

④ 彭莹莹、燕继荣:《从治理到国家治理:治理研究的中国化》,《治理研究》2018 年第 2 期。

⑤ 中共中央宣传部:《"省部级主要领导干部学习贯彻十八届三中全会精神全面深化改革专题研讨班"的重要讲话》,《习近平总书记系列重要讲话读本》,学习出版社、人民出版社 2016 年版,第 75 页。

本书认为对于我国国家治理研究,要以马克思主义国家理论为指导,准确把握其理论和实践的本质特征,确定科学内涵。

第一,推进国家治理现代化要始终坚持中国特色社会主义的道路指引和理论依归。西方的各种治理理论范式并未能对当代中国的发展转型做出有效的理论解读。中国"国家治理"不应是对西方治理理论的全盘移植,而应是在批判扬弃的基础上,吸收其多元治理主体参与协商的理念。

第二,治理有其核心,中国国家治理的核心就是中国共产党。必须把党的领导通过制度贯穿到国家治理的全过程。现代治理遭遇的一个现实困境是决策效力和多主体统合问题,所以西方理论提出了元治理问题。中国共产党作为执政党不同于西方的政党,中国共产党是一个既超然又内在于国家和社会的主体,恰恰可以解决这个问题。从这种意义上讲中国共产党是国家治理的元主体。

第三,执政党、政府、社会、公众四位一体构成国家治理的主体。十九大提出要完善"党委领导、政府负责、社会协同、公众参与、法治保障的社会管理体制",中国共产党是现代化进程中国家治理系统中最重要的主体,居于国家治理体系的核心地位。习近平总书记指出:"国家治理体系是在党领导下管理国家的制度体系。"①在党的领导下,政府在治理中发挥主导作用;社会组织也是国家治理的有机组成部分,为政府的治理提供保障与补充;社会公众也是参与国家治理的重要主体,通过对国家政权机关的工作进行有效监督以保障国家治理体系的有效运行。

第四,国家治理的客体是政府向社会提供的公共服务。国家治理过程中通过对国家(政府)权力的横向和纵向配置来实现向社会提供有效公共服务的职能。

第五,国家治理的价值目标是实现其公共服务职能,具体就是实现人民幸

---

① 习近平:《切实把思想统一到党的十八届三中全会精神上来》,《习近平谈治国理政》(第一卷),外文出版社 2018 年版,第 91 页。

福、社会和谐、国家富强。人民幸福即保障公民自由、民主权利的实现和福利保障,社会和谐即激活社会力量参与社会建设,国家富强即实现国家可持续发展和在世界舞台的影响力。

第六,国家治理的实现方式是法治。国家治理必须在宪法和法律约束之下开展,在法定轨道内运行。

综上所述,当代中国语境下的国家治理是以执政党为核心、以政府为主导、由社会组织和社会公众构成的治理主体通过依法合理的配置和运用公共权力,实现政府、市场和社会之间的良性互动机制,以便为社会提供有效的公共服务,实现人民幸福、社会和谐、国家富强的目标,达到促进公共利益最大化的理想状态。

二、当代中国国家治理体系的结构分析

习近平总书记在 2013 年 11 月 12 日党的十八届三中全会第二次全体会议中首次界定了国家治理体系,指出国家治理体系是"各领域体制机制、法律法规安排",是"一整套紧密相连、相互协调的国家制度"。[1] 突出强调了国家治理体系作为制度的整体结构、系统性及其有效运作。

国家治理现代化的实现具有诸多的制约因素,其中关键因素之一是体系结构的优劣。有效的治理有赖于科学的治理体系结构,良好的体系结构能够促进治理功能的最优化、实现治理效益的最大化。但凡是治理失效或失败的国家,最终都能从治理体系结构层面找到其所存在的相应问题。因此,塑造科学的治理结构是一个国家实现治理体系现代化的前提条件。

---

[1] 习近平:《切实把思想统一到党的十八届三中全会精神上来》,《十八大以来重要文献选编》(上),中央文献出版社 2014 年版,第 548 页。

（一）国家治理体系的基本结构：多视角的分析

对于国家治理体系的结构，学术界从不同视角进行了广泛的探讨。

1.从治理主体的角度分析

俞可平认为政府、市场和社会是国家治理体系中三个最重要的次级体系，①三者共同参与、合作进行国家治理的具体活动。

2.从治理的内容角度分析

一些学者结合我国"五位一体"总体布局，提出国家治理是由政治、经济、文化、社会、生态五个方面的治理体系构成。许海清从政治、经济、文化、社会等几大领域法律制度、机制的体系安排定义国家治理体系，同时强调在该系统中党的领导以及各领域制度的紧密相关性和协调性。②

3.从治理体系内在结构的综合构成角度分析

徐邦友从逻辑层面阐释国家治理体系，认为治理主体、功能、权力、规则、手段或方式方法、绩效评估等各方面的系统都应该是国家体系结构的重要组成部分。③ 徐湘林提出把国家治理"看作是一个结构性的动态均衡调试过程。"④许耀桐认为，国家治理体系是个有机整体，结构上包括治理理念、制度、组织和方式四个层次，内容包涵政治权力、社会组织、市场经济、宪法法律、思想文化等各系统，各系统之间紧密相连，相互协调。⑤ 何增科认为国家治理体

---

① 俞可平：《论国家治理现代化》，社会科学文献出版社 2015 年版，第 3 页。
② 许海清：《国家治理体系和治理能力现代化》，中共中央党校出版社 2013 年版，第 15—19 页。
③ 徐邦友：《国家治理体系：概念、结构、方式与现代化》，《当代社科视野》2014 年第 3 期。
④ 徐相林：《国家治理的理论内涵》，《人民论坛》2014 年第 10 期。
⑤ 许耀桐、刘祺：《当代中国国家治理体系分析》，《理论探索》2014 年第 1 期。

系由目标、制度和价值体系构成。①

4. 从治理体系价值的角度分析

有的学者着重强调治理体系的价值因素,认为要注重国家治理体系的"软结构"。桑玉成提出,现代国家治理体系离不开价值、知识、智慧、技艺这些"软结构"方面的问题。我们既要注重国家治理体系的制度层面的建构,又要注重国家治理体系的"软结构"的提升。②

从以上研究可以看到,国家治理体系就是要解决因何治理——治理价值、谁来治理——治理主体、治理什么——治理客体、依何治理——制度规则、怎样治理——治理方式等方面的问题。国家治理体系宏观上至少由三个子系统构成,即治理价值、结构和机制体系。国家治理体系构建首要的问题是建构其价值体系。治理价值体系指国家治理过程中逐步形成的有关治理的理念、目标、价值取向。治理结构就是治理体系中各主体间的权力配置以及与此有关的各种制度框架。治理机制则是各治理主体在治理过程中相互协作、相互制衡的运行体系、机理。先进的治理价值理念、合理的治理结构和科学高效的治理机制,是国家治理体系完善和有效治理实现的必备条件。

在国家治理体系的三个子系统中,治理结构处于核心地位。结构是指事物或者系统内部各部分、成分、要素的构成及其相互间联系的方式。"国家治理体系的结构"(Structure State Governance System)是由"治理结构"(Governance Structure)演变而来。国家治理结构可以从广义和狭义两方面理解,广义的国家治理结构是指构成国家治理体系的各个组成要素及其相互联系机制、运行机理,涵盖政党、政府、市场、社会治理四个方面;狭义的国家治理

---

① 何增科:《理解国家治理及其现代化》,《马克思主义与现实》2014 年第 1 期。
② 桑玉成:《现代国家治理体系的"软结构"问题漫谈》,《思想理论教育》2015 年第 3 期。

体系结构就是指政府治理,即政府治理主体之间形成的组织结构体系以及各个治理主体之间的权力、责任、利益等方面的制度安排,包括横向的政府权力内部相同层次组织之间(立法、行政、监察、司法)与纵向的不同层次组织(中央与省级及省级以下机构)之间的组织状态。各治理主体之间的权力结构是国家治理结构的核心要素。

治理结构是国家治理体系的重要组织载体,其科学性、合理性是制约整个治理体系运行的稳定、效率及治理能力提升的关键所在。因此,只有调整和改革现有的国家治理结构,才能有效提升国家治理能力。[①] 要让执政党、政府、社会、市场四者发挥各自在国家治理运行机制中的应有作用,积极互动,互不掣肘,国家治理就会取得理想的绩效。

(二)当代中国治理结构的构成要素

前文已经提到,广义的国家治理结构由政党、政府、市场、社会治理四个方面构成。在西方国家,执政党和其他社会组织一样被列入"社会"元素,国家治理结构由政府、市场、社会三个场域的治理组成。我国治理结构和西方的最大区别就是执政党在国家治理中发挥着领导核心作用。在西方,执政党游离于治理结构的边缘。而在中国,执政党深深内嵌于现代国家治理结构当中,政府(包括立法、行政、监察、司法机构的广义政府)、市场、社会三个元素在执政党统领下,统合为中国特色社会主义现代国家治理结构体系。以执政党治理为核心的治理结构形成了中国特色社会主义制度的本质特征,亦是凸显我国政治制度优越性的最重要结构性渊源。这个治理结构有两个优越性,"一是能够集中力量办大事;""二是在国家治理体系中有一个关系协调者,政权机构内部发生矛盾时可以由中国共产党来协调,政府与企业、社会组织发生矛盾

---

① 蒋永甫、韦潇竹、李良:《中央与地方关系的发展:从权力博弈走向国家治理结构转型》,《学习论坛》2016 年第 3 期。

时也可以由中国共产党来协调,由此减少扯皮、提高效率。"①

1. 执政党是国家治理结构的核心

(1)党的领导在当代中国国家治理结构中处于核心地位

"中国的公共治理结构是一种'以党领政'的治理结构。"②党的领导在当代中国国家治理结构中处于核心地位。中国共产党是中国现代化进程中国家治理结构功能性诉求实现的最重要主体。习近平总书记在十八届三中全会第二次全体会议上的讲话中指出"国家治理体系是在党领导下管理国家的制度体系"。③ 在党的十九大报告中,习近平总书记明确提出"坚持党对一切工作的领导。党政军民学,东西南北中,党是领导一切的。"党的十九届四中全会进一步强调,"健全总揽全局、协调各方的党的领导制度体系,把党的领导落实到国家治理各领域各方面各环节。"④没有党的领导就不会有社会主义制度的在中国的确立,没有党的领导就不会有改革开放的伟大成就,同样,没有党的领导也不会有中国的国家治理现代化。

(2)党在治理结构中的核心地位是历史和人民的选择

在国家迈向治理现代化的征程中,我们党起着决定性的引领作用。中国的现代化道路与西方国家有着明显的不同,西方走的是一条"社会造国家,国家造政党"的道路,中国走的是一条"政党造国家,国家造社会"的道路。⑤ 我们党不仅成功地领导新民主主义革命,实现了民族独立,而且建立了新中国的

---

① 李君如:《从全能型国家体系的改革到现代国家治理体系的重构》,《毛泽东邓小平理论研究》2017 年第 6 期。

② 俞可平:《中国的治理变迁(1978—2018)》,社会科学文献出版社 2018 年版,第 20 页。

③ 习近平:《切实把思想统一到党的十八届三中全会精神上来》,《十八大以来重要文献选编》(上),中央文献出版社 2014 年版,第 548 页。

④ 《中共中央关于坚持和完善中国特色社会主义制度、推进国家治理体系和治理能力现代化若干重大问题的决定》,《〈中共中央关于坚持和完善中国特色社会主义制度、推进国家治理体系和治理能力现代化若干重大问题的决定〉辅导读本》,人民出版社 2019 年版,第 6 页。

⑤ 人民论坛:《大国治理》,中国经济出版社 2014 年版,第 40 页。

国家制度,领导国家走上社会主义现代化发展道路。我们党在领导革命和现代化建设的历史进程中成为中华民族、中国人民以及整个国家的核心力量。中国共产党领导核心地位的形成,是历史和人民做出的选择。

(3)党对政权机构的领导核心作用是"总揽全局、协调各方"

1997年,党的十五大明确提出了党对政权机构的领导核心作用是"总揽全局、协调各方"。党的十八届三中全会继续明确强调"全面深化改革必须加强和改善党的领导,充分发挥党总揽全局、协调各方的领导核心作用。"[1]习近平总书记曾非常鲜明、生动地指出:"这就像'众星捧月',这个'月'就是中国共产党。""在国家治理体系的大棋局中,党中央是坐镇中军帐的'帅',车马炮各展其长,一盘棋大局分明,治国理政才有方向、有章法、有力量。"[2]

第一,统揽全局,就是坚持党中央对党和国家工作的全方位领导,体现在中国特色社会主义现代化建设的全过程,包括内政、外交、国防、改革、发展、稳定、治党、治国、治军等各方面、各领域。

第二,党的领导能力、执政能力科学化是打造现代国家治理结构的关键所在。党把方向、谋大局、定政策、促改革的能力是党总揽全局、协调各方的具体体现,也是国家治理结构科学、有效运转的关键。首先,要把握正确的政治方向,始终坚持和发展中国特色社会主义,更好的利用中国特色社会主义的制度优势,促进国家治理结构的良性运转;要坚持"创新、协调、绿色、开放、共享"的科学发展理念;要把握大局、谋划长远,不断增强工作的科学性、系统性和预见性;要大力弘扬改革创新和自我革命精神,不断完善党的领导的体制机制,坚持党要管党、从严治党,永葆执政党的先进性和纯洁性。要推进全面深化改革在新起点实现新突破,现代国家治理结构的构建就要不断以改革创新的方

---

① 《中共中央关于全面深化改革若干重大问题的决定》,《十八大以来重要文献选编》(上),中央文献出版社2014年版,第544页。

② 中共中央宣传部:《习近平新时代中国特色社会主义思想三十讲》,学习出版社2018年版,第79页。

式来完成。

第三,党的领导必须以制度化、法治化的途径实现。法治是国家治理体系的重要依托,国家治理结构的良好运转离不开法治的保障和支撑。要坚持把依法执政作为党治国理政的基本方式,维护宪法和法律的最高权威,这是党的领导与国家治理结构相适应的重要契合点。要坚持党的领导与依法治国、依法执政、依法行政的相互统一、共同推进、协调发展。

2. 政府治理在国家治理结构中的主导作用

西方治理理论中很少使用"政府治理"的概念,甚至提出"没有政府的治理"的说法,主张摒弃政府依赖强制性权力参与治理,强调通过协商与其他行动者沟通。① 在中国,"政府治理"概念被广泛采用,是治理理论研究本土化的一个重要表征。"中国的特点之一就是公民社会发展刚刚起步,社会结构和阶层分化极不平衡,并未形成多元主体平等协商的博弈环境。"②"中国的改革并非许多西方学者所理解的政治改革,这种改革不涉及基本政治框架的变动,而是一种以政府治理或政府管理体制为重点内容的改革"。③ 因此,要促进"从多元治理向政府治理的回归"。④

中国的各级政府在国家治理中发挥着重大作用,党的十八届三中全会强调政府的职责主要应该体现在对宏观经济调控、公共服务完善、市场的监管和维护等方面,以促进可持续发展和社会共同富裕的实现。⑤ 政府在国家治理结构中居于枢纽地位,是保证国家治理有效实现的关键一环。党的十九届四

---

① 彭莹莹、燕继荣:《从治理到国家治理:治理研究的中国化》,《治理研究》2018 年第 2 期。

② 吴家庆、王毅:《中国与西方治理理论之比较》,《湖南师范大学社会科学学报》2007 年第2 期。

③ 俞可平:《中国治理变迁 30 年(1978—2008)》,《吉林大学社会科学学报》2008 年第 6 期。

④ 吴家庆、王毅:《中国与西方治理理论之比较》,《湖南师范大学社会科学学报》2007 年第2 期。

⑤ 《中共中央关于全面深化改革若干重大问题的决定》,《十八大以来重要文献选编》(上),中央文献出版社 2014 年版,第 514 页。

中全会提出"必须坚持和完善中国特色社会主义行政体制,构建职责明确依法行政的政府治理体系。"①因此,如何通过优化政府权力配置提升政府治理能力,是实现国家治理体系和治理能力现代化、把制度优势转化为治理效能的重大课题。

(1)政府治理是国家治理结构的枢纽

国家治理结构涉及的主体包括执政党、政府、市场和社会组织四个方面,政府在国家治理主体中处于枢纽地位。首先,党所制定的各项路线方针政策主要通过政府来具体执行,离开了政府的有效运转,党的各项路线方针政策难以得到有效贯彻执行。其次,企业在市场运作中,也要经常与政府打交道。各级政府要为企业良性运转创造良好的外部环境,企业在市场运作中存在的问题也主要反馈到政府层面,由政府根据情况进行调整。再次。社会组织参与国家治理,离不开政府的支持和合理引导。政府要为社会组织发挥作用提供平台、配套支持以及开展合理评估,从而为其发展创造必要条件。因此,政府治理在国家治理体系中发挥着枢纽的作用,它一方面联系党的领导,另一方面与企业运作和社会组织参与密切相连。因此,只有有效推进政府治理,才能更好地推进国家治理体系现代化。

(2)政府治理在国家治理结构中发挥着主导作用

首先,政府治理之所以在国家治理结构中发挥主导作用是由我国的具体国情所决定。西方国家治理理论的基础是"社会中心"理念,政府只是多元治理主体的其中"一元"。② 中国的现代化与西方有着迥然不同的发展轨迹,西方国家市场经济与公民社会的出现是自然演进的,政府与市场、社会的关系经历了长期磨合。与西方治理理论的理论范式不同,中国治理理论

---

① 《中共中央关于坚持和完善中国特色社会主义制度、推进国家治理体系和治理能力现代化若干重大问题的决定》,《〈中共中央关于坚持和完善中国特色社会主义制度、推进国家治理体系和治理能力现代化若干重大问题的决定〉辅导读本》,人民出版社 2019 年版,第 15 页。

② 辛璐璐:《国家治理现代化进程中的政府责任问题研究》,吉林大学 2017 年博士学位论文。

强调政府(包括执政党)在由政府、市场和社会等多元治理主体构成的治理结构中处于主导地位。西方发达国家经过几个世纪的现代化进程,已经形成了较为成熟的公民社会、完善的市场体制和相对规范的政治制度。就我国所处的发展阶段而言,社会主义市场经济体制尚不完善,社会组织的发育程度不高,法治体系仍不够健全。在这样的情况下,国家治理现代化的任务主要依靠社会力量是不能完成的。在我国推进国家治理现代化的过程中,政府同时还担负着培育市场、培育社会组织、完善市场机制和社会机制的职责,因此政府就成为国家治理结构中毋庸置疑的主导者。值得注意的是,面对治理实践中的种种问题,西方"社会中心"的治理理念也在发生变化,"元治理"理论的产生正是对"社会中心"治理理论的反思,元治理理论认为,政府不仅是多元治理主体的"一元",而且在诸多的主体中扮演"长者"的角色,是不可替代的。[①] 弗朗西斯·福山认为,在世界政治主流批评"大政府"所带来的弊病,强调市场和公民社会在国家治理中的重要功能的同时,必须看到在·些国家特别是发展中国家,由于政府软弱无能所引发的治理危机。[②]

其次,政府治理在国家治理结构中居于主导地位是由政府自身的特殊性所决定的。在中国,政府在经济发展与社会发育中扮演着主导者的角色,中国的市场经济和公民社会完全是在政府不断放权过程中逐步成长起来的。从政治领域来看,政府是国家权力的代表者、法律规则的制定者、政治秩序的维护者;从经济领域来看,政府不仅是市场规则的制定者、还是市场秩序的监管者和规制主体、同时也扮演着市场体系服务主体的角色;从社会领域来看,政府在发挥协调多元主体之间关系作用的同时,还为社会提供公共服务、促进社会

---

① 辛璐璐:《国家治理现代化进程中的政府责任问题研究》,吉林大学 2017 年博士学位论文。

② [美]弗朗西斯·福山:《国家构建——21 世纪的国家治理与世界秩序》,郭华译,中国社会科学出版社 2007 年版,第 1 页。

进步。政府自身的这些特殊性,使它相较于市场与社会组织等其他治理主体有着不能匹及的优势,必然在治理结构中占据主导地位。正如俞可平所认为的,在国家治理中,政府具有比任何其他权力主体都重要的地位和作用,社会的进步仍然需要依靠政府"火车头"的引领。[①]

（3）正确认识政府在治理结构中的主导地位

强调政府在国家治理活动中的主导作用并不是要恢复过去的"全能政府",使其成为唯一治理主体的"政府本位"模式。[②] 政府主导并不是让政府回归"主宰"的管制原位,以"越位""错位"的方式扼杀其他治理主体的成长空间。政府治理应逐步实现从"全能政府"向"服务型政府"的转变。政府应"以社会利益博弈的'平衡器'和'掌舵者'角色为激发市场和社会活力营造制度环境"[③]。构建服务型政府应从以下几个方面努力:第一,要把提供公共服务作为政府的主要职能。第二,要把实现和维护社会公平正义作为政府治理的价值目标和基本宗旨,并在此基础上不断提升治理能力,巩固政府治理的合法性基础。第三,政府是为市场主体和社会主体提供服务的管理者和服务者,人民利益的实现是其职责履行的最终目标。要贯彻落实习近平总书记在十九大报告中强调的"必须始终把人民利益摆在至高无上的地位,让改革发展成果更多更公平惠及全体人民。"第四,服务型政府必须是法治政府,政府必须将自身的治理活动纳入法治轨道,把法治作为政府治理的基本方式,努力实现政府治理的法治化。

3. 国家治理结构中的市场治理

作为国家治理组成部分之一的市场治理,其本身是一个极其复杂的问

俞可平:《论国家治理现代化》,社会科学文献出版社 2014 年版,第 4 页。

② 辛璐璐:《国家治理现代化进程中的政府责任问题研究》,吉林大学 2017 年博士学位论文。

③ 张海洋、李永洪:《元治理与推进中国国家治理能力现代化的耦合逻辑及实现理路》,《理论导刊》2016 年第 9 期。

题,涵盖了对进入市场的所有产业和行业、资本和其他生产要素、技术和信息的管理,涵盖了商品生产、分配、流通、消费各个环节运行秩序的规范和监管。① 市场治理具体包括两个领域即宏观的市场环境治理和微观的公司治理。要建立现代经济体系,推动我国经济实现高质量发展,必须处理好政府和市场的关系。1993 年党的十四届三中全会首次提出市场在资源配置中的"基础性作用",之后党的历次重大会议不断重申和强化这个理念。②2013 年,党的十八届三中全会明确提出"使市场在资源配置中起决定性作用",市场在资源配置中的作用由"基础性"向"决定性"的转变,反映了中国市场经济体制不断走向成熟的过程,也是我们对政府和市场关系认识的进一步深化。

党的十九大进一步强调"要使市场在资源配置中起决定性作用,更好发挥政府作用。"这个重大判断,有利于我们树立政府和市场关系的正确理念。第一,市场在资源配置中起决定性作用是由市场经济发展的一般规律所决定的。市场经济发展的理论和实践证明,由市场决定资源配置是最有效率的方式,对此我们一定要在思想上有正确的认识。要大幅度减少政府对资源的直接配置,强化依据市场规则和效益最大化原则对资源进行配置,大幅度减少政府对企业的干预,大幅度减少行政审批。未来改革中"需要消除对市场所遗留的一些干预、扭曲,让资源由市场进行配置",以建立一个"有效的市场"③。同时也要清醒地认识到,西方治理理论的"市场失灵"并不适合当代中国的国情,我国当前面临的主要问题是市场还没有在资源配置上完全发挥决定性作用,还没有建立起有效、完善的市场体制。第二,要更好地发挥政府作用。市

① 李君如:《治理什么样的国家,怎样治理国家?》,外文出版社 2018 年版,第 197 页。
② 1993 年,党的十四届三中全会提出"要使市场在国家宏观调控下对资源配置起基础性作用",2002 年,十六大提出"在更大程度上发挥市场在资源配置中的基础性作用",2007 年,十七大提出"从制度上更好发挥市场在资源配置中的基础性作用",2012 年,十八大提出"更大程度更广范围发挥市场在资源配置中的基础性作用"。
③ 林毅夫:《转型国家需要有效市场和有为政府》,《中国经济周刊》2014 年第 6 期。

场在资源配置中起决定性作用,并不意味着由市场承担全部作用,政府在其中必须坚持有所为有所不为,更好的发挥对市场宏观调控和维护公平竞争的作用。我国对 1998 年亚洲金融危机和 2008 年以来国际金融危机的有效应对,就是政府在市场经济条件下进行宏观调控的显著成果。市场在资源配置中起决定性作用,绝不意味着市场原教旨主义所期望的"没有政府的治理",国际金融危机的爆发是西方国家市场经济完全依赖市场机制、忽视和削弱政府作用的直接后果,是市场治理和政府治理关系的严重扭曲。因此,在中国市场经济发展的现阶段,我们更需要一个有力、有效的政府,以实现对市场经济进行有效的监管和宏观调控。第三,要正确理解政府作用,处理好政府治理和市场治理的关系。习近平总书记指出:"更好的发挥政府作用,不是更多发挥政府作用,而是要在保证市场发挥决定性作用的前提下,管好那些市场管不了或管不好的事情。"[①]社会主义市场经济体制的优势就在于科学的宏观调控和有效的政府治理。社会主义市场经济条件下政府治理的有效性更多应该体现在对于宏观调控的把控、社会公共服务的完善以及对市场秩序的有效监管和保障等方面。要使政府更好地发挥作用,必须改变以往行政命令的方式,在尊重市场规律的基础上,用法治方式规范市场行为,使"看不见的手"和"看得见的手"相得益彰,实现市场治理和政府治理的有效衔接,打造适合中国特色社会主义市场经济的治理体系。

4. 国家治理结构中的社会治理

社会治理是国家治理的重要领域,社会治理现代化是国家治理现代化的应有之义。加强和创新社会管理,逐步实现国家治理结构中社会治理结构的合理化、治理方式的科学化、法治化,治理过程的民主化,将有力地推进国家治理现代化的进程。从社会管理到社会治理,中国社会经历了从理念

---

① 中共中央宣传部:《习近平新时代中国特色社会主义思想学习纲要》,学习出版社、人民出版社 2019 年版,第 115 页。

到制度的深刻变化。2003年,党的十六届三中全会提出要完善"政府社会管理和公共服务职能";2007年,党的十七大提出要"完善社会管理、健全基层社会管理体制"。

党的十八大以来,在国家治理现代化的总要求下治理理念不断创新。党的十八届三中全会对社会治理体制和水平都提出了更高的目标,强调"改进社会治理方式。坚持系统治理,加强党委领导,发挥政府主导作用,鼓励和支持社会各方面参与,实现政府治理和社会自我调节、居民自治良性互动。"党的十九大提出"加强社会治理制度建设,完善党委领导、政府负责、社会协同、公众参与、法治保障的社会治理体制,提高社会治理社会化、法治化、智能化、专业化水平。"①党的十九届四中全会进一步明确"社会治理是国家治理的重要方面。""必须加强和创新社会治理,完善党委领导、政府负责、民主协商、社会协同、公众参与、法治保障、科技支撑的社会治理体系,建设人人有责、人人尽责、人人享有的社会治理共同体。"②

实现社会治理机制创新和综合治理水平的提高必须完善政府与社会在国家治理过程中的良性互动体制。具体来说,需要采取深化政府购买服务制度,进一步开放公共服务市场,完善激励补偿机制等举措,鼓励和引导企事业单位、社会组织、公民个人积极参与社会治理。要规范和改革社会组织管理制度,注重对社会组织的培育和引导。要进一步加强和创新社会治理,探索一条符合中国社会发展实际、更可持续的中国特色社会主义社会治理之路,最终实现共建共治共享的社会治理。

---

① 习近平:《决胜全面建成小康社会 夺取新时代中国特色社会主义伟大胜利——在中国共产党第十九次全国代表大会上的报告》,《中国共产党第十九次全国代表大会文件汇编》,人民出版社2017年版,第39页。

② 《中共中央关于坚持和完善中国特色社会主义制度、推进国家治理体系和治理能力现代化若干重大问题的决定》,《〈中共中央关于坚持和完善中国特色社会主义制度、推进国家治理体系和治理能力现代化若干重大问题的决定〉辅导读本》,人民出版社2019年版,第30页。

三、政府间事权纵向配置在国家治理
结构中的地位及意义

（一）国家治理结构的纵横两个维度

国家治理结构的构建包括横向和纵向两个维度。国家治理结构的横向维度是指水平方向上国家权力的分配，这其中包括了政党、政府、市场和社会之间的关系，也包括国家（政府）权力内部的立法、行政、监察、司法等权力间水平方向（横向）的相互关系。纵向维度是指国家组织结构的形式是单一制还是复合制、中央与地方政府以及地方各层级政府之间的权力关系，即中央与地方政府间的权力配置体制机制，具体包括如何设置地方政府层级以及央地各层级政府在整个治理结构中的角色定位等一系列的问题。

国家治理结构可做广义和狭义的划分。前文已经从广义国家治理结构的角度，对如何合理地界定执政党、政府、市场、社会的行为边界，构建多元合作治理框架进行了分析。

政府作为国家治理的重要主体不是单一而是多元的，包括中央政府和各级地方政府，因为任何一个国家都是由一个中央政府和若干个地方政府组成的。政府治理结构在整个国家治理结构中处于枢纽地位。政府治理结构主要涉及中央政府与地方政府之间的权力配置及互动关系。

我国政府权力体系纵向上包括中央、省（自治区、直辖市，下文以省代称）、市（州、地区，下文以市代称）、县（县级市、旗，下文以县代称）、乡（镇、苏木，下文以乡代称）五个层级，其中后四个层级与作为第一层级的中央相对而统称为地方。因此，我国政府权力在纵向维度上需要依照一定规则分别配置于中央、省、市、县、乡五级政府机构。除此之外，我国政府间纵向权力结构还包括中央政府与特别行政区的权力配置关系。

政府权力纵向维度的配置也是保障横向维度权力配置有效运行的重要条件。一国治理结构中如果只有按照功能的横向权力划分,而缺乏中央与地方政府间事权按治理层级的纵向划分,就不能保障各层级政府所在区域的有效治理,那么横向维度权力配置的功能也无法完全落实。

(二)纵向治理结构完善对当代中国国家治理的意义

科学的治理体系结构是国家实现有效治理的关键。纵向治理结构涉及中央和地方各层级政府职权的合理配置,在国家治理体系结构中处于中心地位,正如有学者所言:"如果可以用人体来比喻政体,那么中央与地方关系在一个国家的地位和作用就相当于人的'脊柱',这条'脊柱'上通大脑中枢,下达各部分肢体脉络。"[①]从国家治理层面来看,如何基于中国单一制大国的国情基础,在制度上科学设计中央与地方政府间事权配置的体制机制,是能否实现国家治理现代化的关键所在。

1.纵向治理结构对国家能否实现有效治理至关重要

现代治理体系可以有效协调政府、社会和市场等各治理主体之间的关系,使之形成合力共同促进国家治理现代化目标的实现。纵向治理结构是治理体系的核心构成要素,涉及到中央与地方各个层级政府间的职权配置,其科学合理配置可有效提升国家治理能力,进而促进国家治理现代化的实现。

2.纵向治理结构决定并形成中国作为单一制大国国家结构形式的基础

"中国是一个大国,第一大政治关系其实就是中央和地方的关系。"[②]中国

[①] 张千帆:《国家主权与地方自治——中央与地方关系的法治化》,中国民主法制出版社2012年版,第1页。

[②] 樊纲:《"稳定的地方财源与有效的中央转移支付"》,《经济观察报》2006年11月27日。

是世界上超大型国家当中采用单一制国家结构形式的特例,之所以实行单一制国家结构形式,是由中国特殊的国情所决定的。中国人口总量居世界第一,国土面积居世界第三,拥有 56 个民族;我国有中央—省级—地级—县级—乡级 5 个治理层级,拥有世界上最长的治理链条,中央政府下辖省级单位 34 个、地级单位 333 个、县级单位 2851 个、乡级单位共计 39945 个。[①] 同时我国还在民族地区实行民族区域自治,在香港、澳门实行高度自治的特别行政区制度。我国一方面以中央高度集权的单一制国家结构形式为主体,另一方面在特定区域又实行类似联邦制国家的地方自治。这些特殊而复杂的国情,决定了我们对纵向治理结构应始终高度重视并谨慎面对。

3. 纵向治理结构关系到国家的统一或分裂

我国宪法和《民族区域自治法》规定了在少数民族聚居区域实行民族区域自治制度,香港和澳门《特别行政区基本法》规定了特别行政区的基本制度以及它们与中央政府的关系。因此,我国存在着中央与一般行政区域、中央与民族地区、中央与港澳(台)地区三种不同的纵向权力配置模式,这更增加了纵向治理结构设计的难度和复杂性。而这种复杂纵向治理结构的设计又事关国家统一或分裂。近年来一些民族自治地区发生的恐怖暴力事件,香港特别行政区港独势力不断制造事端等等,这些现象的发生需要我们在新形势下把民族区域自治、"一国两制"制度同国家权力纵向配置的关系作更深入的思考,通过更加严密、科学的制度设计为维护国家统一奠定坚实的制度基础。

4. 完善的纵向治理结构是政府职能得以充分发挥的制度前提

政府在教育、医疗卫生、社会保障等方面的基本公共服务供给不足是我国当前最为突出的社会问题。由于各级政府职能分工长期模糊不清,导致特定

---

① 《2018 年行政区划年度数据》,国家统计局官网,http://data.stats.gov.cn/easyquery.htm?cn=C01&zb=A0101&sj=2018,访问时间:2019-03-23。

的公共服务由中央或地方哪一级政府提供、提供公共服务的标准和数量如何确定等问题缺乏明确的依据,政府公共服务的职能也就无法有效落实。党的十八大以来,以完善财政事权和支出责任为突破口,中央和地方政府间公共服务领域的事权和支出责任划分逐步明晰,为科学划分纵向政府间公共服务职责提供了制度保障,有效地促进了政府职能的发挥。

第三章　政府间事权纵向配置的体系分析

一、政府间纵向权力关系的主体

我国宪法对中央和地方政府间事权纵向配置作出相关安排,确定权力纵向配置主体是"中央与地方国家机构"。① 在我国,执政党在国家治理体系中发挥着不可替代的特殊作用,因此,政府间事权纵向配置的主体理应包括执政党的中央和地方机构。执政党机构与中央和地方政府之间的关系是中国语境下不容回避的重要问题。

(一)作为政府间事权纵向配置主体的国家机构

1. 中央政府

中央政府是指一个国家的最高政权机构,包括在全国范围内总揽国家事务的机构及其下设的各管理部门,在整个国家权力体系中处于核心地位。对中央政府的理解,有狭义和广义两种,狭义的中央政府即指国家最高行政机

---

① 《中华人民共和国宪法》第 3 条第 4 款规定"中央和地方的国家机构职权的划分,遵循在中央的统一领导下,充分发挥地方的主动性、积极性的原则。"

构,我国现行宪法就是从狭义的角度来界定中央政府的。① 广义的中央政府不仅包括国家最高行政机构,还包括国家最高立法机构、监察机构和司法机构。本书是在广义上来使用中央政府的概念。在我国,宪法关于国家机构的规定中还涉及中央军事委员会,由于中央军事委员会在宪法和组织法意义上没有相应的地方机构对应,因此没有将其纳入本书中央政府的考察范围。

在联邦制和单一制不同的国家结构体制中,中央政府有着不同的意义、地位和作用。在联邦制国家,政治权力由中央政府和地方政府按照分权的原则共享,双方不存在上下级关系,因此联邦制国家一般称为"联邦政府"和"地方政府",严格意义上说并没有中央与地方政府的概念,而是使用"府际关系"或"国内政府间关系"的概念。本书为了论述方便统称为中央政府和地方政府。

在联邦制国家,中央与地方政府采用纵向分权的方式划分权力,中央政府一般掌握事关国家核心利益的权力,包括军事权、外交权、货币发行权以及其他涉及全国层面的公共事务,而其他权力归地方政府。在单一制国家,国家的统治权力只属于中央政府,中央政府有权决定地方政府的权力范围、财政收支、行政区划的划定甚至地方政府的存废。由于政治体制的不同,联邦制国家和单一制国家中央政府的权力范围有很大不同,立法、行政、司法等中央权力机构之间的权力结构、运行方式也有较大的差异。即使是同属联邦制或单一制的国家,中央政府所享有的权力以及与地方政府的权力结构也会由于具体制度不同有很大差异。但各国中央政府的职能和权力范围仍有很多共性:首先,中央政府是国家主权的象征,在国际事务中是国家的唯一代表,作为国际法的主体,中央政府有权代表国家参加国际组织,与国际组织或其他国家签订多边或双边条约、行使国家职能并履行国际义务。第二,中央政府掌握立法、行政、司法等处理全国性公共事务的最高权力。第三,中央政府执掌武装力量

---

① 《中华人民共和国宪法》第 85 条规定:"中华人民共和国国务院,即中央人民政府,是最高国家权力机关的执行机关,是最高国家行政机关。"

的最高指挥权,掌管国家国防事务最高权力。第四,中央政府掌握国家的最高财政权力。在联邦制国家实行中央与地方税收分享,地方对地方财政拥有很大的自主权,但一些重要的权力如货币发行权、公债发行权、联邦政府财政预算权等仍由中央政府掌握。

我国是单一制国家,实行中央合理集权和地方适度分权的权力结构形式,这就决定了在我国政治运行机制的纵向权力结构中,中央政府对地方政府具有绝对的领导权。中央政府享有对政治、经济、文化、社会、生态等各个领域事业的大政方针、基本政策的最高和最终决策权。

我国中央政府由以下权力主体构成:

(1)全国人民代表大会及其常务委员会

我国宪法第 57 条、第 58 条规定全国人民代表大会的性质和职能,[①]全国人民代表大会既是国家的最高权力机关又是最高立法机构。按照宪法和组织法的规定,全国人民代表大会及其常委会的职权有十几项,概括起来主要包括四个大的方面:

立法权。这是全国人民代表大会及其常委会最主要也是最重要的权力。立法权是指依照法定程序制定、修改和废止法律的权力。我国宪法对全国人民代表大会和全国人大常委会的立法职权分别作了规定。第一,全国人民代表大会按照宪法第 62 条规定行使的立法权包括:首先是对宪法的修改和监督实施,其次是对国家基本法律的制定和修改。第二,宪法第 67 条规定了全国人大会常委会拥有的立法权,具体包括:首先,对宪法的解释和监督实施;其次;对除全国人大制定以外的国家法律制定和修改;最后,在全国人大闭会期间,在坚持与相关法律原则一致的基础上,对全国人大制定的法律进行补充、修改和解释;第三,全国人大常委会的合宪性审查权。宪法第 67 条规定,全国

---

①　《中华人民共和国宪法》第 57 条规定"中华人民共和国全国人民代表大会是最高国家权力机关。"第 58 条规定"全国人民代表大会和全国人民代表大会常务委员会行使国家立法权。"

人大常委会具有撤销全国各级机关制定的与宪法、法律相抵触的各类法规和其他规范性文件的权力,具体包括国务院制定的行政法规和其他规范性文件以及各级地方立法机关制定的地方性法规和其他规范性文件。

国家重大事项决定权。这是全国人民代表大会及其常设机构作为国家最高权力机关的重要体现。第一,全国人民代表大会行使的重大事项决定权主要包括:对各类国家重大计划及执行情况的审批,具体有国民经济和社会发展以及国家预算等方面;对全国人大常委会作出的不适当决定进行改变或撤销;对省级行政机构建制的批准;对战争与和平问题的决定等;第二,在全国人大闭会期间,全国人大常委会对于国家重大事项具有决定权,具体包括国民经济和社会发展计划的审批、国家预算执行情况的调整、决定是否批准或废除国际条约、确定各类衔级制度、确定国家勋章和荣誉称号的授予、特赦等;在遭遇社会秩序或国家安全受严重威胁的情势时,决定全国或部分地区进入紧急状态、局部或全国性动员、或宣布战争状态。

选举和任免权。是指全国人民代表大会及其常务委员会对最高国家机关及其组成人员进行选举、任命、罢免、免职、撤职的权力。它既是一项组织国家机关的权力,也是对国家机关领导人进行监督的权力。第一,全国人民代表大会享有的选举和任免权,具体包括:第一,选举权,全国人大有权选举产生国家主席和副主席、中央军委主席以及国家监察部门、法院系统、检察院系统最高层级机构的领导,决定国务院及其各部委的主要领导以及中央军事委员会组成人员的人选;其次是罢免权,全国人大有权罢免由其选举或决定产生的国家及政府各部门领导,有权罢免全国人大常委会的组成人员。第二,在全国人民代表大会闭会期间,全国人大常委会享有一定范围国家和政府机构领导的任免权,具体包括:根据总理提名,决定国务院各部委领导的人选;决定中央军委主席以外的军委组成人员人选;任免国家监察部门、法院、检察院最高机构副职及审判员、监察员、审判委员会、监察委员会、军事法院和军事检察院最高领导;任免驻外全权代表。

监督权。监督权是指全国人民代表大会及其常委会为保障宪法、法律的实施和维护国家、人民的根本利益,通过法定的方式和程序,对由它产生的国家机关实施的调查、监察、督促、纠正和处理的强制性权力。按照宪法的规定,全国人大常委会有权监督政府、中央军委、国家监察部门、国家司法机关的最高层级机构的工作。

(2)国务院

根据宪法的规定,国务院是狭义的中央政府,是最高国家权力机关的执行机关。①

我国宪法规定国务院行使的职权包括十七个方面,涵盖国家政治、经济、社会文化等各个领域,具体有以下方面:首先是制定、改变或撤销法规及各级规范性文件。国务院本身有权制定行政法规和发布各类规范性文件、向全国人大及其常委会提出议案,对于各部委或地方各级行政机构制定的不适当的规范性文件,国务院有权改变或撤销。第二是领导全国的行政工作。包括对于各部委职责的确定,规定行政机关纵向权力的划分;统一领导各部委及全国各级行政机关的工作;批准地方各层级行政区域的建置和划分;对行政机关编制的审定及人员的管理。第三是对国家、社会各领域的治理。包括对国民经济、社会发展计划和国家预算的编制及执行;对经济工作、城乡及生态文明建设、民族事务、教育、科学、文化、卫生、体育、民政、公安、司法行政等方面工作的领导和管理;第四是维护社会安全、管理对外事务、捍卫国家主权。包括领导和管理国防建设事业;宣布部分区域进入紧急状态;签订国际条约;依法保护华侨、归侨和侨眷的利益等。

(3)国家监察委员会

中华人民共和国国家监察委员会是国家最高监察机关。2018 年《宪法修正案》和《监察法》的通过以及国家监察委员会的成立,标志着党和国家监督

---

①　《中华人民共和国宪法》第 85 条规定:"中华人民共和国国务院,即中央人民政府,是最高国家权力机关的执行机关,是最高国家行政机关。"

体系发生了重大变革,也是我国国家机构的重大改革。

在监察体制改革之前,我国国家治理结构采取人民代表大会下的"一府两院"格局,国家的最高权力机构由立法、行政、司法三部分组成。监察体制改革完成后,新产生的国家监察委员会和"一府两院"均由全国人大产生并对其负责,与"一府两院"具有同等的政治和法律地位。宪法规定,国家监察权由专责行使监察职能的监察委员会行使,监察委员会是国家最高机构的组成部分。因此,我国宪法创制了一种"国家监察权",其目的在于完善人大制度下行政权、监察权、审判权和检察权的国家权力结构。① 我国就此形成了人民代表大会制度下"一府一委两院"的国家治理结构新格局。

2016 年党的十八届六中全会后,我国监察体制改革进入实质阶段。监察体制改革试点工作首先在北京、浙江、山西三地推开,三个试点地区的工作为全国监察体制改革积累了宝贵的经验。② 2017 年 11 月党中央发布了《关于在全国各地推开国家监察体制改革试点方案》,第十二届全国人大常委会第三十次会议通过了《关于在全国各地推开国家监察体制改革试点工作的决定》。2018 年 3 月通过的《宪法修正案》和《监察法》,为监察机构设立提供了宪法和法律依据。

监察委员会设立符合我国国家权力纵向配置的基本原理,即在中央和地方分别由同级人大产生国家机构,形成层次清晰的国家监察权力体系。按照宪法和监察法的相关规定,设立国家监察委员会和地方各级监察委员会。国家监察委员会是最高监察机关,省、自治区、直辖市、自治州、县、自治县、市、市辖区分别设立各级监察委员会。

根据 2018 年《宪法修正案》第 52 条和监察法第 11 条的规定,国家监察委员会的权力主要是行使"国家监察权",具体包括监督、调查、处置三个方面的

---

① 参见徐汉明:《国家监察权的属性探究》,《法学评论》2018 年第 1 期。

② 2016 年 11 月 7 日,中共中央办公厅印发《关于在北京市、山西省、浙江省开展国家监察体制改革试点方案》,开始在北京、山西、浙江三地进行试点工作。

权力。第一,监督权。监察委员会不仅要对公职人员的履职、用权、从业和道德操守情况进行有效监督,还有义务对他们进行廉政教育,从根本上促进公职人员廉洁履职并具备高尚的职业操守;第二,调查权。指对国家公职人员职务违法和职务犯罪进行调查的权力,具体包括对涉嫌贪污贿赂、权力寻租、徇私舞弊以及浪费国家资财等违法和犯罪行为的调查;第三,处置权。包括处分公职人员的违法行为,问责领导人员的失职失责行为,按法定程序向检察机关移送涉嫌职务犯罪的案件,以便检察院进行审查、提起公诉等。

我国各级监察机构实行纵向的领导与被领导权力机制,按照宪法第125条的规定,作为最高监察机关的国家监察委员会领导地方各级监察委员会的工作,上级监察委员会领导下级监察委员会的工作。相较于行政机关和检察机关内部的纵向关系,监察机关内部领导的程度要远强于行政机关和检察机关,这主要是由于国家监察机关是与同级党的纪律检查机关合署办公。十八大以来,党的纪律检查体制改革要求强化上级纪委对下级纪委的领导,因此监察机构中上下级领导关系必然也随之强化。①

（4）最高司法机构

我国的司法机关由审判和检察两个机构体系构成,最高人民法院和最高人民检察院是我国最高司法机构。中华人民共和国最高人民法院是国家最高审判机关。在我国,人民法院独立享有和行使国家审判权,任何其他国家机关、政党、团体或个人均不享有审判权。最高人民法院院长由全国人民代表大会选举产生,最高人民法院对全国人大及其常委会负责并报告工作。最高人民法院的职责主要包括审理各类案件、制定司法解释,监督各下级和专门法院的审判工作以及负责管理全国法院系统的司法行政工作。

最高人民检察院是国家检察体系中的最高层级机构。在我国,各个层级都分别设立检察机构专门行使检察权,监督宪法和法律的统一实施状况。在

---

① 参见秦前红主编:《监察法教程》,法律出版社2018年版,第189页。

这个监督机构体系中最高人民检察院位于最高层级,其检察长由全国人民代表大会选举产生,最高人民检察院对全国人大及其常委会负责并报告工作。各下级和专门检察院的工作由最高检察院领导,最高人民检察院的主要职责包括对有关全国性的重大刑事案件向最高人民法院提起公诉;对各级人民法院的判决和裁定有权提起抗诉;在全国检察机关的工作过程中遇到的法律应用问题,最高人民检察院有权进行解释。

最高人民法院和最高人民检察院在宪法上具有平等的地位,各自独立行使审判权和检察权,分别对全国人民代表大会负责。二者之间既分工负责,又相互配合、相互制约,是我国司法体系中最基本也是最重要的两个部分。

2. 地方政府

地方政府是相对于"中央政府"而言的概念。"地方政府是权力或管辖范围均被限定在国家的一部分地区的一种政治机构。"①

在不同的国家结构形式中,地方政府有着不同的定位和作用。在联邦制国家,地方政府一般是州政府和州以下政府的统称。联邦制国家的地方政府有着鲜明的自治性。从属性上说,联邦制国家的地方政府享有与中央政府平等的权力,双方没有从属关系。在单一制国家,除中央政府外,还存在着多个层级的地方政府。单一制国家的地方政府虽然有权管理本区域内的公共事务,但这种权力从根本上说是来自中央政府的授权,其政治、经济、社会等各方面权力的行使均要依据中央政府的决定。因此,地方政府和中央政府处于国家权力结构的不同等级,地方政府从属于中央政府。

在我国,地方政府是指按照行政区划设置于各级地方行政区域内的国家机构。广义的地方政府包括省(自治区、直辖市)、市、县(市辖区)、乡(民族乡镇)设立的各级人民代表大会及其常务委员会、各级行政机关、各级监察机关

---

① [英]戴维·米勒、韦农·博格丹诺编:《布莱克维尔政治学百科全书》,邓正来等译,中国政法大学出版社1992年版,第421页。

和各级司法机关。从总体上说,中国属于单一制国家结构形式,但是仔细分析,中国的国家结构形式是在充分考虑我国复杂国情因素上构建起来的,其特征是在以单一制国家结构形式为主的基础上,带有某些联邦制因素的一种独特国家结构形式。本书把中国的国家结构形式概括为"以特别自治为补充的单一制形式"。我国的政府间事权纵向配置在实践中体现为三种具体模式:即中央与普通行政区的事权配置模式、中央与民族区域自治地方政府事权配置模式和中央与特别行政区事权配置模式。

（1）普通行政区的地方政府

根据宪法和地方组织法的规定,我国地方政府的组织体系由各级人民代表大会及其常务委员会以及各级政府、各级监察机关和各级司法机关构成。其中人大及其常务委员会设省、市、县和乡四级。普通行政区覆盖了 23 个省、4 个直辖市。地方各级人大和地方各级行政机构、监察机构、司法机构作为地方国家治理结构体系的重要组成部分,实行民主集中制原则。地方各级人大由选民或者选举单位选举产生的人大代表组成,是地方权力机关。地方各级行政机关(狭义政府)由同级人大产生,是各级权力机关的执行机关。地方各级监察机关、司法机关由同级人大产生,对同级人大负责并接受其监督。

（2）民族区域自治地方政府

民族自治地方政府是各少数民族聚居并实行民族区域自治的行政区域,按行政地位分为自治区、自治州、自治县和自治乡。目前全国有 5 个自治区,30 个自治州,120 个自治县(旗)。民族自治地方的自治机关包括各级自治区域的人民代表大会及其常务委员会、政府、监察机构和司法机构。

民族自治地方的自治权主要包括以下几个方面:第一,立法自治权。民族自治地方的权力机构有权制定适合于该地区、该民族实际特点的自治条例和单行条例,并可以对国家法律、政策做出变通性规定。第二,变通执行权。民族自治机关有权对不适合民族自治地方实际情况的上级国家机关的决议、决定、命令和指标等变通执行或停止执行。第三,财政经济自主权。民族自治地方的自治机关具有较大程度的财政经济自主权,并可以享受国家的照顾和优待。民族自治地方在财政上享受上级国家机关提供的各种优惠政策。第四,文化、语言文字自主权。民族自治地方自治机关享有一定程度的文化自主权,依照自治条例的规定,可以使用当地通用的一种或几种语言文字执行公务。

(3)特别行政区地方政府

我国宪法对特别行政区制度作了明确规定。① 特别行政区制度是按照"一国两制"构想,为解决香港、澳门、台湾问题,实现祖国统一大业而设计的一种制度,是指在中华人民共和国领域内,根据宪法和法律的规定,在中央政府管理之下,特别行政区实行不同于一般行政区的政治、经济和法律制度,具有特殊的法律地位,拥有高度的自治权。

根据宪法,全国人民代表大会分别于 1990 年和 1993 年通过了《香港特别行政区基本法》和《澳门特别行政区基本法》,宪法与以上两部法律一道确立了我国特别行政区的基本法律制度框架。根据基本法的规定,特别行政区在立法、司法和行政领域所享有的高度自治权来源于全国人民代表大会的授权。如何正确处理中央与特别行政区政府的权力关系是特别行政区制度的核心问题。按照基本法的相关规定:特别行政区是国家不可分割的组成部分,是国家地方行政区域,特别行政区政府是中央政府直辖的地方政府,特别行政区享有高度的自治权。这几个方面构成了中央政府与特别行政区关系的制度基础。

(二)党的中央和地方机构与政府间事权纵向配置主体的关系

1.党的领导在政府间事权纵向配置中的特殊地位

构成国家政治权力结构的各要素以及他们之间的关系是个复杂问题。在我国,执政党在权力结构中所处的地位与西方执政党与政府的关系有着本质

---

① 《中华人民共和国宪法》第 31 条规定:"国家在必要时得设立特别行政区。在特别行政区内实行的制度按照具体情况由全国人民代表大会以法律规定。"

不同,中国共产党是"居于领导地位的执政党"。"党是最高政治领导力量,在我国国家治理体系中处于领导核心地位。离开党的领导,中国的一切现代化目标都不可能实现。国家治理体系和治理能力现代化,是我们党领导下的现代化,而不是别的什么政治力量领导下的现代化。"①因此,研究中国政府间事权纵向配置不能抛开中国的党政关系而孤立进行。

党的领导在政府间事权纵向配置中发挥着重要而特殊的作用,有学者提出"中央和地方关系,除了中央政府和地方政府的关系,还包括党中央与地方党委,党中央与地方政府的关系。实际上,中央现有的党代表大会、中央全会、政治局会议、中央经济工作会议等党的会议,都会经常提到处理好中央和地方关系,因为它们实际上处理的重大问题很多都是在解决中央和地方的关系问题。"②

党政关系一直是学术界探讨的热门话题,学者们从政治学、法学、行政学等多学科进行了研究,形成了一系列的学术主张。第一,"协调与耦合说"。林尚立提出党政关系的理想状态是"党与国家在制度、功能和政治过程上的协调与耦合,而不是简单的党政分开";"改革开放以来强调的党政分开,不是为了分开而分开,而是为了建立新型的党政关系"。③ 第二,"党政分合"模式。许耀桐认为党政关系是既分也合的关系,有分有合的关系,要求我们对原有的党政关系进行一番分开和整合的重构。④ 第三,党政关系规范化。朱光磊认为"在现有的条件下,'党'和'政'是不可能截然分开的。'党'和'政'一旦分开,政党也就失去了存在的意义。当代中国所讲的'党政分开',是指二者在职能上分开,而不是讲在政治上分开,更不是讲党退出政府过程"。他提

---

① 丁薛祥:《深化党和国家机构改革是推进国家治理体系和治理能力现代化的必然要求》,《人民日报》2018年3月12日。

② 辛向阳:《中央与地方关系如何"顶层设计"?——从理论、历史与制度三个方面的依据来考察》,《绿叶》2011年第2期。

③ 林尚立:《党政关系建设的制度安排》,《理论参考》2002年第8期。

④ 许耀桐:《党政关系的新认识》,《中共福建省委党校学报》2012年第5期。

出要"逐步建立规范化的党政关系"。① 第四,"嵌入型党政关系"说。刘杰提出"嵌入型党政关系",认为中国共产党并未直接替代政府在国家生活中扮演的各种角色,而是通过各种嵌入方式在国家的治理过程中切实发挥着不可替代的功能。② 第五,"党政体制"说。景跃进提出"党政体制"为我们建构了一个认识中国政治的整体性分析框架,"党政体制"反映了中国政治的结构性特征。③

无论采取何种视角分析,我们都可以得出如下共识:首先,中国的国家治理结构是以中国共产党为核心和中轴构建的;第二,治理结构中无论是权力分配还是权力运行机制,执政党和政府都已经紧密结合在一起;第三,执政党在进入政府结构的同时,又在一定程度上保留了自身和政府各自的相对独立性。第四,党政不分和片面强调党政分开都不是党政关系改革的正确方向。在我国党政关系中,坚持和加强党的领导是前提条件,良好的国家治理效果是目标。只有将党的领导与国家机构职能的完善紧密结合,共同推进,实现党政关系的规范化、科学化,才能构建科学规范和高效运行的现代国家治理体系。

因此,本书虽不涉及我国从中央到地方党组织的具体权力配置问题,而以政府间事权纵向配置研究为主,但党政关系以及党政之间相互"嵌入"所产生的影响因素,仍然是研究政府间事权纵向配置过程中不容回避且必须引起高度关注的问题。

2. 党的十九届三中全会对党和国家机构的系统性、整体性、重构性变革

党的十九届三中全会以推进国家治理体系和治理能力现代化为导向,以

---

① 朱光磊:《当代中国政府过程》,天津人民出版社 2002 年第 2 版,第 64 页。
② 刘杰:《党政关系的历史变迁与国家治理逻辑的变革》,《社会科学》2011 年第 12 期。
③ 参见景跃进等:《当代中国政府与政治》,中国人民大学出版社 2015 年版,第 5—6 页。

实现党和国家机构职能优化协同高效为着力点,对党和国家机构改革进行了系统全面部署。这次改革的根本目的是通过优化党和国家机构设置和职能配置,解决同推进国家治理体系和治理能力现代化的要求还不完全适应的问题。改革开放 40 多年来我国先后进行了七次以政府机构为主的改革,这次改革也是总结以往单边推进政府机构改革的历史经验,对我国制度体系的重大战略性调整。此次党和国家机构改革有两个突出特点。一是改革的全方位、全覆盖。改革横向上要构筑"四大体系",十九届三中全会第一次明确将党和国家机构的职能体系划分为四大体系,即党的领导体系、政府治理体系、武装力量体系和群团工作体系;纵向上要理顺中央与地方职责关系,构建从中央到地方权责清晰、运行顺畅、令行禁止、充满活力的工作体系。二是强调改革的统筹性和协同性。改革不再是过去单打独斗式的推进,而是统筹设计、系统规划。一方面明确提出要统筹推进党政军群机构改革,加强党的集中统一领导,另一方面强调加强党政军群各方面机构改革的整体配合,实现党政机构职能优化、协同、高效。

十九届三中全会把完善坚持党的全面领导贯穿于整个党和国家机构改革的各方面和全过程。全会提出统筹设置党政机构,明确"党的有关机构可以同职能相近、联系紧密的其他部门统筹设置,实行合并设立或合署办公,整合优化力量和资源,发挥综合效益。"①党中央部门和相关国家机构的改革,使原有的一些国家机关同相应的党中央机构之间管理关系发生了变化,如新组建的中央全面依法治国委员会办公室设在重组后的司法部,新组建的中央审计委员会办公室设在国家审计署,新组建的中央教育工作领导小组的秘书组设在教育部,国家公务员局并入中央组织部,国家宗教局和国务院侨务办公室并入中央统战部等。在地方政府机构改革中,明确"统筹设置党政群机构,在省市县对职能相近的党政机关探索合并设立或合署办公,市县要加大党政机关

---

① 《中共中央关于深化党和国家机构改革的决定》,《〈中共中央关于深化党和国家机构改革的决定〉〈深化党和国家机构改革方案〉辅导读本》,人民出版社 2018 年版,第 11 页。

合并设立或合署办公力度。"①

此轮改革,突破了传统党和国家机构的内涵和外延,一方面更加突出了党的领导在制度建设中的核心和统领地位,另一方面是对党的机构、国家权力机构、政府机构全方位的系统整合和重构。正如习近平总书记在对会议决定的说明中所强调的,"这次深化机构改革是一场系统性、整体性、重构性的变革。"②这次改革也进一步明确和深化了中国特色社会主义党政关系的科学内涵,这必将充分发挥中国特色社会主义的制度优势,为推进国家治理现代化奠定坚实的制度基础。

二、政府间事权纵向配置的客体

我国政府体系纵向上包括中央、省(自治区、直辖市)、市(州、地区)、县(县级市、旗)、乡(镇、苏木)五个层级,其中后四个层级与作为第一层级的中央相对而统称为地方。政府间事权纵向配置的客体,是指政府间公共服务职责纵向配置机制的调整对象,也就是政府依据其职能所应提供的公共服务以及由此形成的中央与地方不同层级政府的公共服务职责,即通常所说的政府事权。我国政府事权在纵向维度上需要依照一定规则分别配置于中央、省、市、县、乡五级机构。因此,政府间事权纵向配置是否适当,取决于政府间纵向事权划分的主要依据、分类标准是否理性与科学化。

(一)政府间事权纵向划分的依据

政府间事权的纵向划分是指对不同层级政府和行政区域的公共服务及其

---

① 《深化党和国家机构改革方案》,《〈中共中央关于深化党和国家机构改革的决定〉〈深化党和国家机构改革方案〉辅导读本》,人民出版社 2018 年版,第 72 页。

② 习近平:《关于深化党和国家机构改革决定稿和方案稿的说明》,《〈中共中央关于深化党和国家机构改革的决定〉〈深化党和国家机构改革方案〉辅导读本》,人民出版社 2018 年版,第 103 页。

相应实施权力进行区别性配置。在纵向维度上不同层级政府之间划分事权必须依据相关的客观因素和国情背景而确定,其主要依据可以归结为以下几个方面:

1. 国家结构形式

在诸多影响政府间事权纵向配置的因素中,公共事务的主权属性是首要的也是最直接的。国家主权的纵向配置状态,直接影响一个国家的国家结构形式的确立,也是区分不同国家结构形式的主要标尺。[1] 在单一制和联邦制两种国家结构形式下,由于主权结构不同,在政府间事权纵向配置上必然会产生重大差别。在联邦制国家,因为联邦中央政府的事权是由各成员单位(州或邦)通过制定宪法这种最高层次的契约让渡形成的,剩余的权力全部由联邦成员(州或邦)保留,联邦政府对州(或邦)政府在其权限范围内的权力行使不得干预。如果需要扩大联邦机构的权力,则必须依据法定程序修改宪法并交由各联邦成员(州或邦)议会投票表决才能实现。因此,联邦与各联邦成员(州或邦)政府间的事权划分一般具有泾渭分明、相对清晰的特征。单一制国家中央政府在整个国家治理体系中始终居于主导地位,拥有统一制定法律、政策、战略和发布命令的最高权力,而地方各级政府的权力是一种从属性权力,必须在中央统一赋责授权的前提下行使,并且中央政府保留最终决定权,可以改变、调整地方政府的权力。可见,国家结构形式对政府间事权纵向划分格局乃至配置机制的制约,是进行纵向事权配置改革必须考虑的一种内在因素。

2. 公共物品的层次性和受益范围

所谓公共物品的层次性,实质上就是依据公共物品受益范围对其做不同层次的划分,不同层次的政府应当提供与其层次相对应的公共物品,而这些公

---

[1]　王浦劬:《中央与地方事权划分的国别经验及其启示》,《政治学研究》2016 年第 5 期。

共物品就是政府提供相应公共服务所应当具有的事权。

据受益区域层次的不同,公共物品可以分为全国性、地方性和混合性三大类。第一,全国性公共物品。是指可以使整个国家所有居民受益的公共物品,包括外交、国防、国家安全、全国统一市场制度、义务教育制度、宏观经济稳定、社会保障制度、传染病防治、全国性铁路公路、度量衡制度等。全国性公共物品应由中央政府负责提供。第二,地方性公共物品。是指只能使局部地区居民受益的公共物品,主要包括市政设施、街道清扫、垃圾处理、街景园林、地方治安、消防服务、乡村道路、中小型水利工程等。地方公共物品一般应由地方政府负责提供。地方公共物品也具有层次性,依据地方政府的层级可以进一步细分为省域公共物品、市域公共物品、县域公共物品和乡镇公共物品。第三,混合性公共物品,是指受益范围跨省区的一些公共物品提供,如大江大河治理、跨区域铁路公路、大型水陆空港、较大区域性空气污染治理等。混合性公共物品一般由中央政府和地方政府按照一定的比例合作提供。

公共物品的层次是划分政府间纵向事权的基础。王浦劬认为公共物品的受益范围是实现不同层级和区域政府事权划分的前提,是权力合理配置、科学运行的依据。反过来,只有在权力纵向配置中实现优化的权力关系,才能根据受益范围高效地提供优质的公共产品。① 由不同层次公共物品的划分,进而可以把不同层次政府间的事权也可以划分为中央专有、地方专有和中央地方共同享有三类事权。中央专有事权由中央政府提供;地方专有事权中具体提供公共物品的政府层级主体则由其受益范围决定;中央地方共同享有事权由中央和地方政府按照一定的比例共同提供。

3. 外部性原则

布坎南认为"在各级政府中间的经济的或有效的职责划分取决于公共行

---

① 王浦劬:《中央与地方事权划分的国别经验及其启示》,《政治学研究》2016 年第 5 期。

动溢出效应地理范围的大小。"①外部性是政府公共服务的典型特征之一,任何公共服务都存在着效用的外溢问题。一项公共服务不仅是一个地方受益或受损,还有其他地方受益或受损就是具有外部性。② 外部性越强,受益范围越大,那么该公共服务的外溢性也就越大。在政府事权配置中外部性越强的公共服务事权越应该由高层级的政府来提供。

4. 信息处理的复杂性

信息处理越复杂越可能造成信息不对称的事权,越应让地方政府管理。③施蒂格勒提出:"与中央政府相比,地方政府更接近于自己的民众,地方政府更了解它所管辖公民的效用与需求。"④地方政府熟悉基层情况,能够掌握更为真实、准确的信息,更真实地了解本地居民多样化的偏好,比中央政府具有明显的优势。如果让中央政府承担每个基层区域中小学校址选定、规模确定、乡村道路修建等事权,同样会因为缺乏信息优势而减损管理效率。国务院相关改革方案在中央和地方事权划分方面充分考虑信息因素对其可能造成的影响,特别是在财政事权和支出责任的纵向配置方面更加注重信息处理在事权分配中的影响作用。⑤

5. 地方优先

较低层级的政府特别是基层政府应作为事权分配时优先考虑的对象。⑥国家通过各种举措激励提高地方保障本辖区公共服务的积极性,避免地方政

---

① [美]詹姆斯·M.布坎南:《公共财政》,中国财政经济出版社1991年版,第437页。

② 楼继伟:《中国政府间财政关系再思考》,中国财政经济出版社2013年版,第24页。

③ 楼继伟:《中国政府间财政关系再思考》,中国财政经济出版社2013年版,第24页。

④ 徐斌:《财政联邦主义理论与地方政府竞争:一个综述》,《当代财经》2003年第12期。

⑤ 《国务院关于推进中央与地方财政事权和支出责任划分改革的指导意见》明确提出"将所需信息量大、信息复杂且获取困难的基本公共服务优先作为地方的财政事权,提高行政效率,降低行政成本。信息比较容易获取和甄别的全国性基本公共服务宜作为中央的财政事权。"

⑥ 冯兴元:《地方政府竞争》,译林出版社2010年版,第179—180页

府出现在本辖区受益的公共服务提供方面的不作为现象,同时避免发生为了局部或短期利益而损害整体和长远利益的地方政府行为。这也符合党的十九届三中全会提出的"把直接面向基层、量大面广、由地方实施更为便捷有效的经济社会管理事项下放给地方"的理念。

(二)政府间事权纵向划分的主要类型

中央政府和地方政府所承担公共服务的属性不同,以及不同层级政府权能的差异,决定了事权在不同层级政府间的配置,由此形成了中央事权、地方事权和中央地方共同事权。十八届三中全会明确提出划分中央事权、中央与地方共同事权、地方事权。同时,把涉及国家整体利益的国防、外交、全国统一市场等领域确定为中央事权范围;理顺纵向事权关系,将跨区域的项目和部分社会保障事项列为中央和地方共同事权范围;确定区域受益的公共服务归属地方专有事权。[①]

1.中央事权

在一国提供的公共服务范围中,由中央政府承担财政支出的部分属于中央事权。中央事权由中央政府独立行使,地方政府在必要的情况下给予一定的协助。中央事权具体包括以下几种。

(1)涉及国家主权的公共事务。主权性的公共事务主要包括国防和外交。对于绝大多数国家来说,国防和外交事务体现着国家主权,必须由中央政府独享。外交事务涉及国际关系领域,中央政府是国家的统一代表;国防事务事关国家统一、领土完整、安全和独立,也应作为中央事权由中央政府单独行使。

(2)涉及国家基本政治制度、经济制度、法律制度、社会制度、文化意识形

---

① 《中共中央关于全面深化改革若干重大问题的决定》,《十八大以来重要文献选编》(上),中央文献出版社2014年版,第522—523页。

态等制度性公共服务,应作为中央事权。比如国家法律的制定,各级人民代表大会、人民政府等国家机构的产生、组织和职权,货币的发行,语言文字规范,税种的设立、税率的确定和税收征收管理等税收基本制度,度量衡的确定、国家行政区划的设置、特别行政区的设立以及省市的区域划分等都属于中央事权。

(3)涉及国内统一市场和国内外经济总量平衡、宏观经济稳定发展的政策性公共服务,属于中央事权。例如在财政、经济、科技、社保、环境保护等各领域涉及全国整体性利益的事权,归属中央事权范围。

(4)具有跨省区规模经济和经济外部性、在一定程度上涉及国家整体利益的实体性公共服务,属于中央事权,例如跨区域的重大工程,跨区域的环境保护等。涉及国家安全、实现宏观经济稳定、全国统一市场等方面的事权,由中央财政承担支出责任。①

2.地方事权

地方事权就是指那些属于地方政府承担财政支出的公共服务事项。地方政府对居民需求偏好、数量、质量、结构等相关信息了解更充分,方便将公共物品成本分摊与受益直接挂钩,更有利于公民直接参与公共服务的提供决策和监督纯地方性公共服务,地方事权由局部区域居民共同享用,因此应当全部由地方政府承担财政支出责任。

中国作为单一制国家,地方事权来源于中央政府的授权,因此中央对地方事权也可予以收回。地方事权主要包括以下几种。

(1)由专门立法授权赋予的地方事权

单一制国家中地方政府基于中央政府专门立法授权而获得事权是较为普

_____

① 国务院《关于推进中央与地方财政事权和支出责任划分改革的指导意见》提出,中央财政事权集中于保障包括国防、外交、国家安全、出入境管理、国防公路、国界河湖治理、全国性重大传染病防治、全国性大通道、全国性战略性自然资源使用和保护等基本公共服务。

遍采用的一种方式。比如我国的经济特区制度、自贸区制度等相关地方事务都属于这一类型。这些地方事务首先都经过中央的法律授权,如《立法法》第72条规定的有关省、自治区、直辖市的人民代表大会及其常务委员会制定地方性法规的权力;设区的市的人民代表大会及其常委会可以对城乡建设与管理等方面的事项制定地方性法规的权力;另外,民族自治地方根据《民族区域自治法》所享有的专门性权力,港、澳特别行政区根据基本法所享有的高度自治权也都属于这一范畴。这些地方事权的具体实现,还需要相关的地方立法进行具体规范。

(2)区域性公共服务类事权

区域性公共服务类事权是指一些公共服务如城市建设、城市管理、社区服务具有很强的因地制宜的特性,因此适合以地方特别是基层作为其具体的实施范围,从而构成区域性公共服务类地方事权。党的十八届三中全会也明确提出要把"区域性公共服务作为地方事权。"[①]我国虽然没有通过专门的立法对区域性公共服务事务进行授权,但在地方公共行政政策的具体实践中,对于其地方性事权定位的共识,已经是相当长时间的事实存在。区域性公共服务类事权的基本特点是高度贴近基层实际,在方式方法上强调因地制宜。因此,中央一般允许该类事权由地方单独行使。

国务院有关规范性文件中强调,地方的财政事权侧重于直接面向基层、量大面广、受益范围地域性强、信息较为复杂、与当地居民密切相关、由地方提供更方便有效的基本公共服务,主要包括社会治安、市政交通、农村公路、城乡社区事务等。[②]

---

① 《中共中央关于全面深化改革若干重大问题的决定》,《十八大以来重要文献选编》(上),中央文献出版社2014年版,第523页。
② 《关于推进中央与地方财政事权和支出责任划分改革的指导意见》,中华人民共和国中央人民政府网,http://www.gov.cn/zhengce/content/2016-08/24/content_5101963.htm,发布时间:2016-08-24,访问时间:2019-09-20。

3. 中央地方共同事权

中央地方共同事权是指由中央和地方政府共同承担的公共服务,也被称为"中央和地方混合事权"。那些效益或成本具有较明显的区域外溢性,需要在区域之间协调分工、合作的混合型公共物品供给,适合由中央与地方政府共同承担。共同事权的组合形式具体包括以下类型:

(1)中央决策,中央与地方共同执行。例如跨区域交通工程及其维护、跨区域环境保护及环境危害治理等。

(2)中央决策,地方执行。例如,地区经济结构的改善等。①

2016年国务院对中央与地方共同事权范围进行了明确规定,将教育文化、基本社保制度、粮食领域以及跨区域的体现中央战略的重大事项列为中央与地方共同事权范围,并且明确各承担主体的具体职责。同时,强调逐步减少并规范中央与地方共同财政事权。②

2018年国务院规范性文件进一步确定一些特定的基本公共服务支出属于中央与地方共同事权范围,具体包括教育、就业、养老、卫生和住房等18项内容。并且具体作出三种类型的区分,按照不同的项目种类以及各主体财力确定不同的具体分担比例。③ 使我国基本公共服务领域中央与地方共同事权的划分进一步明晰化、规范化。

---

① 王浦劬:《中央与地方事权划分的国别研究及启示》,人民出版社2016年版,第31页。

② 《关于推进中央与地方财政事权和支出责任划分改革的指导意见》,中华人民共和国中央人民政府网,http://www.gov.cn/zhengce/content/2016-08/24/content_5101963.htm,发布时间:2016-08-24,访问时间:2019-09-20。

③ "将涉及人民群众基本生活和发展需要、现有管理体制和政策比较清晰、由中央与地方共同承担支出责任、以人员或家庭为补助对象或分配依据、需要优先和重点保障的主要基本公共服务事项,首先纳入中央与地方共同财政事权范围。"见《国务院办公厅关于印发基本公共服务领域中央与地方共同财政事权和支出责任划分改革方案的通知》,中华人民共和国中央人民政府官网 http://www.gov.cn/zhengce/content/2018-02/08/content_5264904.htm[OL].发布时间:2018-02-08,访问时间:2019-06-04。

三、政府间事权纵向配置的方式

政府间事权纵向配置由于国家结构形式的差异有着迥然不同的具体方式,既使是同一类国家结构的国家,由于各国政治制度、经济社会发展程度、历史背景、地理文化等方面存在的差异,使得政府间事权纵向配置具体方式并非整齐划一而是各具特色。

(一)单一制国家的政府间事权配置方式

宪法对国家主权的配置安排原则决定了单一制国家中央集权的特点,在具体的权力配置中,中央相对于地方具有绝对主导地位,并且对权力配置的实际运行效果起决定性作用。由于各单一制国家中央和地方关系形成的历史背景、地理文化、政治制度等方面存在的差异,中央集权的程度及中央与地方权力配置的具体模式也不尽相同、各具特色,但总体来说对中央和地方权力配置主要通过两种方式,即法律化配置方式和行政化配置方式。

1. 政府间事权的宪法、法律化配置方式

单一制国家中通过法律配置方式获得的地方政府权力的渊源在于法律,而非中央政府的权力授予。对于地方政府依法享有的自治权力,中央政府不得随意干涉,否则,地方政府可以依法通过行政或司法途径寻求救济。

具体来说,单一制国家的中央地方事权配置的法律化方式具有以下几种形式。

(1)通过宪法对政府间事权进行纵向配置

部分单一制国家宪法对于中央地方事权的配置没有明确的规定,而侧重于从宪法整体精神上强调中央权威,也有一些国家通过宪法对政府间纵向权力进行划分。通过宪法对政府间纵向权力划分有两种具体形式:第一,采用列

举的方式具体规定中央政府和地方政府的权力。如 1947 年的《意大利共和国宪法》除了在第 5 条明确规定了地方自治外,在宪法的第二篇第五章"大区、省和市镇"中,专门规定了省在立法、行政等各方面的具体权力。1978 年《西班牙王国宪法》第 148 和 149 条,也分别对中央和自治区的权限作了规定。①采用宪法列举方式的单一制国家数量较少。第二,采用宪法原则性概括规定的方式划分中央与地方政府权力。大多数单一制国家的宪法都采用原则性概括的方式规定中央地方政府权力,如在日本,通过《宪法》第 41 条规定了国会的最高权力机关性质,但对政府的权力没有具体规定,第 92 条确立了"地方自治的宗旨",但对地方政府的权力也未做具体规定。我国现行宪法采取原则性规定和列举相结合的办法对中央与地方政府间事权划分作了规定。首先在第三条作出原则性规定,②然后在第三章国家机构部分对中央和地方政府的权力作了概括性列举。同时宪法还规定了国务院在各级行政机关职权划分方面的权力。③

(2)通过一般性法律对政府间事权进行纵向配置

中央制定的一般性法律从适用范围层面可以分为两类:一是适用于一般地方政府,如日本于 2000 年颁布的《地方自治法》,对于中央和地方政府权力作出全新的配置规定,一方面从原则上规定了中央政府应该承担的事务,并为中央政府保留了对地方政府扩大干预的空间,另一方面具体列举了地方政府承担的事务,为地方自治提供法律保障。同类性质的一般性法律还有英国 1845 年通过并经过多次修改至今仍然施行的《地方政府法》、1985 年通过的《地方组织法》和法国 1982 年通过的《关于市镇、省、大区权利和自由法》等;二是中央制定的只适用于某一特定范围的一般法。例如 1998 年英国议会通

---

①　任进:《比较地方政府与制度》,北京大学出版社 2008 年版,第 213—214 页。

②　《中华人民共和国宪法》第 3 条规定了"中央和地方的国家机构职权的划分,遵循在中央的统一领导下,充分发挥地方的主动性、积极性的原则。"

③　《中华人民共和国宪法》第 89 条规定由国务院"规定中央和省、自治区、直辖市的国家行政机关的职权的具体划分"。

过的专门适用于苏格兰、威尔士以及北爱尔兰的三个法案。我国的《民族区域自治法》、《香港特别行政区基本法》、《澳门特别行政区基本法》等也属于这一范畴。

（3）通过专门单行法律对中央和地方政府在国家治理专门领域的相关权力进行配置

即中央制定某一专项法律,划分中央政府与地方政府在该领域的职权。国家通过单行专项法律的制定,可以在不修改国家一般性法律的前提下,赋予地方政府在特定领域以一定的权力。例如英国 1988 年的《教育改革法》、1989 年《地方政府和住房法》等专项法律。我国《土地管理法》也属于这种类型的法律,对于土地行政主管部门的设置及其具体职责内容,法律规定县级以上的部门由省级政府在遵循国务院相关规定的前提下确定。①

（4）地方政府依据特别法或特别决定获得某些职权

根据特定地方政府的实际需求或请求,中央制定特别法或相关法律问题的决定,单独授予该地方政府超出一般性法律或单行专项法律之外的某些职权。例如,英国地方政府可以通过申请私法案(Private Aacts)的方式获得一般性法律或单行专项性法律规定以外的职权。我国全国人大和全国人大常委会分别于 1992 年、1994 年和 1996 年作出决定,授予深圳、厦门、汕头和珠海四个经济特区所在地的市制定经济特区法规和规章的权力。

2. 政府间事权的行政化配置方式

在通过宪法、法律方式对政府间事权实现纵向配置的基础上,单一制国家地方政府对于依法被赋予权力的实际行使,在很大程度上需要中央政府的实际授权,或者地方政府某些权力的行使,其所依据的并非法律,而是隐性的行

---

① 《中华人民共和国土地管理法》第 5 条规定:"国务院自然资源主管部门统一负责全国土地的管理和监督工作。县级以上地方人民政府自然资源主管部门的设置及其职责,由省、自治区、直辖市人民政府根据国务院有关规定确定。"

政授权。地方政府的实际权力是权力在行政体系内的流动和分配的结果,即权力配置通过行政手段实现。特别是中央政府通过财政手段对地方政府进行影响和控制,引导地方政府具体权力的行使状况和施政方向,这种影响实际上是来自于中央对地方非正式的、隐性的权力配置。

当一个国家的宪法和法律对于中央和地方职权范围没有作出明确具体的划分时,国家往往采取行政化的权力配置形式,地方政府行使的实际权力受制于中央政府的行政指令。在中央地方政府权力进行行政化配置的情形下,地方政府的权力缺乏法定性且不稳定,始终处于中央政府行政权力的监督和控制下,因此,其职权范围的大小取决于中央政府的信任程度和行政授权。采用行政化方式进行中央和地方权力配置的典型例子是20世纪80年代之前的法国,法国1789年大革命以后在各地方设置的省长一职,是中央政府保证高度集权的重要措施之一。省长一职的设置使得中央政府实现了对各地方政府的严密控制。省长既是各地方政府的行政首脑,同时更是中央政府在各地方的代表,中央政府决定省长的具体权力及其行使。这种通过行政化方式进行的中央和地方权力配置使得法国各地方政府在相当长的时期内缺乏自主权,这种状况直到20世纪80年代地方分权改革的展开才得到改善。

我国政府间事权的纵向配置在很大程度上是以行政化配置方式为主导的。例如,国务院曾先后分四批批准了18个"较大的市"并赋予这些城市制定地方法规和地方政府规章的权力。[①] 近几年,我国中央与地方政府的事权与支出责任划分改革中一系列措施的出台,也大都是以国务院行政指令的方式进行。

---

① 2015年8月29日,第十二届全国人大常委会第十六次会议对《中华人民共和国地方各级人民代表大会和地方各级人民政府组织法》进行修订,将原条款中的"省、自治区的人民政府所在地的市和经国务院批准的较大的市"修改为"设区的市",不再使用"较大的市"概念。

（二）联邦制国家的政府间事权纵向配置方式

通过宪法对中央和地方政府事权的配置加以规定是大部分联邦制国家采取的方式。宪法将权力配置于不同层次的政府，事项的性质是决定具体权力配置层次的主要依据。在联邦制国家，由于联邦政府的权力从理论上讲是联邦组成单位（州或邦）的权力让与，因此，联邦宪法既要体现联邦政府与各成员政府的关系，又要体现联邦政府与选民的关系。联邦宪法通过两院制的设置实现了以上保障，即由各成员（州或邦）间接选举产生相同数目的代表组成上院，保证各联邦成员的独立原则，同时，由直接选举产生的按人口比例所确定数目的代表组成下院，保证了选民主权原则。联邦宪法规定属于联邦中央行使的权力，由联邦直接及于选民，各联邦成员不得行使；而属于各联邦成员行使的权力，联邦中央不能直接行使。

联邦制国家宪法对于权力在联邦中央与各成员州或邦之间的配置主要有两种方式：一是联邦宪法明确列举联邦政府权力，而其它的权力都归属地方政府；二是联邦宪法列举联邦政府单独享有的权力以及联邦政府可能参与地方事务的权力，其余的权力归属地方政府。联邦制国家的分权包括两个层次，一是联邦中央政府与各成员政府之间的权力划分，二是各联邦成员政府与地方政府之间的权力划分。前者由联邦宪法确定，而后者由各联邦成员宪法、法律或议会批准或决定。联邦和各联邦成员分别都有自己的宪法及政府，联邦政府与各成员州或邦政府之间是基于法律产生的关系，而非隶属关系。以美国为例，"在（联邦制的）美国，任何联邦官员，哪怕总统，都不得规定一州的州长或一市的市长应以何种方式履行所在州的宪法和法律合法地赋予他的地方职权。国会也不能随意增减州议会和市议会的权力。"①

---

① ［美］查尔斯·A.比德尔：《美国政府与政治》，朱增文译，商务印书馆1988年版，第12页。

1.列举联邦中央政府权力,剩余权力归属地方

以这种方式进行联邦中央和地方政府权力配置的典型国家是美国。《美利坚合众国宪法》第1条第8款列举了国会专属的权力,具体涉及税收、国家借贷、州际贸易的管理、铸造货币、度量衡标准的制定、专利著作权的保护、法院的设立、国际犯罪行为的惩罚、宣战、武装部队的维持与管制等18个方面的内容。在列举联邦政府的权力的同时,美国联邦宪法第十修正案明确规定,凡是联邦宪法中没有授予中央的权力以及没有禁止各州行使的权力,都属于地方各州。美国联邦宪法通过对中央专属权力进行列举,为地方权力的保留广泛的空间。

2.列举联邦中央政府权力及中央地方共同权力,其余为地方权力

采用这种方式进行中央和地方事权配置的典型国家是德国和俄罗斯。在德国,《德意志联邦共和国基本法》第32条、第87条至90条规定了联邦政府的专属权力,具体涉及对外关系、国家财政、社会保险、联邦立法、国防与武装部队、交通运输、邮政电讯、货币与证券发行等各领域事项。《基本法》不仅列举了中央政府的专属权力,还对每个领域的具体权力行使机构设置及行政程序进行规定。同时,《基本法》第91条规定了中央和地方的共同权力,具体包括教育、医疗、地方经济结构、农业、海岸防御等方面。对于共同权力的规定,在明确了联邦中央参与地方事务强制性的同时,也确定了联邦中央行使共同权力过程中应该承担的协作和资金支出的义务和责任。以上《基本法》中所列举的中央专属权力和中央地方共同权力以外的权力,归属各地方政府。在俄罗斯,《俄罗斯联邦宪法》第71条列举了俄罗斯联邦的18项权力,涉及对外关系、领土、国籍、国防安全、立法、司法制度、国家机构的建立和管理等各领域事务。该法第72条同时规定了14项联邦政府与各地方政府共同享有的权力,包括教育卫生文化、自然资源、社会保障、行政司法事务等各方面内容,几

乎涵盖了联邦政府专属权力以外的所有社会公共事务。在联邦宪法规定的以上两类权力之外的其它权力,由各地方政府行使。

在以上两种权力配置方式中,相对而言,第一种方式更加侧重于地方政府权力的保障,而第二种方式则以联邦政府为本位。联邦制国家还有一种较少采用的方式就是加拿大所实行的联邦中央与地方职权双方列举,未能列举的职权由联邦政府保留的方式。

四、政府间事权纵向配置的影响因素

一个国家政府间纵向权力结构的形成和发展以及其权力配置模式选择,受制于政治、经济、文化、社会、自然环境、历史传统等多重因素的影响,其中最直接的影响是治理规模、治理层级、经济因素和民族因素。

(一) 治理规模

国家治理的纵向权力结构无疑首先与国家治理规模有着密切关联。治理规模是指一个主权国家进行国家治理过程中所管辖的领土空间范围及其所居住的国民数量的综合规模。周雪光认为,学者们在讨论具体的国家治理模式时经常提到的新加坡、日本以及韩国等国家的治理模式对我国国家治理的借鉴意义,却常常忽略了国家治理规模的问题。这些国家构成国家治理模式的基本要素如人口、领土面积以及文化的多元性等方面与中国都存在很大的差异,如新加坡只相当于我国中等规模的一个城市。治理规模是考察具体国家治理模式时不能忽视的重要维度。[①] 中国的人口世界第一,是欧洲总人口的两倍多,国土面积世界第三,几乎相当于整个欧洲的面积,这种超大型治理规模是研究政府间事权纵向配置过程中不容忽略的因素。

---

① 周雪光:《国家治理规模及其负荷成本的思考》,《吉林大学社会科学学报》2013 年第 1 期。

国家治理规模的两个基本要件是国家的物理空间和人口规模,也就是国家的地理环境因素和人口因素。

1. 地理环境因素

地理环境不同会造成国家间的政治体制、经济发展结构和政府治理结构等方面的差异,进而影响到政府间事权纵向配置模式的形成。首先,地理环境因素影响着治理结构中集权或分权的纵向权力体制。例如,保罗·肯尼迪在《大国兴衰》一书中特别提到地理因素对中世纪欧洲政治多元化和地方分权的影响。[①] 其次,地理环境因素通过对国家领土安全的影响,进而影响到权力纵向配置的模式。例如美国因为远离其他大陆,历史上少有外族入侵或战争威胁,因而在国家权力配置上并不过多强调联邦集权而是主张联邦和各州分权基础上的相互制约和平衡;而俄罗斯由于地理上缺乏天然的屏障,历史上屡遭外族入侵,因此更强调中央集权和高度统一。

中国国家治理面临的一个挑战就是超大的地理区域问题。我国陆地国土960万平方公里,占世界土地面积的7.2%,加上470多万平方公里的海洋国土面积,排在俄罗斯和加拿大之后,居世界第三位。中国疆土面积几乎等于整个欧洲。中国省区平均面积相当于俄罗斯一级政区面积的1.6倍,美国的1.7倍,印度的3.0倍,法国的12.4倍,日本的38.5倍,英国的117.7倍。[②]我国地势西高东低,呈阶梯状分布,山地、高原面积广大,东西相距约5000公

[①] 保罗·肯尼迪认为"欧洲之所以出现这种政治上的多元性,主要是由于它的地理。那里没有大片的平原任凭帝国的骑兵往来驰骋,强行统治;也没有宽广富饶的河流地区,例如恒河、尼罗河、底格里斯河、幼发拉底河、黄河和长江流域,为容易征服的劳动农民群众提供食物。欧洲的自然环境是破碎的,山岭和大森林分隔了散布在山谷里的人口中心;从北到南,从西到东,气候变化较大。这造成了若干重要的结果。首先,它使建立统一的控制很困难,即使是强有力的军阀也感到是这样。同时,又减少了欧洲大陆可以被外来力量如蒙古游牧民族占领的可能性。另一方面,这种多样化的环境鼓励了地方分权的发展和继续存在。"[美]保罗·肯尼迪:《大国兴衰》,蒋葆英等译,中国经济出版社1989年版,第31—32页。

[②] 侯景新、蒲善新、肖金成:《行政区划与区域管理》,中国人民大学出版社2006年版,第277页。

里,大陆海岸线长达 18000 多公里。如此庞大的地理区域,是中央与地方政府间事权纵向配置不可忽略的因素。中国东西部发展的不平衡,内地和东南沿海的差距,自然环境因素是主要原因之一。由自然环境因素所产生的经济、社会发展水平的差距,也影响着地方政府治理的状况,进而影响中央与地方政府间的权力配置。例如,中央政府赋予了沿海开放城市的地方政府更多自主权力,而对西部地区的地方政府,往往会给予更多的财政、税收优惠政策、更多的财政补贴。

2. 人口因素

人口是构成民族国家的四大要素之一,同时也是政府治理的主要对象。政府间事权配置的结构和程序与一个国家人口数量的规模、分布状况等有着密切的关联。比如拥有上亿人口的大国和只有几万、几十万人口的小国,在政府治理结构层级、治理程序上都会有很大的不同。拥有十四亿人口的中国,政府治理体系由中央、省级、市级、县级和乡级五个层级政府构成,而较小的国家如新加坡,只有五百多万人口,在治理体系上,只有中央政府加上一个连接政府与人民的中间组织——人民协会。新加坡国家治理主体体系被称为"一个半"层级,与我国治理规模和层级的复杂性不可同日而语。

当今中国面临的另一个巨大挑战就是超大人口国家的治理问题。我国人口总量世界第一。我国省区平均人口是美国州平均人口的 7.6 倍、印度邦平均人口的 1.2 倍、德国州平均人口的 8.2 倍、法国省平均人口的 15.8 倍,河南、山东、四川、广东等七个省份可以进入世界各国人口前 20 位。[①] 中国是农业大国,加强农村基层治理是完善治理结构的重要内容。同时,人口结构老龄化问题、城乡人口二元结构问题、城市化进程中的人口流动问题等都对政府的公共服务提出挑战,也在一定程度上直接或间接影响着政府间事权的纵向配置。

---

① 侯景新、蒲善新、肖金成:《行政区划与区域管理》,中国人民大学出版社 2006 年版,第 277 页。

（二）治理层级

治理层级也称为政府层级,是指上下级政府在纵向权能分工基础上形成的行政层次的数目。多数国家为了治理的需要,要把政府划分为全国性政府和若干层级的地方性政府,因而政府纵向治理结构呈现出一定的层级。政府的治理层级反映了政府间纵向权力的划分,体现出政府机构之间的权力纵向配置关系。

政府层级的多少与国家结构形式、历史文化渊源、经济社会发展水平、国土空间规模、国民数量等诸多因素密切相关。

在全世界 191 个国家中,有 10 个城市型或袖珍型国家只有中央政府而未设置地方政府,如摩纳哥、新加坡等;有 32 个国家仅仅设置一级地方政府;有 60 个国家设置了二级地方政府,如日本、澳大利亚、芬兰等;有 68 个国家设有三级地方政府,包括德国、英国、法国、意大利、西班牙、俄罗斯、越南、巴基斯坦等国;有 21 个国家设有四级或四级以上地方政府,包括中国、印度、韩国、朝鲜等国家。[①]

从世界各国地方政府层级的设置情况来看,在全世界近 200 个国家中,实行二级制、三级制的国家最多,占总数的约 67%,而实行四级制或以上的国家只占 10%左右,总体来看地方政府层级结构以"扁平式"为主。世界上的一些面积或人口大国,如美国、俄罗斯、加拿大、澳大利亚等国家也基本上实行二级或三级制。减少政府层级是许多国家政府机构改革过程中的重点内容之一,如日本在 1926 年撤销了郡级建制,形成了都道府县、市町村二级制的治理层级体系。

按照宪法、法律的规定,从一般意义上看我国行政区划的层级实行的是三级制,即省—县—乡三级;在民族地区为四级制,即区(省级)—州—县—乡四

---

① 刘君德、冯春萍、华林甫:《中外行政区划比较研究》,华东师范大学出版社 2002 年版,第 338 页。

级自治机构。然而,我国实际上实行的是虚四级制和实四级制,个别地方甚至存在着虚五级制。虚四级制指的是我国一部分省(自治区)在省(自治区)与县(市)之间设置了省级政府的派出机构。1983 年,全国范围内地市合并后市管县(市)体制的广泛推行使得实四级制在多数地方普遍存在;同时,在大多数省市区的市辖区和不设区的市设立了街道办事处作为派出机构,实际属于虚五级制。截止 2017 年 12 月 31 日我国地方政权有 34 个省级行政单位,其中分为四种类型:省(23 个)、直辖市(4 个)、自治区(5 个)和特别行政区(2 个);中国内地(不含港澳台)地市级及以下行政区划数为:地级行政区划数 333 个包括 40 个地区(州、盟),293 个地级市;县级行政区划数是 2851 个,包括 1355 个县(自治县、旗、自治旗、特区和林区),117 个自治县,375 个县级市,970 个市辖区;乡镇级行政区划共有 39943 个,包括 21297 个镇,10253 个乡,8393 个街道。①

　　我国治理层级设置过多,使得纵向治理结构产生一系列的弊端。一是政府层级多过多必然要求相应对口设置机构,造成机构臃肿、推高行政成本。二是决策信息的完整性和准确性也会因为层级的繁杂而受到影响,不能很好实现下情上达和上情下达,造成权力和信息的梯度衰减现象严重。从治理成本和治理效率两方面看,在改革过程中减少政府层级是必要的。近年来省直管县改革的开展即是减少政府层级改革的有益尝试,今后省直管县改革应进一步向更大范围推广。

(三)经济因素

　　一个国家的经济体制、经济发展程度、经济结构、公共物品的供给状况是影响中央与地方政府间事权纵向配置的关键因素。

　　从经济体制的角度来看,计划经济体制一般对应着政府权力集中的政治

---

① 《2018 年行政区划年度数据》,国家统计局官网,http://data.stats.gov.cn/easyquery.htm? cn=C01&zb=A0101&sj=2018,访问时间:2019-03-23。

体制,在中央与地方政府权力纵向配置过程中更强调中央政府的主导与集权,强调中央政府对地方政府的绝对控制;市场经济体制一般对应着地方分权与自治的政治体制,在中央与地方政府事权纵向配置过程中更强调地方政府的自主性。当然分权与集权是相对的,市场经济体制也存在必要的中央集权,以便中央政府有能力对经济进行宏观调控。

科学的政府间事权纵向配置体制会有效促进市场经济的发展,改革开放以来,经济特区、沿海开放城市、经济单列市的设立,上海浦东新区、天津滨海新区、重庆两江新区以及近年来雄安新区、粤港澳大湾区的设立,都是通过给予这些地方政府在立法、行政、财政、税收等方面更多的自主权,促进了这些地区经济的发展。

我国地区间经济发展的不均衡、城乡间经济发展的差距也在很大程度上影响政府间事权纵向配置。由于不同地区经济发展水平存在差异,使得这些区域地方政府所拥有的财力和事权支出能力参差不齐,因此,在权力配置的过程中就不能一刀切。国务院 2018 年以来发布的医疗卫生、科技、教育等基本公共服务领域事权划分的改革方案,就充分考虑了我国东部和西部、沿海和内地、城市和乡村发展的不平衡,在中央财政对中央与地方政府共同事权的负担比例上作了五档的具体划分。此外,从不同层级政府所承担的公共服务提供责任来看,各层级政府都应致力于实现所辖区域的社会福利最大化,因此就要把公共服务按照不同层级政府的职能作合理、清晰的划分,同时要赋予其承担相应公共服务的财政支出责任能力。这些因素都会影响中央与地方政府间事权划分。

（四）民族因素

民族是指历史发展进程中形成的具有共同的地域、语言、经济生活以及共同心理素质的稳定的社会共同体。民族问题是中国国家治理现代化进程中必须妥善应对的问题。当今世界,民族问题和宗教问题交织在一起,成为影响国家政治稳定和社会发展的重要因素。民族问题亦是影响中央与地方政府间事权配置的关键因素。多民族国家的国家治理,必须面对如何有效整合民族问题,维护国家统一。许多国家由于民族矛盾和冲突没有得到有效控制,造成社会动荡甚至国家解体。

民族因素影响政府间事权纵向配置是多层面的。首先,民族因素是选择国家结构形式的重要决定性因素。例如,苏联之所以选择联邦制,就是为了更好的解决复杂的多民族问题。其次,民族因素影响国家权力结构及权力运行。例如,朝鲜是单一民族国家,其立法权在中央一级采取一院制,而巴基斯坦、马来西亚和尼日利亚等多民族国家,在中央立法机构实行两院制,南非也是由于多民族的特殊性而采取了三院制的立法体制。我国也赋予民族自治区域地方政府不同于其他行政区域的立法自主权。第三,民族文化的共同性和差异性是影响政府间事权纵向配置的重要因素。例如加拿大的魁北克,法裔魁北克人一直有脱离加拿大联邦的倾向,加拿大联邦政府为此不断加强魁北克的地方自治。

中国作为一个多民族主权国家,政府间事权纵向配置中同样面临民族问题的影响,并且问题的复杂程度更加突出。进入 21 世纪,中国的民族问题面临更加复杂严峻的形势,受国际极端民族分裂主义和极端宗教主义的影响,"藏独"、"疆独"势力多次制造事端甚至恐怖事件。民族分裂是我们实现"两个一百年"奋斗目标和实现中华民族伟大复兴中国梦的巨大障碍,对此必须引起足够的重视。要解决民族分裂问题,真正有效整合境内各民族,实现国家的稳定统一,必须重视基础制度的建设,在我国民族区域自治的大框架下实现对中央与各相关自治地方权力配置及运行机制的完善和优化。

第四章　改革开放以来政府间事权纵向配置的实践探索

一、改革开放以来政府间事权纵向配置的理论发展

改革开放以来,我国在坚持单一制国家结构形式前提下,围绕构建中央集中统一领导和地方自主权相结合、调动中央和地方两方面积极性的政府间事权纵向配置体制,进行了多轮改革探索,形成了具有中国特色的政府间事权纵向配置体制机制,成为中国改革开放以来经济社会高速发展的关键要素。在此过程中,执政党历届领导集体形成了既一脉相承又不断改革创新的政府间事权纵向配置思想和理论。

(一)改革开放——十八大前党的历代领导集体关于政府间事权纵向配置的理论发展

新中国成立后,我国在社会主义建设中面临的一个重要问题,就是如何正确处理中央与地方关系的问题。对此毛泽东于 1956 年《论十大关系》中作了专门性的论述。毛泽东指出"处理好中央和地方的关系,这对于我们这样的

大国大党是一个十分重要的问题"①。毛泽东创造性提出了指导我国中央地方关系的基本原则即"两个积极性"的著名论断,"要发展社会主义建设,就必须发挥地方的积极性","我们的国家这样大,人口这样多,情况这样复杂,有中央和地方两个积极性,比只有一个积极性好得多。"②毛泽东特别强调要处理好中央统一领导与地方自主性的辩证关系,强调"在巩固中央统一领导的前提下,扩大一点地方的权力,给地方更多的独立性,让地方办更多的事情"。③"扩大地方的权力要适度,应以不影响国家必要的集中统一为前提,而不能走到地区分割半分割的状态。"④这些重要论述,奠定了执政党处理中央地方关系的基本理念和总基调,至今仍有重要的指导意义。

改革开放以后,以邓小平同志为主要代表的中国共产党人面对改革开放和社会主义市场经济建设的新形势,在不断总结经验和教训的基础上,逐步形成了一系列关于我国纵向权力结构调整的重要思想。

1."发挥中央和地方两个积极性"

将"充分发挥中央地方两个积极性"作为处理中央地方关系的指导思想,是中国共产党几代领导集体一脉相承的主张。虽然早在上世纪 50 年代就提出了中央地方"两个积极性"的原则。改革开放初期,针对计划经济年代中央"统的过多、过死"的弊端,邓小平多次强调要权力下放,"我国有这么多省、市、自治区,一个中等的省相当于欧洲的一个大国,有必要在统一认识、统一政策、统一计划、统一指挥、统一行动之下,在经济计划和财政、外贸等方面给予更多的自主权。"⑤邓小平提出体制改革的重要内容之一"是权力要下放,解决

---

① 《毛泽东选集》第 5 卷,人民出版社 1977 年版,第 276 页。
② 《毛泽东选集》第 5 卷,人民出版社 1977 年版,第 275 页。
③ 《毛泽东选集》第 5 卷,人民出版社 1977 年版,第 276 页。
④ 薄一波:《若干重大决策与事件的回顾》,中共中央党校出版社 1991 年版,第 48 页。
⑤ 《邓小平文选》第 2 卷,人民出版社 1994 年版,第 145—146 页。

中央和地方的关系。"①1982 年,"两个积极性"原则被写进了宪法。1987 年,党的十三大提出"在中央和地方的关系上,要在保证全国政令统一的前提下,逐步划清中央和地方的职责。"②1995 年,江泽民进一步阐述了调动中央与地方两个积极性的重要意义,"充分发挥中央和地方两个积极性,是国家政治生活和经济生活中的一个重要原则问题,直接关系到国家的统一、民族的团结和全国经济的协调发展。"③

2. 维护中央权威

在我国,中央和地方关系是一对矛盾关系,"维护中央权威"是矛盾的主要方面,起着决定性作用。早在上世纪 50 年代毛泽东就提出:"为了建设一个强大的社会主义国家,必须有中央的强有力的统一领导,必须有全国统一的纪律,破坏这种必要的统一,是不允许的,"④改革开放后,中央通过各种途径不断扩大对地方的授权范围,使地方获得更多的自主权,从而促进各地方积极性的提高,但一些地方也出现了投资冲动、盲目建设、重复建设、经济秩序混乱,搞"各自为政"、"上有政策,下有对策",使中央的宏观调控能力大打折扣。针对这种现象,邓小平及时强调"中央的话不听,国务院的话不听,这不行。"⑤"中央必须保证某些集中"⑥,"中央要有权威。""改革要成功,就必须有领导有秩序地进行。"⑦关于如何维护中央权威,邓小平主张在新的条件下,采取新的办法,即加强宏观管理,在宏观管理上要体现在中央说

---

① 《邓小平文选》第 3 卷,人民出版社 1993 年版,第 177 页。
② 《沿着有中国特色的社会主义道路前进——在中国共产党第十三次全国代表大会上的报告》,《中国共产党第十三次全国代表大会文件汇编》,人民出版社 1987 年版。
③ 《正确处理社会主义现代化建设中的若干重大关系》,《江泽民文选》第 1 卷,人民出版社 2006 年版,第 471—472 页。
④ 《毛泽东选集》第 5 卷,人民出版社 1977 年版,第 276 页。
⑤ 《邓小平文选》第 3 卷,人民出版社 1993 年版,第 319 页。
⑥ 《邓小平文选》第 3 卷,人民出版社 1993 年版,第 201 页。
⑦ 《邓小平文选》第 3 卷,人民出版社 1993 年版,第 277 页。

话能够算数。邓小平指出"过去我们是穷管,现在不同了,是走向小康社会的宏观管理。"①

3. 尊重地方利益,给地方适当的自主权

改革开放以前的中央地方关系上,我们更多地强调了国家利益、整体利益,在很大程度上忽视了地方合理的利益诉求。邓小平指出:"像中国这样的大国,也要考虑到国内各个不同地区的特点才行。"②党的十三届六中全会指出:"近几年来,中央把一部分权力下放给地方,调动了地方积极性,这是正确的。今后,中央仍然将尊重和照顾地方利益。"党的十四届五中全会指出:"赋予地方必要权力,让地方有更多的因地制宜的灵活性。"③党的十七大报告提出要"统筹中央与地方的关系","充分调动各方面积极性。"④这些都标志着执政党领导层国家管理观念的变化,即从简单的"放权"、"让利",转向了谋求通过制度规范中央与地方关系,对两者之间的权力及责任划分进行规范化和科学化建设,形成充分调动两个积极性、中央尊重地方的合理利益关切、地方自觉维护中央权威的良性互动关系。

4. 实现权力纵向配置的制度化、法制化

改革开放以来,通过总结反思新中国成立后特别是"文化大革命"的惨痛教训,我们党充分认识到民主法制建设的重要性,强调制度建设的重要性及其规范化、法制化。将权力纵向配置纳入法制化轨道是邓小平对中国特色社会主义理论的重大贡献。邓小平强调"领导制度、组织制度问题更带根本性、全

---

① 《邓小平文选》第 3 卷,人民出版社 1993 年版,第 278 页。
② 《邓小平文选》第 2 卷,人民出版社 1994 年版,第 313 页。
③ 《江泽民文选》第 1 卷,人民出版社 2006 年版,第 471—472 页。
④ 胡锦涛:《高举中国特色社会主义伟大旗帜 为夺取全面建设小康社会新胜利而奋斗——在中国共产党第十七次全国代表大会上的报告》,《人民日报》2007 年 10 月 25 日。

局性、稳定性和长期性。"①"为了保障人民民主,必须加强法制。"②十四届三中全会确定分税制改革,提出为了更好地规范国家的经济活动与关系,对中央与地方的事权范围和财政收支比例进行合理科学的划分。党的十五大提出把"依法治国,建设社会主义法治国家"作为治国方略。党的十六大进一步提出通过法律规范的方式赋予中央和地方政府法定所有权人的身份,享有各项合法权利与义务,代表国家进行国有资产的管理。③ 这不仅是国有资产管理体制上的创新,更进一步推进了中央地方关系法律规范的明确化、具体化。2003年召开的党的十六届三中全会第一次明确提出划分"全国性和跨省事务、地方性事务和中央地方共同管理事务",同时提出,对于社会经济事项的管理权力及责任,应该科学划分出中央和地方各自承担的界限。④ 这成为中央和地方政府权限划分的指导性依据,使得纵向权力配置规范化进一步明确。

(二) 党的十八大以来政府间事权纵向配置的新理念、新战略

2012 年召开的党的十八大开启了全面深化改革的新征程。改革的主要内容从以经济体制改革为主线、以处理政府与市场关系为核心,逐步上升到面向国家治理现代化的更高层面。政府间事权纵向配置的改革被纳入到"四个全面"战略布局和"五位一体"总体布局中,进入到以推进国家治理体系和治理能力现代化为目标的新阶段。以习近平同志为核心的党中央不断推进政府间事权纵向配置体制机制的改革,形成了一系列新理念、新战略。

1. 促进"中央地方两个积极性"从理念向制度规范的转变

党的十九届三中全会提出"治理好我们这样的大国,要理顺中央和地方

---

① 《邓小平文选》第 2 卷,人民出版社 1994 年版,第 333 页。
② 《邓小平文选》第 2 卷,人民出版社 1994 年版,第 333 页。
③ 《江泽民文选》第 3 卷,人民出版社 2006 年版,第 548 页。
④ 《中共中央关于完善社会主义市场经济体制若干问题的决定》,人民出版社 2003 年版,第 144 页。

职责关系,更好发挥中央和地方两个积极性。"①

作为幅员辽阔、人口众多、地区间差异巨大、治理层级复杂的发展中大国,统一领导、因地制宜,调动中央和地方两个积极性一直是我们治国理政的核心理念和基本制度要素。新中国成立 70 年特别是改革开放 40 多年的实践证明,充分发挥中央和地方两个积极性是我国社会主义建设和改革开放取得辉煌成就的重要制度因素。

党的十八以来,在不断重申调动中央和地方两个积极性基本原则的同时,以习近平同志为核心的党中央提出了许多新的改革理念和改革策略,出台了一系列的制度方案,赋予这一基本原则更多新的制度意涵。

2013 年,十八届三中全会强调应当"正确处理中央和地方、全局和局部、当前和长远关系,正确对待中央和地方之间利益格局调整。""建立现代财政制度,发挥中央和地方两个积极性。"②

习近平总书记在十九届三中全会明确要求:"要理顺中央和地方职责关系,中央加强宏观事务管理,地方在保证党中央令行禁止前提下管理好本地区事务,合理配置各层级间职能"。③

这一系列的举措,使中央与地方政府职能分工日益规范明确,中央地方政府间事权纵向配置的制度体系日益完善,构建了中央决策、国家规划、部门指导、省级政府总负责、地市县级政府实施的治理体系,使得"中央地方两个积极性"从原则框架落实为更加具体的制度。

---

① 《中国共产党第十九届中央委员会第三次全体会议公报》,《人民日报》2018 年 2 月 29 日。
② 《中共中央关于全面深化改革若干重大问题的决定》,《十八大以来重要文献选编》(上),中央文献出版社 2014 年版,第 521—522 页。
③ 习近平:《关于深化党和国家机构改革决定稿和方案稿的说明》,《〈中共中央关于深化党和国家机构改革的决定〉〈深化党和国家机构改革方案〉辅导读本》,人民出版社 2018 年版,第 87 页。

2. 进一步强化中央权威

前文已经提到,维护中央权威,是我们党历来都十分注重的重大问题。以习近平同志为核心的党中央针对党情、国情、国际形势发生的深刻变化,更加突出强调维护中央权威在党和国家制度中的重要意义,在理论和制度上都实现了新的突破。

习近平总书记在十八届三中全会提出:"坚决维护中央权威,保证政令畅通,坚定不移实现中央改革决策部署。"根据十八届三中全会决定而设立的全面深化改革领导小组负责改革的整体制度设计和统筹协调,这就为更好发挥党中央总揽全局、协调各方的领导核心作用提供了制度保障。

党的十八届六中全会明确提出了"以习近平同志为核心的党中央",并且指出:"坚决维护党中央权威、保证全党令行禁止,是党和国家前途命运所系,是全国各族人民根本利益所在,也是加强和规范党内政治生活的重要目的。"[1]2016年1月,中共中央政治局会议上提出要"增强政治意识、大局意识、核心意识、看齐意识",将维护中央权威的理念上升到一个新高度。党的十九大进一步明确指出必须增强"四个意识","自觉维护党中央权威和集中统一领导……提高党把方向、谋大局、定政策、促改革的能力和定力,确保党始终总揽全局、协调各方。"[2]

《关于新形势下党内政治生活的若干准则》规定了执行重大问题请示报告制度,要求全国人大、国务院、全国政协、中央纪委、最高人民法院、最高人民检察院等机构的党组织要定期向党中央报告工作。2019年2月,中共中央印发的《中国共产党重大事项请示报告条例》,使这一制度进一步规范化。

---

[1]　《关于新形势下党内政治生活的若干准则》:《十八大以来重要文献选编》(下),中央文献出版社2018年版,第423—424页。

[2]　习近平:《决胜全面建成小康社会　夺取新时代中国特色社会主义伟大胜利——在中国共产党第十九次全国代表大会上的报告》,《中国共产党第十九次全国代表大会文件汇编》,人民出版社2017年版,第16—17页。

维护中央权威的理念也体现在政府间事权纵向配置的具体制度设计中，国务院发布的规范性文件中明确提出"在完善中央决策、地方执行的机制基础上，明确中央在财政事权确认和划分上的决定权。"①强调中央在财政事权划分的主导和决定作用。

3. 建立事权与支出责任相适应的制度，明确划分中央事权、地方事权和中央地方共同事权

党的十八届三中全会提出"建立事权和支出责任相适应的制度"，首次明确提出三类事权即中央、地方事权以及央地共同事权的划分方式。② 由此，财政事权和支出责任成为政府间事权纵向配置机制改革和创新的契入点。

2014年，《深化财税体制改革总体方案》由中央政治局审议通过，首次提出"中央和地方事权与支出责任"，把"合理划分各级政府间事权与支出责任，建立事权和支出责任相适应的制度"作为中央与地方政府间事权纵向配置的重点。2015年，党的十八届五中全会再次强调"建立事权与支出责任相适应的制度，适度加强中央事权和支出责任。"2016年国务院《关于推进中央与地方财政事权和支出责任划分改革的指导意见》根据体现基本公共服务受益范围、兼顾政府职能和行政效率、实现权责利相统一的原则，明确划分了中央、地方财政事权和央地共同财政事权。③ 党的十九大进一步强调权责清晰、科学合理的中央与地方关系在财政制度中所占的首要地位，意味着事权与支出责

---

① 《关于推进中央与地方财政事权和支出责任划分改革的指导意见》，中华人民共和国中央人民政府网，http://www.gov.cn/zhengce/content/2016-08/24/content_5101963.htm，发布时间：2016-08-24，访问时间：2019-06-20。

② 《中共中央关于全面深化改革若干重大问题的决定》提出："适度加强中央事权和支出责任，国防、外交、国家安全、关系全国统一市场规则和管理等作为中央事权；部分社会保障、跨区域重大项目建设维护等作为中央和地方共同事权，逐步理顺事权关系；区域性公共服务作为地方事权。"《十八大以来重要文献选编》（上），中央文献出版社2014年版，第523—524页。

③ 《关于推进中央与地方财政事权和支出责任划分改革的指导意见》，中华人民共和国中央人民政府网，http://www.gov.cn/zhengce/content/2016-08/24/content_5101963.htm，发布时间：2016-08-24，访问时间：2019-09-20。

任划分改革已经成为我们实现"两个一百年"宏伟目标征程中不可回避的重点问题。①

4.以基本公共服务领域事权划分为突破口完善政府间事权纵向配置的制度规范

当前,为社会提供良好的基本公共服务成为中央与地方各级政府的核心职能。党的十八大提出要"加快形成政府主导、覆盖城乡、可持续的基本公共服务体系"。十九大强调"坚持以人民为中心"的理念,规划了到2035年实现基本公共服务均等化的目标。

2018年1月国务院办公厅发布规范性文件②,以合理划分基本公共服务领域的财政事权入手,破冰中央与地方政府间事权纵向配置改革,抓住了提高基本公共服务这一政府核心职责,从教育、医疗、社会保障等群众关注度高、与民生直接相关的基本公共服务事项率先进行改革,贯彻落实了党的十八届三中全会、十九大精神,为全面推进中央与地方政府间事权纵向配置改革奠定了基础。

(三) 党的十九届四中全会关于制度建设的重大部署

2019年10月召开的党的十九届四中全会,是中国共产党历史上第一次以中央全会的形式系统专题研究国家制度和国家治理体系和治理能力现代化问题,是对我国推进国家治理体系和治理能力现代化进行的全方位、系统化的战略部署。

---

① 楼继伟:《事权划分改革是国家治理的高阶问题》,《中国经济时报》2017年12月19日。
② 《关于印发基本公共服务领域中央与地方共同财政事权和支出责任划分改革方案的通知》。中央政府官方网站 http://www.gov.cn/zhengce/content/2018-02/08/content_5264904.htm。发布时间:2018-02-08,访问时间:2019-03-23。

1. 进一步明确了推进国家治理现代化的总体要求

党的十九届四中全会明确提出我国国家治理体系和治理能力是中国特色社会主义制度及其执行能力的集中体现,突出强调了制度建设的重大意义。习近平总书记在十九届四中全会决定说明中指出,"新时代谋划全面深化改革,必须以坚持和完善中国特色社会主义制度、推进国家治理体系和治理能力现代化为主轴,深刻把握我国发展要求和时代潮流,把制度建设和治理能力建设摆到更加突出的位置。"①这次全会第一次系统描绘了中国特色社会主义的制度"图谱";全会第一次从十三个方面系统总结了我国治理体系的显著优势,指出"中国特色社会主义制度和国家治理体系是以马克思主义为指导、植根中国大地、具有深厚中华文化根基、深得人民拥护的制度和治理体系。"全会提出"坚持和完善支撑中国特色社会主义制度的根本制度、基本制度、重要制度"②,从十三个方面全面回答了我国在国家制度和国家治理上应该"坚持和巩固什么""完善和发展什么"的问题。③

2. 进一步强调完善坚定维护党中央权威和集中统一领导的各项制度

党的十九届四中全会对完善维护党中央权威和集中统一领导的各项制度提出了明确具体的要求,指出要"健全党中央对重大工作的领导体制,强化党中央决策议事协调机构职能作用,完善推动党中央重大决策落实机制,严格执

---

① 习近平:《关于〈中共中央关于坚持和完善中国特色社会主义制度、推进国家治理体系和治理能力现代化若干重大问题的决定〉的说明》,《〈中共中央关于坚持和完善中国特色社会主义制度、推进国家治理体系和治理能力现代化若干重大问题的决定〉辅导读本》,人民出版社2019年版,第52—53页。
② 《中共中央关于坚持和完善中国特色社会主义制度、推进国家治理体系和治理能力现代化若干重大问题的决定》,《〈中共中央关于坚持和完善中国特色社会主义制度、推进国家治理体系和治理能力现代化若干重大问题的决定〉辅导读本》,人民出版社2019年版,第3—5页。
③ 严书翰:《充分认识党的十九届四中全会研究国家制度和国家治理的重要意义》,《理论与现代化》2020年第1期。

行向党中央请示报告制度,确保令行禁止。健全维护党的集中统一的组织制度,形成党的中央组织、地方组织、基层组织上下贯通、执行有力的严密体系,实现党的组织和党的工作全覆盖。"①坚持党的领导的制度核心在于维护党中央权威和集中统一领导,新中国 70 多年和改革开放 40 多年的历史经验证明,中国特色社会主义建设之所以能够克服各种艰难险阻、取得辉煌性的历史成就,中国之治越来越得到世界多数国家的认可,愈发具有影响力、感召力,其核心制度要素就在于我们制度中维护执政党中央权威和集中统一领导。十九届四中全会为维护执政党中央权威和集中统一领导的进一步具体化、制度化、规范化提出了更为明确的要求。要通过不断完善以党章为核心的党内法规体系,进一步完善党的领导的体制机制;要进一步健全和完善党中央对重大工作的领导机制、党中央重大决策的落实机制、党的集中统一的组织制度。

3. 构建职责明确、依法行政的政府治理体系,进一步健全充分发挥中央和地方两个积极性体制机制②

党的十九届四中全会把"坚持和完善中国特色社会主义行政体制,构建职责明确、依法行政的政府治理体系"作为推进国家治理现代化的重点内容,提出要"健全充分发挥中央和地方两个积极性体制机制"③。健全充分发挥中央和地方两个积极性的体制机制,构建从中央到地方权责清晰、运行顺畅、充满活力的工作体系,实现中央与地方权力纵向配置过程中中央集中统一与地方自主权的有机结合和良性互动,是推进国家治理体系和治理能力现代化的

---

① 《中共中央关于坚持和完善中国特色社会主义制度、推进国家治理体系和治理能力现代化若干重大问题的决定》,《〈中共中央关于坚持和完善中国特色社会主义制度、推进国家治理体系和治理能力现代化若干重大问题的决定〉辅导读本》,人民出版社 2019 年版,第 7—8 页。

② 任广浩:《充分发挥中央和地方两个积极性的制度内涵》,《中国社会科学报》2019 年 12 月 12 日。

③ 《中共中央关于坚持和完善中国特色社会主义制度、推进国家治理体系和治理能力现代化若干重大问题的决定》,《〈中共中央关于坚持和完善中国特色社会主义制度、推进国家治理体系和治理能力现代化若干重大问题的决定〉辅导读本》,人民出版社 2019 年版,第 16—18 页。

必然要求。

发挥中央和地方两个积极性是我们党一脉相承的治国理念。新中国成立70年来,我们党历来对处理好中央地方关系高度重视。自1956年毛泽东同志提出"中央和地方两个积极性"的著名论断后,发挥中央和地方两个积极性成为我国处理中央地方关系的纲领性指南。党的十八大以来,以习近平同志为核心的党中央反复强调在处理中央地方关系中充分调动中央和地方两个积极性,并赋予其新的制度内涵。党的十八届三中全会提出建立事权和支出责任相适应的制度;党的十八届四中全会明确要"推进各级政府事权规范化、法律化,完善不同层级政府特别是中央和地方政府事权法律制度";党的十九大强调要"建立权责清晰、财力协调、区域均衡的中央和地方财政关系",以适应全面深化改革、实现国家治理现代化的客观要求;党的十九届三中全会明确提出,要理顺中央和地方职责关系,中央加强宏观事务管理,地方在保证党中央令行禁止前提下管理好本地区事务,设置和配置各层级机构及其职能;党的十九届四中全会进一步提出"构建从中央到地方权责清晰、运行顺畅、充满活力的工作体系"。这一系列新理念、新战略的提出,使中央与地方职能分工日益规范明确,中央地方权力纵向配置的制度体系日益完善,中央和地方两个积极性从原则框架落实为更加具体的制度。

要处理好中央统一领导与地方自主性的关系。主要是处理好两方面的关系:一是在向地方放权、调动地方积极性的同时如何确保中央权威,保证中央方针、政策的贯彻落实;二是在维护中央权威的前提下如何增强地方活力、保护地方利益。发挥中央和地方两个积极性,中央统一领导是核心和主导。这要求维护中央的最高权威,确保中央政令畅通、令行禁止,地方不能各行其是、各自为政,而要按照中央的统一部署行权施策;赋予地方更多的自主权并充分调动和发挥其积极性、主动性,逐步形成既规范有序又充满活力的良性互动机制。

理顺中央和地方权责关系,合理划分中央和地方各领域事权与支出责任。

一是明确划分中央政府事权和地方政府事权,适度加强中央事权,减少并规范中央与地方共同事权;二是将事关国家根本利益、全局利益的国防、外交、国家安全、出入境管理、国防公路、国界河湖治理、全国性重大传染病防治、全国性大通道、全国性战略性自然资源使用和保护等基本公共服务明确为中央事权;三是适当加强中央在知识产权保护、养老保险、跨区域生态环境保护等方面的事权;四是以实现基本公共服务均等化为目标,把基本公共服务兜底类事权上收为中央事权,以维护社会公平正义、不断满足广大人民的基本公共服务需求;五是确保各级政府公共服务提供的责权与财政收支和财政负担能力相适应,实现事权与财权、财力相匹配;六是对各层级政府事权和支出责任详列清单,不仅要清晰具体划分各级政府的事权,同时也要明晰其相应的支出责任,逐步实现各级政府的支出责任与事权划分统筹规划并使之制度化。

明确不同治理层级政府职责,赋予地方政府更多自主权。党的十九大报告强调"赋予省级及以下政府更多自主权";党的十九届三中全会提出"赋予省级及以下机构更多自主权","增强地方治理能力,把直接面向基层、量大面广、由地方实施更为便捷有效的经济社会管理事项下放给地方"。党的十九届四中全会进一步要求"赋予地方更多自主权,支持地方创造性开展工作",为我国中央与地方纵向权力配置体制机制改革不断向纵深发展指明了方向。在实际工作中,我们应当更加明确区分中央、省级、市县级政府不同层次的职能,构建明确规范的中央地方政府间责权体系,突出地方政府在地方公共服务中的职能;进一步下放权力,推动治理重心下移,推进管理的扁平化和网络化,以更好地适应基层对公共服务的需求。

二、改革开放以来政府间事权纵向配置的实践探索

改革开放以来,伴随着我国政治、经济、社会各领域改革的不断深入,中央

与地方政府间事权配置进行了多轮次调整。经过 40 多年的不断探索,在不断反思总结经验教训的基础上,向着规范化、法治化的方向迈进。

改革开放 40 多年来政府间事权纵向配置的发展历程,我们以改革过程中两大标志性事件即 1992 年党的十四大提出"建立社会主义市场经济体制"和 2013 年党的十八届三中全会提出"推进国家治理体系和治理能力现代化"为分界点,划分为三个大的阶段。

(一) 改革开放初期以"分权、放权"为特征的政府间事权纵向配置改革(1978 年—1992 年)

党的十一届三中全会以后,政府间事权纵向配置改革进入了一个新的发展阶段,这个时期的改革总体上以分权和放权为主要特征。

1. 中央与地方政府间立法权力关系的改革

新中国成立后,1954 年宪法确立了我国的一级立法体制,全国人民代表大会是行使国家立法权的唯一机关。这一体制在 1979 年变更为二级立法体制,地方首次获得了一定权限内的立法权。1979 年,全国人大通过《地方各级人民代表大会和地方各级人民政府组织法》,赋予省、自治区、直辖市的人大及其常委会制定和颁布地方性法规的权力。

1982 年宪法确立了中央地方二级立法体制,在中央立法层面,改变了只有全国人大是唯一立法机构的体制,全国人大常委会也有权制定法律。此外国务院可以制定行政法规,国务院所属部门可以制定行政规章。1982 年 12 月五届全国人大五次会议根据宪法对《地方各级人民代表大会和地方各级人民政府组织法》进行了修订,地方立法权限进一步扩大,一些特定的市①的人民代表大会,可以根据地方具体情况和实际需要制定地方性法规,同级别的人

---

① 这些特定的市包括省、自治区人民政府所在地的市和经国务院批准的较大的市。

民政府可以制定地方规章。民族自治地方的人民代表大会可以制定自治条例和单行条例。

国务院分别于 1984 年和 1988 年批准了唐山、大同、包头、大连等 14 个市为较大的市,这些城市的人民政府有权依据法律和行政法规,制定政府规章,从而进一步扩大了地方政府的立法权限。全国人大及其常委会分别于 1981 年和 1988 年通过了《关于授权广东省、福建省人大及其常委会制定所属经济特区的各项单型经济法规的决议》《关于建立海南经济特区的决议》,授权广东、福建和海南三省的人大及其常委会制定经济特区单行经济法规的权力。

2. 中央与地方政府间财税体制的改革

新中国成立后,我国建立的财政管理制度具有高度集中的特点,"统收统支"模式使得中央对地方财政拥有绝对控制权,地方财政基本上成为中央财政的延伸,地方财政收入绝大部分要上缴中央,地方建设和发展所必需的各种资金包括固定资产投资、技术更新改造以及城乡基础建设等,都必须经中央或上级政府审批,地方没有任何财政自主权。

1980 年,国务院发布规范性文件①确立"分灶吃饭"的财政体制,此后又进行了多次改革。1982 年,在"利改税"的基础上再次确立以包干范围和包干基数为主要内容的财政机制。1988 年开始实行"划分税种、核定收支、分级包干"的财政管理体制。此后又针对东、中、西三个区域具有各自特点的实际情况采取了六种具有区别的包干办法。

这一阶段财政体制的改革,一方面在传统体制中打开了一个缺口,扩大了地方的权力,促进了地方发展经济的积极性,大大加快了改革开放的步伐,推动了社会主义经济建设的高速增长。另一方面,改革也产生了一些负面影响,造成了重复建设、地区封锁、市场分割等诸多弊端。同时,这种体制导致财政

---

① 国务院《关于划分收支、分级包干实行"分灶吃饭"的财政管理体制的通知》。

收入大幅减少,1993 年财政收入在国内生产总值中仅占 12.6%,财政赤字也快速累积,资金不足促使预算外资金膨胀,1992 年预算外资金占当年全国财政收入的 110.67%。① 同时也导致中央财力大幅下降,中央财政收入占全国财政收入中的比重从 1984 年的 40.5%下降到 1992 年的 28.1%②,甚至出现了中央不得不靠向地方借款弥补收入不足的窘境。这些因素直接导致了分税制改革的出台。

3. 中央与地方间人事管理权限的调整

新中国成立初期,一度延续了革命时期高度统一的干部管理制度。1953年,对于干部的管理,国家开始实施分部分级管理机制,所谓分部分级,即以干部的职务和级别为标准,确定不同层次、不同部门的党委进行管理。在层级分级中,中央统一领导的前提下,党委组织部下管三级。③ 此后又改为下管两级。

1984 年,中共中央组织部出台文件对干部管理制度进行改革,从以前的"下管两级"调整为"下管一级"。中央对干部的管理范围限于中央部委级和省级一级领导干部,省级党委的管理对象范围限于省级局、厅级和地、市、州、盟的领导干部。④ 此后,我国的党政干部体制虽历经多次改革,但下管一级的干部管理体制一直沿用至今,这种机制扩大了地方对干部管理权限范围,使地方在干部的任用方面具有更大的自主权,客观上起到了调动地方积极性的作用。

4. 政府间事权纵向配置的分殊化趋势

在全面向地方放权的基础上,为适应改革开放的需要,中央先后设立了经济特区、经济技术开发区、沿海开放城市、计划单列市、副省级城市等,赋予这

---

① 楼继伟:《中国政府间财政关系再思考》,中国财政经济出版社 2013 年版,第 68 页。
② 楼继伟:《中国政府间财政关系再思考》,中国财政经济出版社 2013 年版,第 68—69 页。
③ 景跃进等:《当代中国政府与政治》,中国人民大学出版社 2016 年版,第 193—194 页。
④ 1984 年 7 月,中共中央组织部出台《关于修订中共中央管理的干部职务名称表的通知》。

些地方政府更多的特殊权力和自主权。在这一阶段的改革中,形成了政府间纵向权力配置东重西轻的梯度格局,即东南沿海开放城市、经济特区权力下放较大,中西部地区权力下放则相对较小。因此,政府间事权配置开始出现分殊化的趋势。

从 1979 年到 1988 年,中央先后设立了深圳、珠海、汕头、厦门、海南等五个经济特区,经济特区享有不同于其他区域的更大自主权,如经济特区的外商投资企业所得税率大大低于其他地区,经济特区企业免征产品出口税,企业进口生产所需的设备、生产资料等免征进口税。1984 年,中央进一步开放大连、秦皇岛、天津、烟台、青岛、连云港、南通、上海等 14 个沿海港口城市,给予这些城市在利用外资、引进技术项目等方面的审批自主权。中央还授予广东、福建两省在对外经济中享有较大的自主权。1990 年,中央决定建立浦东经济开发区。从 1983 年起中央先后批准了重庆、武汉、沈阳、大连、哈尔滨、西安、广州等 14 个城市为计划单列市,这些城市由中央直接下达计划,享有相当于省一级政府的计划决策权和经济管理权。1995 年,中央机构编制委员会印发《关于副省级市若干问题的意见》,明确广州、武汉、哈尔滨、沈阳、成都、南京、西安等 16 个城市为副省级城市。①

(二) 创新和突破阶段的政府间事权纵向配置改革(1993 年—2012 年)

1992 年是改革开放进程中具有重要历史意义的年份,党的十四大明确了建立社会主义市场经济体制的目标,并且提出合理划分中央与省(直辖市、自治区)的经济管理权限,"理顺国家与地方的分配关系、逐步实行利税分流和分税制"。以分税制改革为起点,这一时期政府间事权纵向配置进行了一系列的改革创新,中央与地方政府间的立法权力、行政权力、财税权力等方面的

---

① 重庆市 1997 年升格为直辖市后副省级城市减为 15 个。

制度性建设实现了历史性的突破,使得中央政府与地方政府间的事权配置朝着更加科学化、合理化、规范化的方向迈进。

1. 以分税制为起点的中央地方政府间财政关系重大变革

1993年,党的十四届三中全会明确提出要积极推进财税体制改革,此后国务院发布专门文件①对在全国实行分税制改革进行了具体部署。

分税制改革是改革开放以来我国中央地方权力关系调整的一个标志性举措,是在划分事权的基础上逐步理顺政府间事权配置的重要开端。分税制改革主要贯彻以下几个原则:第一,充分调动两个积极性,正确处理中央地方分配关系。第二,对不同地区间的财力分配进行合理调节。通过转移支付和税收返还的方式帮助欠发达地区经济加快发展。第三,中央主导税收立法权。为了保证全国范围内实施一致的税收制度、政策,稳定统一的市场以及保障公平的企业竞争环境,必须由中央掌握制定税收法律制度的权力。

分税制改革主要包括以下几个方面:

(1)按照事权和财权相结合原则划分中央税、地方税及中央地方共享税

中央税由维护国家利益、实施宏观调控所必须的税种构成;地方税主要由与地方经济和社会发展关系密切、适合地方征管的税种构成;将同经济和社会发展直接相关的主要税种划分为中央地方共享税。

(2)根据事权合理划分中央和地方政府的支出

与国家主权相关如国家安全和外交,或具有全国性或涉及全国整体利益,如国家为实施宏观调控或国民经济结构调整等事项所必需的支出应该主要由中央财政承担;区域经济、事业发展所需支出以及本地区机关运转所需支出,主要由地方财政承担。

(3)建立中央对地方政府的税收返还和转移支付制度

按照中央与地方之间收入划分格局,中央与地方之间收入分配制度框架

---

① 1993年国务院发布《关于实行分税制财政管理体制的决定》。

确定后,为了解决地方的自有财力与其支出责任差距大的矛盾,建立中央对地方的税收返还制度,以保障地方的利益。以 1993 年作基数年,1993 年地方上划中央收入全部返还,1994 年以后按照一定的增长比例返还。从 1995 年开始实行中央财政对地方的转移支付制度,而且规模越来越大,内容也不断丰富,目标从简单的平衡地方财政,逐步发展为努力实现基本公共服务均等化。①

(4)建立中央和地方两套税收系统,分设国家与地方税务机构

按照分税种、分开征管的原则,在中央和地方组建两套税务机构,即国家税务局和地方税务局,对税收实行分级征管。国家税务机构负责征收中央税和共享税,地方税务机构负责征收地方税。

分税制改革使中央和地方的财政关系得到进一步规范,促进了财政收入的增长,扭转了中央财政收入占全国财政收入过低的局面,使中央的宏观调控能力大大增强。分税制改革尽管还有许多问题需要在改革过程中逐步完善,但其意义十分重大,它奠定了中央与地方政府间财政权力关系的基本格局,成为我国政府间纵向权力配置整体走向规范化、制度化的重要关节点。

2. 地方立法权的进一步扩大

(1)最高权力机关通过专门决定继续授权经济特区地方立法权

1992 年的第七届全国人大常委会第 26 次会议、1994 年的第八届全国人大二次会议、1996 年八届全国人大四次会议分别通过相关决定,分别授权深圳市、厦门市、珠海市和汕头市的地方立法机构和人民政府制定在以上经济特区实施的法规和规章。② 这一时期经济特区的立法权不同于一般的地方立法

① 楼继伟:《中国政府间财政关系再思考》,中国财政经济出版社 2013 年版,第 79—80 页。
② 1992 年的《关于授予深圳市人大及其常委会和深圳市人民政府分别制定法规和规章在深圳经济特区实施的决定》;1994 年的《关于授权厦门市人大及其常委会和厦门市人民政府分别制定法规和规章在厦门经济特区实施的决定》;1996 年的《关于授权汕头市和珠海市人大及其常委会、人民政府分别制定法规和规章在各自的经济特区实施的决定》。

权,一般地方立法权是基于宪法和法律产生的,而经济特区立法权是由全国人大及其常委会以专门决定的方式授权产生。

(2)《立法法》赋予经济特区所在地的市以地方立法权

2000年3月15日,全国人大通过《中华人民共和国立法法》。立法法一方面对宪法、组织法规定的地方立法主体进行了确认,另一方面规定了经济特区所在市的人大及其常委会的地方立法权。根据立法法的规定,经济特区所在的市不仅具有制定适用于本区域的地方法规和政府规章,还享有与民族自治地方一样在法律授权的前提下对国家法律、法规及上一级地方立法进行变通的权力。① 因此,《立法法》的颁布实施,赋予了经济特区所在城市地方法规和地方政府规章的一般制定权。

3. 调整中央与地方政府国有资产管理和投资权限

党的十四大后,党和国家提出了一系列改革中央与地方政府间经济管理权限的设想和措施,包括合理划分中央与省、自治区、直辖市的经济管理权限;理顺国家与企业关系,进一步扩大企业经营自主权。

2002年党的十六大提出在坚持国家所有的前提下完善国有资产管理体制,建立由中央与地方各级政府分别代表国家履行出资人职责的制度。2003年党的十六届三中全会提出要"合理划分中央和地方经济社会事务的管理责权",2003年国务院设立国有资产监督管理委员会,之后省、市两级地方政府相继设立国有资产监督管理委员会。

1995年十四届五中全会通过的《中共中央关于制定国民经济和社会发展"九五"计划和2010年远景目标的建议》提出:"发挥中央和地方的积极性,实行投资的合理分工。中央掌握的建设资金集中用于全国性或跨地区的基础设施、基础产业和支柱产业重点工程,以及科技、教育、国防等方面的重点项目。

---

① 《中华人民共和国立法法》第90条规定:"经济特区法规根据授权对法律、行政法规、地方性法规作变通规定的,在本经济特区适用经济特区法规的规定"。

地方政府投资主要用于本地区公益性、基础性项目。"对中央和地方政府的投资权限作了明确分工,扩大了地方政府的投资管理权。2004 年国务院发布《决定》①,对中央和地方两个层面的政府投资事权进行合理划分,明确规定除了中央政权建设外,中央政府的投资事权范围还包括对跨区域或流域、以及对国家整体发展具有重大影响事项的投资,进一步合理划分中央与地方政府事权,完善政府投资体制。

4. 加强对金融、海关、国家税务、外汇管理等领域的垂直管理

从 20 世纪 90 年代中后期开始,为了解决改革前期放权过程中出现的地方化倾向,中央在实行分税制改革的同时开始强化垂直管理。实行垂直管理的部门在干部管理、人员编制、机构设置、经费管理等方面都不再由本级政府管理,而是由上级部门统一管理。

1998 年,中共中央、国务院决定对中国人民银行管理体制进行改革,首先明确了中国人民银行作为中央银行的地位,具有在国务院领导下独立制定和执行货币政策的权力。二是为深化金融体制改革,逐步建立与社会主义市场经济发展相适应的金融调控监管体制,防范和化解金融风险,国务院决定撤销人民银行省级分行,在上海、天津、沈阳、南京、济南、广州、武汉、成都、西安等9 个中心城市跨省区设立 9 家分行,在不设分行的省级政府所在地城市设立金融监管办事处。这有利于强化中央金融宏观调控权力,完善中国人民银行的金融监管职能。

另外对海关、国家税务、外汇管理、证券监管、保险监管、民航地区管理、流域管理、出入境检验检疫等机构也实行垂直管理,这些领域的机构不再作为地方政府的工作部门,而是作为中央相关主管部门的派出或者分支机构,受主管部门的垂直领导。

---

① 2004 年 7 月,国务院发布《关于投资体制改革的决定》。

这些改革,进一步完善了中央与地方政府的权力配置,强化了中央政府的权威和宏观调控能力。

(三)全面深化改革、面向国家治理现代化的政府间事权纵向配置(2013年至今)

政府间事权纵向配置的体制机制改革是推进国家治理现代化的总体战略要求,更是实现"四个全面"战略布局和"五位一体"总体布局的重要一环。党的十八大以来,以习近平同志为核心的党中央坚持以问题为导向深化改革、系统谋划改革的科学路径和有效方法,一方面加强政府间事权纵向配置体制机制的顶层设计,另一方面着眼于具体制度规范建设,使政府间事权纵向配置的体制机制改革向纵深发展。这一阶段政府间事权纵向配置改革是全方位的,涉及立法体制、司法体制、财政体制等多个领域,是改革开放以来最为全面、系统的改革。

1. 地方立法权力扩展到设区的市

2013年,党的十八届三中全会提出要逐步增加有地方立法权的较大市的数量,这预示着中央将进一步改革立法体制,扩大地方立法权限。2014年,党的十八届四中全会提出:"明确地方立法权限和范围,依法赋予设区的市地方立法权"。[①]

2015年,十二届全国人大三次会议对《立法法》进行修订,明确规定了设区市的地方立法权。修订后的《立法法》在赋予所有设区的市地方立法权的同时,也对其立法权限进行了限制。[②] 2015年8月,第十二届全国人大常委会

---

① 《中共中央关于全面推进依法治国若干重大问题的决定》,《十八大以来重要文献选编(中)》,中央文献出版社2016年版,第161页。

② 新修订的《中华人民共和国立法法》第七十二条第二款规定:"设区的市的人民代表大会及其常务委员会根据本市的具体情况和实际需要,在不同宪法、法律、行政法规和本省、自治区的地方性法规性相抵触的前提下,可以对城乡建设与管理、环境保护、历史文化保护等方面的事项制定地方性法规,法律对设区的市制定地方性法规的事项另有规定的,从其规定。"

第十六次会议对《地方组织法》进行了修改,根据《立法法》的相关规定,相应对设区的市地方立法权限作了规定。2018 年 3 月《宪法修正案》进一步以国家根本大法的形式确立了设区市的地方立法权。①

立法法在赋予所有设区的市地方立法权的同时,考虑到几个特殊的不设区的地级市的实际需要,也赋予了这些市地方立法权。② 2000 年制定的《立法法》赋予 49 个较大的市立法权,2015 年修订后地方立法主体扩容为 322 个设区的市,其中 273 个为新赋予立法权的设区的市。③ 截止到 2017 年 11 月 30 日,随着西藏山南市和新疆哈密市被自治区人大常委会赋予立法权,新获得立法权的 273 个设区的市已全部完成确权。从 2015 年 3 月 15 日《立法法》修改开始,历经 2 年零 8 个月,全国范围内所有设区的市已全部被赋予立法权,标志着现行《立法法》第 72 条第 4 款所规定的赋权工作已顺利完成。截至 2017 年 12 月 31 日,已发布 614 部地方性法规。④

地方立法主体由"较大的市"扩展到全部设区的市,充分考虑了我国人口众多、幅员辽阔、发展不平衡的国情,是我国立法体制的重大变革,也是央地立法权力科学优化配置的显著表现,必将进一步调动地方立法的积极性,提升地方政府的治理能力和治理水平。

2. 围绕强化司法权力作为中央事权的司法体制改革

改革开放 40 多年来,我国的司法制度一直处在不断完善的过程中,党

① 2018《宪法修正案》在宪法第一百条增加一款,作为第二款:"设区的市的人民代表大会和它们的常务委员会,在不同宪法、法律、行政法规和本省、自治区的地方性法规相抵触的前提下,可以依照法律规定制定地方性法规,报本省、自治区人民代表大会常务委员会批准后施行。"

② 全国人大关于修改立法法的决定中,专门规定"广东省东莞市和中山市、甘肃省嘉峪关市、海南省三沙市,比照适用本决定有关赋予设区的市地方立法权的规定"。

③ 273 个新增设区的市立法主体包含 235 个设区的市和 30 个自治州,四个不设区的市包括广东省东莞市和中山市、甘肃省嘉峪关市、海南省三沙市,以及 4 个新设立的设区的市即西藏的林芝和山南,新疆的吐鲁番和哈密。

④ 付子堂主编:《中国地方立法报告(2018)》,社会科学文献出版社 2018 年版,第 201—202 页。

的十八大以前,我国进行了多轮司法体制的系列改革,使社会主义司法制度不断完善,但不可否认的是,我国司法体制长期存在的司法不公、司法公信力不高的问题仍未得到根本解决,正如习近平总书记所指出的"当前,司法领域存在的主要问题是,司法不公、司法公信力不高问题十分突出。"①其根本原因在于"司法体制不完善、司法职权配置和权力运行机制不科学。"②因此,如何科学配置司法职权,特别是科学设置中央与地方司法权力结构是司法体制改革的重要议题。

2012年党的十八大报告提出要"进一步深化司法体制改革",2013年党的十八届三中全会明确强调进行司法管理体制改革,提出对省以下地方各级司法机构的人员、财务、和物资实行统一的管理,通过改革使司法管理制度与行政区划适当分离等改革目标,对司法体制改革进行了全面部署。十八届四中全会作出全面推进依法治国的重大决策,在三中全会的基础上进一步明确了深化司法改革的举措。

2014年起,司法改革的具体方案陆续出台,2014年2月,《关于深化司法体制和社会体制改革的意见及贯彻实施方案》的通过,明确了深化司法体制改革的目标、原则和各项改革的时间表和路线图。2014年3月《关于司法体制改革试点若干问题的框架意见》的通过以及2014年7月最高人民法院公布的《人民法院第五个改革纲要(2014—2018)》,为我国司法体制改革的深化提供了更加具体的操作规范。

在中国司法体制存在的诸多弊端中,司法权的地方化被普遍认为是妨碍中国司法公正的主要因素,因此,新一轮司法体制改革中,如何在体制上去除司法权力地方化成为改革的重中之重。党的十八届三中全会对司法体制改革

---

① 习近平:《关于〈中共中央关于全面推进依法治国若干重大问题的决定〉的说明》,《十八大以来重要文献选编》(中),中央文献出版社2016年版,第151页。

② 习近平:《关于〈中共中央关于全面推进依法治国若干重大问题的决定〉的说明》,《十八大以来重要文献选编》(中),中央文献出版社2016年版,第11页。

的部署后,时任中央政法委负责人曾发文指出:"我国是单一制国家,司法职权是中央事权。"①法学理论界许多学者主张的"司法权本质上是中央事权"的观点得到确认。

为了破除司法权地方化、落实司法权中央事权的属性,在全面深化司法体制改革过程中主要实施了以下几方面重大举措:第一,推进省以下司法机关人财物省级统管。第二,改革司法管辖制度,建立与行政区划适当分离的司法辖区,跨区域的设置人民法院和人民检察院,办理跨地区案件。第三,由最高法院设立巡回法庭,负责跨行政区域重大行政和民商事案件的审理。2014年12月,最高人民法院决定在深圳市和沈阳市设立第一、第二巡回法庭,2016年11月,最高人民法院在南京市、郑州市、重庆市、西安市增设第三、第四、第五、第六巡回法庭,六个巡回法庭的整体布局形成。

通过一系列的改革,破解了制约司法权力公正运行的体制机制上的深层次矛盾,完善了司法事权的纵向配置和运行机制,保障了国家法律的统一正确实施。

3. 基本公共服务领域中央与地方事权和支出责任划分改革

2018年1月国务院发布《关于印发基本公共服务领域中央与地方共同财政事权和支出责任划分改革方案的通知》,通知将义务教育、学生资助、基本就业服务、基本养老保险、基本医疗保障、基本卫生计生、基本生活救助和基本住房保障等基本公共服务划分为八大类18项,区分为三种类型,纳入中央与地方共同财政事权范围。提出了中央与地方财政支出责任按照不同项目分别采取按比例或按项目分担的具体方式,并依据经济发展和财力水平区分不同地域,分别明确了中央与地方财政之间的具体分担比例。

2018年8月,我国第一个中央与地方财政事权和支出责任划分细分领

---

① 孟建柱:《深化司法体制改革》,《人民日报》2013年11月25日。

域的改革方案——《医疗卫生领域中央与地方财政事权和支出责任划分改革方案》由国务院办公厅公布。方案对医疗卫生领域的中央财政事权、地方财政事权以及中央与地方共同财政事权做出了明确界定,并明确了中央与地方财政相应的支出责任。方案还对公共卫生、医疗保障、计划生育、能力建设4个方面的14项具体内容的中央与地方政府间权责进行了明确划分。

该方案明确划分了由中央财政和地方财政共同承担支出责任的基本公共卫生服务中央与地方共同事权,并根据各地经济社会发展的实际情况,将31个省(自治区、直辖市)和5个计划单列市划分为5档,中央政府分担80%—10%不等的支出责任(详见下表)。

表4-1　基本公共卫生服务中央与地方共同财政事权

中央分档分担办法				
第一档	第二档	第三档	第四档	第五档
中央分担80%	中央分担60%	中央分担50%	中央分担30%	中央分担10%
内蒙古、广西、重庆、四川、贵州、云南、西藏、陕西、甘肃、青海、宁夏、新疆12个省(自治区、直辖市)	河北、山西、吉林、黑龙江、安徽、江西、河南、湖北、湖南、海南10个省	辽宁、福建、山东3个省	天津、江苏、浙江、广东4个省(直辖市)和大连、宁波、厦门、青岛、深圳5个计划单列市	北京、上海2个直辖市

2019年,科技领域和教育领域中央与地方财政事权和支出责任划分改革方案陆续出台。从已经出台的改革方案来看,在公共服务的许多领域都提高了中央政府支出责任的占比,在一定程度上缓解了地方政府的财政压力,而中央根据不同类别地区确定不同的支出责任分担比例,也有助于缓解我国公共服务供给不均衡的矛盾,促进公共服务体系的完善,为现代国家治理体系的构建奠定良好的基础。下一步国务院将逐步推出社会保障、交通运输、环境保护等公共服务领域中央与地方政府间权责划分方案。

4.赋予省级及以下机构更多自主权

习近平总书记在党的十九大报告中提出"赋予省级及以下政府更多自主权",党的十九届三中全会在部署党和国家机构改革决定和方案中,进一步提出"赋予省级及以下机构更多自主权"。这是我国深化中央与地方政府间事权配置体制机制改革的一个重大突破。

首先,"省级以下政府"和"省级以下机构"的提出,反映了中央治国理念的重大变化,使得中央与地方政府间事权配置更加具体化、精细化。长期以来,我国对中央与地方政府间事权配置沿用"体制两分法",即在政府间事权纵向配置体制改革中仅就中央与省级两个部分之间的权力配置做出相对具体的划分,而对省、市、县地方各级政府之间的责权划分只提出原则性的指导意见,具体方案由省级政府自行确定。① 以往"将省级及以下政府作为整体进行表述,简单、笼统地将省级政府与省级以下政府同等看待"②忽略了我国超大国家的两个重要因素,首先是人口因素,我国是世界上人口最多的超大型国家,许多省级政区的人口规模数千万甚至上亿,相当于世界上许多中大型国家的人口总数;第二个因素即我国治理层级的复杂性,我国省以下还有市、县、乡三个治理层级,许多地级市的地域范围和人口规模都达到了中等国家的水平。因此,过去的"体制两分法"仅就中央和省级政府的事权配置作出制度安排,忽视了中央与地方各治理层级事权配置的整体性和协调性,使得省级以下政府的事权配置缺乏规范。十九届三中全会明确将党和国家机构分为"中央机构"、"省级机构"和"省级以下机构"三类,使改革进一步下沉,更加精准化、具体化,有助于优化各治理层级特别是省级以下政府的事权配置,实现治理结构的整体优化和治

---

① 任广浩、解建立:《改革开放40年我国政府间事权纵向配置变革及其法治化探索》,《河北法学》2018年第12期。

② 吕同舟:《关于"赋予省级及以下政府更多自主权"的理论解读和思考》,《中国机构改革与管理》2018年第2期。

理能力的整体提升。

第二,突出不同治理层级政府职责特点,提升地方政府治理能力。十九届三中全会提出要理顺中央和地方政府间的权责关系,明确划分中央事权、中央和地方协同管理事权、地方事权,提出要"增强地方治理能力,把直接面向基层、量大面广、由地方实施更为便捷有效的经济社会管理事项下放给地方"。①党的十八届三中全会以来,中央多次强调在改革的过程中要区分不同治理层级政府的职能,加强中央政府的宏观调控职责和能力,地方政府要加强在地方公共服务、社会管理、市场监管、环境保护等方面的职能。因此,要更加明确区分中央、省级、市县级政府不同层次的职能,构建明确规范的中央地方政府间责权体系,突出地方政府在地方公共服务中的职能。要进一步下放权力,推动治理重心下移,推进管理的扁平化和网络化,以更好地适应基层对公共服务的需求。在赋予地方政府自主权的同时,要保障地方政府具有与其职权相匹配的财力,使地方政府"有人有权有物",夯实国家治理的基础。

第三,允许地方政府因地制宜设置机构和配置职能。《中共中央关于深化党和国家机构改革的决定》提出"除中央明确规定外,允许地方政府因地制宜设置机构和配置职能"②。我国政府机构设置长期存在中央和地方机构职能设置"上下一般粗"的体制痼疾,权责划分不够清晰、规范,各层级政府职责同构性突出。不同层级的政府有着不同的职能要求,不同区域社会经济发展状况不同也要求政府的职能设置要具有针对性。根据中央的精神,在这次党和国家机构改革的过程中,许多地方政府都结合本地实际因地制宜地设置机构,如河北雄安新区管委会,按照"大部门制、扁平化管理"的原则设置了党政办公室、党群工作部等7个内设机构,贯彻了中央提出的统筹设置党政群机

---

① 《中共中央关于深化党和国家机构改革的决定》,《〈中共中央关于深化党和国家机构改革的决定〉〈深化党和国家机构改革方案〉辅导读本》,人民出版社2018年版,第20—21页。

② 《中共中央关于深化党和国家机构改革的决定》,《〈中共中央关于深化党和国家机构改革的决定〉〈深化党和国家机构改革方案〉辅导读本》,人民出版社2018年版,第21页。

构、优化协同高效的改革战略意图;辽宁省针对改善营商环境的迫切需要,组建了辽宁省营商环境建设局;山东省为突出海洋发展战略设置了省海洋发展委员会;广东省针对推进粤港澳大湾区建设的需要组建了港澳大湾区建设领导小组等等。

5. 推进省以下政府间基本公共服务领域财政事权和支出责任划分

随着全面改革的深入,要彻底解决现行中央与地方以及省以下财政事权和支出责任划分不规范、不合理等突出问题,在公共服务领域彻底改变"中央点菜、地方买单"的情况,解决政府间权责不对等,理顺省以下市县政府的关系,使"整个决策链是拧巴的"现象得以改变。在借鉴成熟市场经济国家经验基础上,我国政府间事权和支出责任划分的相关法律体系逐步健全,加强了对各级政府尤其是省以下政府基本公共服务领域事权、财政支出责任的划分和调整,并出台相关规范文件加以确认以避免中央与地方政府间财政关系的随意性。国务院于2016年8月印发《关于推进中央与地方财政事权和支出责任划分改革的指导意见》(国发〔2016〕49号,以下简称《指导意见》)要求各省区结合自身情况,"加快省以下财政事权和支出责任划分"的改革。明确要求省级政府结合当地实际参照中央做法并按照财政事权划分原则合理确定省以下政府间财政事权。各省级政府根据省以下财政体制、财政事权划分及基层政府财力状况合理确定相应的支出责任,避免将过多支出责任交给基层政府承担。国务院办公厅出台文件明确划分在医疗卫生领域中央与地方财政事权和支出责任,包括公共卫生、计划生育、医疗保障、能力建设四个方面[1]。基本公共卫生服务定为中央与地方共同事权,将31个省(自治区、直辖市)和5个计划单列市划分为5个档次,中央承担支出责任比例为10%—80%。

---

[1] 《医疗卫生领域中央与地方财政事权和支出责任划分改革方案》2018年7月印发。

国务院办公厅于 2018 年 1 月发布《关于印发基本公共服务领域中央与地方共同财政事权和支出责任划分改革方案的通知》后,已有 20 几个省(市)出台在基本公共服务领域省及省以下共同事权的支出责任具体划分方法,各省根据自身社会发展现状和经济发展水平等具体因素不同制定了不同的方案。许多省(市)借鉴了中央政府在基本公共服务领域中央与地方的划分方式。下表中按照基本公共服务中央分担档次划分的五档①省市中,选取第一档的青海省、第二档的河北省、第三档的辽宁省、第四档的天津市和广东省,进行对比示例。

表 4-2　部分省(市)基本公共服务领域共同财政事权支出责任划分

省(市)	省(市)与市县(区)共同财政事权	分担方式
青海	将中央已明确的 8 大类 18 项②央地共同财政事权确定为省与市(州)、县级政府共同财政事权。	(一)省与市按比例分档分担。包括义务教育类、学生资助类、基本医疗保障类、基本卫生计生类等 4 类。(二)执行中央制定的国家基础标准,如基本养老保险类。(三)由各市结合实际制定补助标准。各省财政依据保障对象数量、财力等因素给予适当补贴。包括基本就业服务类、基本生活救助类、基本住房保障类等 3 类。

---

① 第一档包括内蒙古、广西、重庆、四川、贵州、云南、西藏、陕西、甘肃、青海、宁夏、新疆 12 个省(区、市),中央分担 80%;第二档包括河北、山西、吉林、黑龙江、安徽、江西、河南、湖北、湖南、海南 10 个省,中央分担 60%;第三档包括辽宁、福建、山东 3 个省,中央分担 50%;第四档包括天津、江苏、浙江、广东 4 个省(市)和大连、宁波、厦门、青岛、深圳 5 个计划单列市,中央分担 30%;第五档包括北京、上海 2 个直辖市,中央分担 10%。
② 八大类 18 项:一是义务教育,包括公用经费保障、免费提供教科书、家庭经济困难学生生活补助、贫困地区学生营养膳食补助 4 项;二是学生资助,包括中等职业教育国家助学金、中等职业教育免学费补助、普通高中教育国家助学金、普通高中教育免学杂费补助 4 项;三是基本就业服务,包括基本公共就业服务 1 项;四是基本养老保险,包括城乡居民基本养老保险补助 1 项;五是基本医疗保障,包括城乡居民基本医疗保险补助、医疗救助 2 项;六是基本卫生计生,包括基本公共卫生服务、计划生育扶助保障 2 项;七是基本生活救助,包括困难群众救助、受灾人员救助、残疾人服务 3 项;八是基本住房保障,包括城乡保障性安居工程 1 项。

省(市)	省(市)与市县(区)共同财政事权	分担方式
河北	原则上执行中央规定的基本公共服务事项基础标准。尚没有国家基础标准的在保障基本民生政策的可持续性并兼顾各级财力的前提下,由省或由市、县结合实际因地制宜地确定标准。	(一)按照中央制定国家基础标准,经费中央与地方按比例分担。如义务教育类、学生资助类。 (二)由省级统筹中央资金并确定分担比例,市、县结合实际确定具体补助标准。 (三)国家基础标准部分使用中央资金落实,在国家基础标准上提高省级标准,对于省级提高标准部分由省与直管县、省与市、市管县(市、区)按比例分担。如基本医疗保险类、基本养老保险类、基本卫生计生类、基本生活救助类。 (四)在基本住房保障类等方面先由省级制定测算补助标准再由市、县结合实际确定当地的具体标准。
辽宁	以家庭或人员为分配依据或补助对象将8类22项基本公共服务事项首先纳入了省与市共同财政事权范围。	(一)省与市按比例分档分担。包括义务教育类、基本公共卫生服务、城乡居民基本养老保险等11项。 (二)省与市按现行政策执行。包括免费提供教科书、农村义务教育学生营养改善。 (三)对困难群众基本生活救助、农村危房改造、受灾人员救助、医疗救助(含疾病应急救助)、公共租赁住房、城镇棚户区住房改造等9项先由各市结合实际情况制定补助标准后省财政结合地方财力等给予适当财政支持。
天津	将中央已明确的中央与地方共同财政事权的八大类18项基本公共服务领域首先纳入市与区共同财政事权范围。	主要采取按比例分担或因素补助等方式确定市与区共同支出责任,在确定过程中要充分考虑各项基本公共服务的不同特征以及地方实际财力状况。
广东	对公共服务事项足额保障国家基础标准的落实,在义务教育公用经费保障、贫困地区学生营养膳食补助、免费提供教科书、中等职业教育免学费补助、残疾人服务城乡居民基本养老保险补助、计划生育扶助保障、普通高中教育免学杂费补助等基本公共服务方面对省标高于国标的按照省标执行并明确为省定标准。对于未定国标和省标的事项可结合当地经济社会发展水平及财政承受能力下制定相应市县标准。市县标准高于国标和省标的所需资金由市县财政自行解决并报省相关部门备案后执行,待具备条件后再由省级制定省定相应标准。	实行统一分类分档,以按比例分担为主和按因素法、项目分担确定为辅的方式,兼顾均等化程度和受益范围等因素的制约,在适当强化省级支出责任的基础上由省级统筹中央补助资金与市县共同承担公共支出责任。

为进一步完善和健全省级以下基本公共服务保障标准及省及以下支出责任分担方式,各省围绕中央改革的统一部署和顶层设计,在结合本省财政改革和管理实际基础上制定了相应的方案,并从原则上为省以下政府共同事权支出责任的分担提供了指导。不论是独有事权与共同事权均使原先笼统的、不尽统一规范的支出责任变得更为清晰明确,更有利于省以下各级政府全面、有效地履行本级政府的公共物品供给责任,对于逐步建立起基础标准适宜、权责划分明晰、财力充分保障、供给有效的公共物品供给制度体系、更好地兜牢民生底线具有重大意义。

第五章 政府间事权纵向配置的
国际经验

一、立法事权纵向配置模式的比较分析

立法权力是国家权力的核心内容,中央与地方权力的配置首先通过立法事权的配置得以体现。由于在政治制度、经济结构、民族关系、文化传统、自然地理等方面存在差异,世界各国关于立法事权的配置各具特点,但是,国家结构形式始终是影响国家权力纵向配置的最重要因素。因此,本书在分析中央与地方立法权纵向配置的国际经验时,除了对立法权基本类型进行阐释以外,仍以国家结构形式划分为线索,分别对单一制国家和联邦制国家的立法事权纵向配置模式进行分析,以期探求适合我国纵向立法事权科学配置的有益经验。

(一)中央与地方立法事权配置的主要类型

立法事权的纵向配置是国家权力配置的重要内容,并且也是突出反映一个国家中央与地方关系的重要表征。中央与地方立法权力从不同的角度可以作多种类型划分,而基于立法权力主体的划分是最重要、也是最简单清晰的方式。"判断一个事务是国家事务还是地方事务的依据是多方面的,从事务的

执行者来判断是一个较为简单的方法。"①根据立法主体的不同,可以将立法权大致分为三类:中央专属立法事权、地方专属立法事权和中央与地方共同立法事权。

1.专属中央的立法事权

由中央执法机构进行执法的事项,立法事权应该属于中央立法机构。无论采用单一制结构,还是联邦制结构,不少国家在宪法中都规定了由特定中央立法主体对某些事项所享有的专有立法事权。中央专属立法事权一般涉及以下两个领域:第一,与国家主权相关的领域。该领域的权力具体包括与国家统一和领土主权直接相关的国防和外交权力。由国防权引申的军事权也是中央立法专属权的重要内容。国家对外交往的关系可以体现为政治、经济、文化等各方面。因此与外国建立外交关系、宣战、条约的缔结与执行、对外经济贸易、关税等事项都属于中央专属立法权的范围;第二,国家政治体制的确立。该领域主要体现为中央国家机构的产生、职权的行使程序等事项必须由中央立法机关行使立法权;第三,涉及全国性治理的事项。例如国籍、货币发行、邮政电信、水陆空交通、度量衡、历法等事项,一般都在宪法中被列举为中央专属立法权的范围。与前两类事项由中央同时行使专属立法权和执法权不同,该类事项虽然立法权属于中央专属,但是执法权却需要中央政府和地方政府共同履行。

2.专属地方的立法事权

无论单一制,还是联邦制结构形式,相当一部分国家在立法权力的纵向配置中都有专属地方的立法事权,并且这些立法事项的执法权力也专属地方。地方专属立法事权包括职权立法和授权立法两种具体形式。职权立法是通过

---

① 马岭:《地方立法权的范围》,《中国延安干部学院学报》2012年第3期。

宪法确定地方立法权及其立法事项范围。来源于宪法职权立法的地方权力与中央立法权相对应,两者之间存在一定程度的分权制衡关系。属于职权立法性质的地方立法事权是宪法授予地方的固有权力,中央不能随意干预。联邦制国家倾向于通过向地方配置职权立法权力。地方的职权立法范围一般包括一定程度的财政自治、关于地方的教育、卫生、文化、治安警察等事项;授权立法权来自于中央,具体包括法律授权(来自于中央立法)和特别授权(来自于中央决定)两种具体授权立法权力形式。授权立法权力不是地方固有的权力,而是中央权力中的一部分分流权力。因此,地方的授权立法权力在一定程度上依附于中央,中央可以通过修改法律或变更决定对地方立法事权内容和形式进行变更,包括扩大、缩减甚至收回。法律授权立法一般具有普遍性和常规性,而且适用于多领域;而特别授权立法适用于某一领域,针对某一对象,具有特殊性。

3. 中央和地方共同立法事权

除了中央专属立法权和地方专属立法权以外,对于有些事项和领域,中央和地方都有权立法,即中央和地方享有的共同立法事权。中央与地方共同立法权具体有两种形式:第一,对于一些事项,中央立法制定原则性规定,地方制定具体细则。在这种情形下,中央立法对某些事项和领域制定出框架性法律,同时为地方保留具体细节性立法的空间,当然,地方具体性立法必须根据中央的原则性立法规则作出,地方立法不能超出中央立法构建的基本原则和框架;第二,中央与地方对某些领域具有共有立法权力。例如美国联邦和地方(州)在税收征收、借款、法院及银行的设立等7个领域都具有立法权,印度中央议会和各成员邦议会对于47个方面的事项拥有共同立法权。在这种情形下,一方面,地方所制定的法律并不是对中央立法的具体化,而是具有自己独立的内容;另一方面,共同领域的地方立法仍然是在中央立法范围内进行,而从立法范围来看中央比地方更为广泛,而且实际上中央立法还是优先于地方立法。

只有在中央出现空白状态时,地方才能立法,否则,地方立法将被取消。

4. 剩余立法事权

在以上三种对立法权力进行明确配置的方式外,还存在一些领域和事项中央和地方立法权划分并不明确,即出现剩余立法事权。关于剩余立法权的归属,各国主要根据宪法的某些原则加以规范。总体来说,在国家权力纵向配置倾向中央集权的国家,一般都规定剩余立法权归属中央政府,例如印度;而在倾向于分权(自治)的国家,尤其是大多数联邦国家,都将剩余立法权划归地方。例如美国、巴西、马来西亚、奥地利等;还有一些国家宪法规定中央和地方都享有剩余立法权,只是具有主次先后的区别,例如西班牙。

5. 中央与地方立法事权的表达方式

各国宪法对以上各类立法权力所及事项采取不同的文本表达方式,或者对立法事项进行列举,或者进行概括,抑或采取列举与概括混合表达的方式。

列举的方式是在宪法中将中央或地方的立法事权所及事项进行明确列举。具体来说又分为肯定和否定两种列举形式。将中央或地方的立法事权所及事项逐一进行列举,凡是列举范围内的事项,都由中央或地方行使立法权的称为肯定列举形式。反之,否定列举形式是将不属于中央或地方立法事权所及事项进行列举,凡是在列举范围内的事项中央或地方就无权立法,这种形式也称排除式列举。

概括式的表达方式不对立法权所及事项进行明确列举,而是通过宪法中对中央与地方立法权限范围采用简练并具有弹性的语言进行原则性的概括规定,具体包括肯定性和否定性概括两种形式。肯定性概括是对中央或地方立法事权的正面概括性表述,例如规定中央或地方某立法机关在某些特定情形下具有立法权。否定性概括是对中央或地方立法权的禁止性概括表述,例如规定中央或地方的某立法机关在某特定情形下禁止行使立法权,其中有绝对禁止的情形(例如在地方立法权的行使有损国家统一的情形下,绝对禁止地方行使立法权)和相对禁止的情形(例如在某些情形下,禁止地方立法机关未经中央机关同意而行使立法权)。

无论是列举式还是概括式,都具有各自的长处和缺陷,因此,很多国家宪法对立法权进行纵向配置时同时将列举式和概括式进行结合运用,即采取混合式的文本表达。这种方式对前两种表达扬长避短,充分发挥两者优点的同时,避免了两者的缺陷。正因为混合式所具有的优势,当前世界上多数国家(无论是联邦制还是单一制结构)都采用混合式的表达方式进行立法权力在中央和地方间的纵向配置。

(二)单一制国家立法事权纵向配置

一般认为,单一制国家的权力属于人民,中央政府因人民的委托拥有国家权力,而且国家权力不能分享。单一制国家的各组成地方只有在法律具有明确规定或中央政府进行权力授予的情形下,才能行使法律规定范围内或中央授权限度内的一定权力。虽然相对于联邦制来说,单一制代表了集权,但是,同为单一制国家,有倾向于集权的,也有倾向于分权自治的。在立法权力的纵向配置实践中,同样存在中央集权型的单一制和地方自主型单一制两种立法权力配置模式。

1.中央集权型立法模式

中央集权型立法模式包括两种具体的形式:绝对中央集权型和中央集权主导型。

第一,绝对中央集权型。对立法事权配置实行绝对中央集权的国家秉持国家权力绝对不能分享的理论。此类国家的中央享有国家所有事项的立法事权,各地方对任何事项都不能行使立法权。例如土耳其于1982年通过的宪法明确规定国家立法权力属于大国民议会,并且不得委托,因此,土耳其地方无任何立法权;斯里兰卡于 1978 年通过的宪法明确规定斯里兰卡是中央集权制国家,立法权由议会行使。以上两个国家具有一个共同之处,即没有设置地方议会;2016 年《朝鲜民主主义人民共和国宪法》设置了最高人民会议和地方人民会议,但是同时规定国家所有的立法权属于最高人民会议,而地方人民会议具有执行国家法律的职权,并无立法权。

第二,中央集权主导型。在对立法事权采用中央集权主导模式的国家,中央和地方都拥有立法事权,但是,在整个立法权力机制中,中央立法权处于主导地位。无论在立法事项范围,还是在立法优先位次方面,中央立法权始终对地方立法发挥主导作用。地方立法权或者来源于中央立法授权,或者来源于中央决定授权,地方立法权始终从属于中央立法权。地方立法权从效力上低于中央立法权,从内容上不得与中央立法相悖且只有在中央尚未立法的领域地方方可立法,地方立法权的行使处于中央的监督之下。与立法事权中央集权的国家相比,该模式一方面赋予地方一定的立法权,有利于提高地方立法的积极性,使中央立法在地方实施更加顺利有效,另一方面在中央主导立法的原则下,保证了法律制度在全国范围内的统一性。当前多数单一制国家立法权的配置属于该类型。例如日本于 1946 年通过的宪法第四章规定国会是国家唯一的立法机关,第八章确定地方公共团体在法律范围内就执行自治事务相关事项制定条例的权力。日本地方议会制定条例首先必须在中央立法的范围内,国会立法具有比地方条例更高的效力,其次,地方立法权被限定在一定范围内,即就本地域事项或依法律或政令处理的非本地域事项制定条例。

2.地方自主型立法模式

立法事权纵向配置的地方自主型模式一般是建立在地方自治实践基础上,中央和地方各自独立的立法事权由国家宪法明确授予。地方立法事权在宪法确定的范围内行使,中央在承认地方自治立法权的基础上,监督和管理地方立法事权的行使,而不得随意干涉地方依照宪法的立法权力行使。葡萄牙和意大利是采用此类模式的典型单一制国家。葡萄牙于 1976 年生效的宪法第 6 条在确定单一制国家结构形式的前提下,明确规定尊重地方自治原则和民主分权。第 115 条规定地区性法令的立法权不保留给共和国议会或政府,由地方立法制定,前提是不得与国家普通法相抵触。葡萄牙宪法除了在第 167 和 168 条列举共和国议会保留的立法权具体事项外,在第 229 条还明确规定在遵守国家宪法和普通法的前提下,自治区立法机关有权力对本区特殊利益相关事项及不属于主管机关特别管辖事项行使立法权。中央不得随意干预自治地方在宪法和法律范围内对以上立法权的行使;意大利于 1947 年通过的宪法在第 5 条中规定,在统一不可分割的国家的前提下,承认并鼓励地方自治,并且使国家立法原则和方法适应地方自治和分权的要求。第 115 条确定区是具有自治权力的自治单位。① 第 117 条规定,各区对本区行政管理机关的构成、地方警察、慈善及卫生、教育、市政建设、自然资源、农林业等 19 个领域的事项具有立法权,只是区立法不得与国家及其它区的利益相抵触。

(三)联邦制国家立法事权纵向配置

联邦制国家从整体上代表分权,国家权力在纵向上体现了中央和地方的分享,立法事权也不例外。联邦制国家关于中央和地方立法事权配置问题一般都在宪法中规定,因此,地方立法事权的行使具有宪法保障,任何其它机关不得损抑地方立法权。虽然联邦制国家相对于单一制国家来说代表了分权,但是由于各联邦制国家具体国情不同,中央和地方在立法事权配置的具体实践模式上也存在较大的差异。按照中央和地方立法事权分权程度,一般可以分为联邦分权立法模式和联邦集权立法模式两种。

1. 联邦分权立法模式

多数联邦制国家在中央和地方立法事权的配置上都属于分权立法模式,

---

① 1947 年通过的意大利宪法将中央之下划分区、省和市(镇)三级地方单位。

美国和德国是其中的典型代表。在此类立法事权配置模式下，联邦中央的立法事权往往受到限制，被限定在特定的范围内，而地方的立法事权则相对更为广泛。例如在美国，传统理论认为国家主权属于人民，首先代表人民享有主权的是人民所居住的地方各州，联邦政府的权力来源于地方各州的让与。联邦的权力是根据联邦宪法各州授予的，其本身没有固有的权力，宪法规定以外的保留权力属于地方各州，由地方各州直接及于人民。美国宪法第八款列举了国会拥有权力的 14 个领域的事项，并且规定为行使以上权力，国会有权制定必要和恰当的法律。同时第十宪法修正案确定对宪法授予联邦的权力以及禁止各州行使的权力以外的权力，都归属各州或人民保留。这种对联邦权力通过列举方式进行限制，而地方各州享有保留权力的宪法配置赋予了地方各州权力的固有或原有性质。只要不属于联邦权力所及的事项、不属于宪法禁止州权力所及的事项，地方各州都有立法权。地方各州不能立法的领域和事项都在宪法中明确列出，而具有立法权的领域和事项范围是无限的，因此，美国地方各州拥有广泛的立法权。除了为行使广泛的地方权力制定普通法律以外，地方各州还可以制定州宪法。

德国《基本法》首先强调联邦立法权受宪法的限制（第 20 条）。第 73 条详细列举了属于联邦享有专属立法权的 11 个方面事项，第 74 条列举了属于联邦与地方共同享有立法权的 26 个方面的事项。同时第 70 条确定，基本法没有赋予联邦立法的事项，各地方成员邦都享有立法权。德国宪法的以上规定将剩余（保留）权力赋予了地方各州。地方各州都具有各自独立的立法体系，有权制定各州宪法和联邦宪法明确规定由联邦立法以外的各类事项的法律。相对于联邦中央有限的立法权来说，地方各州的立法所及的事项是无限的。1990 年两德合并以后，《基本法》经过多次修改，修改的总体趋势是进一步加强地方权力，限制联邦中央权力。在立法权方面，历次修改进一步加大地方立法范围。例如 1994 年的第 42 修正案将一般性的电影法、公民州籍以及开采税列为州立法范围，2006 年的修正案废除联邦中央的框架立法权。

2. 联邦集权立法模式

虽然多数联邦国家在立法事权的纵向配置上表现为分权,但实践中也有倾向于中央集权立法模式。与分权立法模式相比,此类模式具有以下特点:一是联邦中央立法事权所覆盖的事项范围往往比地方各成员邦的立法范围更为广泛;二是对于剩余或保留立法权,即未在联邦宪法中明确列举或规定的立法事权,都归属联邦;三是联邦中央拥有范围广泛的立法特权,可以在特定情形下直接干预地方各成员邦的立法。印度是典型的联邦集权立法国家。在印度,根据 1979 年修正以后的宪法规定,全国只有联邦宪法,各成员邦没有自己的独立宪法。印度现行宪法第 123 条规定,不但议会享有立法权,在议会闭会期间,总统也有权立法,总统立法之效力如同议会所立法令。宪法在第十一篇"联邦与各邦的关系"的第一章"立法关系"中,将中央和地方立法权划分为联邦专属立法权、成员邦立法权和联合立法权三类。其中联邦专属立法权所及的事项在宪法附录七中的"联邦与各邦兼具表"中列举,各成员邦享有附录七中"各邦职权表"中所列举事项的立法权,而对于附录七中"共同行使的权力表"所列举事项联邦和各成员邦行使联合立法权。同时,该宪法附录七明确规定没有被列入成员邦专属立法范围或中央与成员邦联合立法范围的,即剩余(或保留)立法权都属于联邦依法享有。联邦中央享有无限立法权,而地方各成员邦只能在宪法列举的范围内行使有限立法权。

(四) 分析与启示

1. 单一制和联邦制中央与地方立法事权配置的理论基础及制度利弊分析

国家结构形式的构成,即单一制和联邦制的划分是一国立法权力纵向配置的理论和制度基础。总体上说,单一制国家代表了立法权力的中央集中,而联邦制国家则代表立法权在中央与地方间的分享。国家权力来源的不同是两种国家结构形式存在的理论基础,也是立法事权在中央与地方进行不同配置的制度根源所在。

单一制国家的权力来源于人民,人民将权力委托于中央,因此,中央政府即拥有国家最高权力。在立法权力方面也不例外,地方或者没有立法权,或者即便拥有一定范围、一定程度上的立法权,也是基于中央的授权。地方立法权的行使不得超出中央授权的范围。单一制国家立法权中央相对集中的特征利弊共存,其优势在于国家具有一套从中央到地方上下统一的立法体系,央地之间上下立法级别清晰、层次分明,能够保证法律制度在最大限度内的统一;其劣势在于立法权在中央过度集中使得立法缺乏灵活性,不利于发挥地方立法对中央立法的补充、完善功能,也阻碍地方主动性、积极性的发挥。

联邦制国家认为国家权力的根源出自人民,只是人民将国家权力委托给各联邦地方成员(州或邦),联邦中央的权力来源于各成员(州或邦)的权力让渡,中央和地方立法权的产生也是如此。一般情况下,联邦宪法中会明确中央立法权力行使的具体范围,除此以外的剩余立法权力归属各地方成员(州或邦)。地方立法权具有宪法保障,不依赖于中央的授权。联邦制国家由此产生中央和地方的双重立法体系和法律制度体系。联邦制国家中央与地方各自享有独立的立法权一方面能够通过中央立法行使使得全国整体利益和各成员地方利益实现一定程度的平衡,并且地方相对自主的立法权能够充分调动地方立法的积极性和主动性;另一方面,这种双重立法体系也可能造成一个主权国家内立法层次与效力的模糊、法律规范存在冲突、立法事项交叉重合等弊端。

2. 立法事权纵向配置要依据国情适时进行动态调整

虽然国家结构形式是决定立法权中央集权与地方分权的基础,单一制国家更多地代表立法权的中央集中,联邦制国家更多代表立法权的地方分权,但是,各国立法事权的纵向配置大都根据本国国情的发展变化处于不断调整过程中。随着国家政治、经济、文化以及国际社会发展情况的不断变化,一些单一制国家也出现了不同程度的分权改革,包括立法权开始不同程度地从中央集权向扩大地方权力转化;一些联邦制国家则在调整立法事权中央与地方之间的配置过程中逐渐加大中央立法权能。由此可以看到,国家结构形式(单一制和联邦制)不是决定立法权在中央和地方配置状态的唯一判断依据。采取单一制结构形式的国家中,有的赋予地方广泛的立法事权或通过改革不断扩大地方立法权的范围,而采取联邦制结构形式的国家中,有的中央掌控立法权或在不断调整加强中央立法事权。"事实上,没有任何理由认为单一制达不到联邦制的地方分权程度",①有的联邦制国家(例如印度)的中央立法集权程度不亚于一般单一制国家。

二、政府间行政事权纵向配置模式的比较分析

"行政权是指由国家或其他行政主体担当的执行法律,对行政事务主动、直接、连续、具体管理的权力,是国家权力的组成部分。"②对政府间行政事权纵向配置考察的理论研究和实践制度安排多数以行政权的内容为标准对其进行划分,即分为事权、财权和组织人事权。本书主要对前两项权力进行比较分析。事权是行政权的核心内容,中央及地方各级政府对行政事务的管理需求是行政权正当存在的依据,也是划分各级政府行政权的基础。无论是单一制国家,还是联邦制国家,都有一些事权只能由中央政府行使,一部分事权主要由地方政府行使,还有一些事权由中央政府与地方政府共同行使。国家对于哪些行政权力专属中央政府或地方政府或由二者共同行使,一般都通过宪法

---

① 张千帆:《主权与分权——中央与地方关系的基本理论》,《国家检察官学院学报》2011年第2期。

② 应松年、薛刚凌:《论行政权》,《政法论坛》2001年第4期。

或法律加以规定,各国宪法或法律对于行政事权的纵向划分采取的文本表达方式大致可以归纳成类。世界各国在央地政府间事权的配置上虽然都具有各自的特点,但总体来说仍然表现为两种倾向,或倾向于事权相对集中于中央政府,或比较注重地方政府的事权,使政府行政权力相对分散。事权的行使及实现需要通过物质手段完成,因此,事权与财权相匹配是世界各国行政权纵向配置的重要原则。分析和探究典型国家中央与地方事权、财权配置实践模式,对于科学划分我国中央与地方政府间事权、财权具有借鉴意义。

(一)中央和地方政府间行政事权划分的类型

王浦劬教授认为,公共事务的基本属性,尤其是其经济属性是央地政府事权划分的基本依据。全国性公共事务由中央政府行使行政权力、地方性公共事务由地方政府行使行政权力,中央与地方混合性公共事务则由中央政府和地方政府共同行使行政权力。① 因此,政府行政事权可以划分为中央行政事权、地方行政事权以及中央与地方共同行政事权三类。

1.中央行政事权

中央行政事权指由中央政府行使的管理事务权力。中央行政事权具有以下特征:一是中央行政事权涉及事项一般具有全国性,或者关乎国家主权统一、整体社会经济秩序,或者属于国家宏观制度、政策的构建;二是中央政府是中央行政事权的承担主体;三是中央行政事权的主要财政支出来源于中央财政。中央行政事权的全国性、主权性和整体性的特点在很多国家宪法关于中央政府权力的规定中得以体现。例如,美国国家行政权属于总统,总统领导的美国联邦政府的事权范围由国会制定的法律确定,联邦政府事权行使范围由联邦宪法第一条第八款所规定的国会具有专属立法权的事项构成。美国联邦

---

① 王浦劬:《中央与地方事权划分的国别研究与启示》,人民出版社 2016 年版,第 29 页。

政府事权范围基本包括了国防、外交、税收、货币、州际管理、社会安全保障等具体事项；德国《基本法》在第八章"联邦法律之执行和联邦行政"章节中，将外交、联邦财政、为国防而设立武装部队、联邦空运、铁路、水路与航运、邮政、货币发行等事项列入联邦政府行政事权范围；日本现行宪法第73条对中央政府的事权作出一般性规定：除了一般的行政事务外，内阁还负责法律的执行、外交关系的处理、条约缔结等事项。根据日本《地方自治法》第1条的规定，"中央政府重点承担在国际社会中与国家生存相关的事务，需要规定全国统一的事务以及需要统一的关于地方自治基本准则的事务，需要全国规模或立足于全国角度的事务。"①

2.地方行政事权

地方行政事权指由地方政府行使的管理事务权力。地方行政事项一般具有以下特征：一是多数地方行政事权涉及事项关系本地方经济社会发展。地方行政事权一般包括中央委托各地方执行的事项、各地方执行中央立法确定的事项和各地方保留给自己的事项。以上各类事项在地方执行的过程中，一般都与地方经济社会发展密切相关；二是地方行政事权的执行主体是地方政府；三是地方行政事权的财政支出主要来源于地方财政。例如，英国于1998年颁布的《苏格兰法案》中，在列举中央对国家主权、宏观经济、全国性社会管理等事项的专属权力的同时，也列举了苏格兰地方对地方司法、交通、旅游、教育、环境保护等事项的专属权力；德国《基本法》中没有明确规定由联邦中央管理的事务，都可以纳入地方各州政府的行政管辖权范围。因此，在央地政府事权的实际划分实践中，德国地方各州政府行使的管理权包括执行联邦法律所涉及的地方社会、文化、教育、卫生、体育、区域环境等各类事项，也包括各州保留的对地方行政、财政、法律事务及司法、地方经济管理等事项；日本宪法第八章

① 王浦劬：《中央与地方事权划分的国别研究与启示》，人民出版社2016年版，第354页。

规定了地方自治,《地方自治法》第1条第2项确定与居民日常生活接近的行政事务尽量委托给地方政府,第2条规定地方政府处理的地方事务以及基于法律或政令规定的事务。实践中,日本地方政府的事权囊括了除中央政府专属的外交、国家安全保障等权力以外的几乎所有国内事务。

3.中央与地方共同行政事权

在一个主权国家范围内,总是存在跨地区并且与多个地方政府有关的事务,对于这些事务,中央政府掌握更加全面准确的信息,能够进行全方位的考虑,做出相对更为科学的决策。该类事务的具体执行却有赖于地方政府,一方面,各地方政府更加具体地了解本地区的实际情况,能够更准确地回应本地区居民的实际需求;另一方面,在执行所需要的机构和人员方面,地方政府比中央政府拥有更多的资源,有利于跨地区事务在各自区域内的有效执行。对于该类事务的管辖,中央和地方都拥有行政权,被称为中央与地方共同事权。

中央与地方共同事权具有以下特征:一是共同行政事权往往涉及跨地区的、与多个地方政府及民众利益相关的事项;二是共同行政事权的决策主体是中央政府,执行主体是地方政府或中央政府与地方政府共同执行;三是共同行政事权执行财政支出来源于中央财政或中央财政与地方财政共同承担。例如,德国《基本法》在第八章第91条规定,在各地方成员邦政府所执行的任务中,如果该任务具有整体意义而联邦政府的参与成为必要时,这些事项应该成为中央和地方共同的行政事项范围,具体包括大学的建立、地方经济结构、农业结构和海防的完善等方面。对于以上事项的执行,联邦政府和各州政府共同承担财政支出责任。

(二)政府间行政事权纵向划分的法律文本表达方式

国家权力的纵向配置多数情况下由一国宪法或法律加以规定,各国在法律文本表达方面各有侧重。政府间事权纵向配置的法律文本表达方式在很大程度上受到国家结构形式的影响,因此,单一制国家和联邦制国家在中央和地方行政权配置的法律文本表达方式上存在较为明显的差异。联邦制国家一般都在宪法中明确限定中央政府所拥有的权力,而地方政府享有较大的自治权;单一制国家一般不以宪法的形式划分中央与地方政府的权力,往往通过中央立法的方式授予地方政府某些权力,行政权整体性地归属中央政府,地方政府的权力来源于中央。

1. 单一制国家中央政府与地方政府行政事权划分方式

单一制国家的宪法中几乎没有对于中央与地方政府行政事权具体事项范围进行列举的,大多数国家的宪法只规定中央与地方行政事权划分的原则,而普通法律列举中央与地方政府的具体行政事权范围。法国、日本及英国都属于采取以上法律文本表达方式的典型国家。

作为英美法系传统发源地的英国没有一部成文宪法,具有宪法性质的法律、不成文宪法性惯例以及宪法制度判例共同构成英国"宪法"。中央与地方政府行政事权的配置主要在宪法性法律中有所体现。1998 年英国议会通过了《苏格兰法案》、《北爱尔兰法案》和《威尔士政府法案》三个宪法性法律。我们以分权最为彻底的《苏格兰法案》为例来考察英国央地政府事权配置状态,该法案规定中央政府对国家外交、国防安全、宏观经济货币政策、全国交通、核安全、社会福利等涉及国家整体发展、全体公民福祉等领域的行政事权保留;关于农林渔业、地方经济发展、教育卫生、文化艺术等与地方及其公民生活相关的事务权力则下放给各地方政府。该法案看似把中央政府保留以外的事权都归属地方政府,但在实践操作过程中,"中央政府拥有多种手段实现对地方政府的干预和监督。"①例如,英国中央政府设置专

---

① 谢庆奎:《政治学概论》,中国社会科学出版社 2005 年版,第 50 页。

门处理地方事务的事务部,并且由内阁成员担任事务部领导;地方财政支出被中央政府严格控制,中央政府承担大约50%的地方财政支出。

法国和日本宪法对于中央与地方行政事权划分并没有作出具体列举,而是通过通用法律对此做出规范。法国宪法第34条列举了中央行使立法权的事项,范围极其广泛。虽然宪法中对中央政府行政事权没有进行明确列举,立法领域的中央集权使得中央政府行政权力也实现集中,地方政府事权来源于中央授予。在宪法确定中央决定地方政府事权的前提下,普通法及大区、省、市镇的各类法律中规定了一系列关于中央地方政府事权划分的规则。1982年的《关于市镇、省、大区权利和自由法》分别列举了市镇、省、大区自治事务的事项范围,各级地方政府在法律规定的范围内行使行政事权;①日本宪法第73条只规定了中央政府(内阁)处理"一般行政事务",而并没有具体列举中央政府事权范围。第92条明确了"遵循地方自治的宗旨",也没有具体列举地方政府事权范围。日本关于中央与地方政府事权划分的规定主要见于《地方自治法》。该法第1条采用列举的方式将中央政府事权限定在国家本身必须的事务、需要全国统一的事务和需要从全国整体进行规划的事务三个方面。第2条将地方政府处理的事务分为自治事务和法定受托事务两类。该法对自治事务的具体事项没有进行列举,凡是法定受托事务以外的都属于自治事务。法定受托事务项目在《地方自治法》的附表中作了具体的列举,其中涉及200多项法律。例如,附表中列举了《国民健康保险法》中第17条第1项、第24条第4、5项、第25条第1项等大约40项事务属于地方政府的法定受托事务。②

2. 联邦制国家中央政府与地方政府行政事权划分方式

联邦制国家行政事权的纵向配置主要通过联邦宪法确定。宪法对于中央

---

① 董礼胜:《欧盟成员国中央与地方关系比较研究》,中国政法大学出版社2000年版,第140—141页。

② 王浦劬:《中央与地方事权划分的国别研究与启示》,人民出版社2016年版,第357—359页。

与地方行政事权划分有两种具体形式：一是宪法列举联邦中央政府的事权范围，各地方政府事权采取概括保留的方式；二是同时列举中央和地方政府事权项目范围，剩余事权归属联邦政府。

（1）宪法列举联邦政府事权，剩余事权归属地方政府

多数联邦制国家倾向于地方政府分享国家权力，在行政事权的纵向分配上，主要的联邦制国家都采取宪法明确列举联邦政府事权范围，剩余权力由地方政府保留的形式。联邦政府享有宪法规范内的有限事权，而各地方成员政府享有的事权是无限的。例如美国、德国等国都采用这种方式。

从美国宪法所采用的"权力"和"职权"的表述，可以判断美国联邦立法权与行政权的一致性。因此，《美利坚合众国宪法》第1条第8款中规定的国会专有权力同时也是联邦政府专有权力。美国宪法列举了联邦政府专有的包括联邦财政、国防、劳资管理、州际通商等方面的18项事权。同时，宪法还分别规定了禁止联邦行使的事权（第1条第9款）和禁止各州政府享有的事权（第1条第10款）。第十宪法修正案中明确了不在宪法规定授予中央的或禁止地方各州行使的权力，都归属地方各州。美国宪法在行政事权纵向配置上采取了通过宪法列举的方式限制联邦政府权力，保障了各州及地方政府享有充分、广泛的事权空间；德国《基本法》第87至90条详细列举了联邦政府行政事权范围，包括外交事务、国防安全、联邦财政、中央银行、交通运输等领域。同时第91条规定联邦政府与各地方政府所享有的共同事权。在基本法规定专属联邦中央政府享有的事权以外，其它事项都属于各地方政府管辖的范围；《俄罗斯联邦宪法》第71条列举了涉及国家统一、外交、联邦机关组建、联邦财政经济、交通通信、重大科技等领域的18项联邦政府专属事权。俄罗斯宪法没有明确地方政府的事权范围，而是在第73条笼统规定了地方政府拥有联邦管辖范围和职权范围以外的一切国家权力，即保留事权属于地方政府拥有。

（2）宪法列举中央和地方事权，剩余权力归属联邦政府

多数联邦制国家倾向于地方分权，但也有表现为中央行政权力相对集中的联邦制国家。此类国家在宪法中同时列举中央和地方政府事权,并且规定剩余行政事权归属联邦中央政府。印度是采用此类行政权力纵向配置方式的典型国家。印度关于中央与地方行政权的划分"总的原则是谁立法则由谁执法,对于共享立法事项,则主要由邦来执法,除非宪法和联邦国会立法另有规定"①。印度现行宪法第 246 条规定了中央与地方立法权的分配,确定了中央专属立法权、各成员邦立法权以及中央与地方联合立法权三类,并且在第七附表中具体列举了 97 项联邦专属职权、66 项各邦职权以及 47 项中央与各邦兼有职权。其中联邦专属职权的第 97 项规定,凡是未被列入联邦专属职权和地方各邦职权的事项都属联邦管辖范围。以上规定既是对中央与地方立法权的分配,也是对行政权力的纵向安排。因此,印度宪法明确列举中央和地方政府行政事权范围,并将剩余权力保留给联邦中央政府。同时,宪法还确定联邦中央政府在特定情形下对各地方成员邦政府下行政指令的权力。例如第 256 条规定为保证执行中央法律、第 257 条规定为重要(具有全国意义和军事意义)交通线的管理,联邦政府可以向地方各邦政府下达指令。

(三) 中央与地方财政事权划分模式的比较分析

作为行政权重要组成内容的财政权力具体包括财政收入权力、财政支出权力和财产管理权力,其中财政收入和支出权力是其重点内容。一个主权国家中央与地方政府间财政权的纵向配置是国家行政事权配置结构的重要表现,对各级政府的事权行使和实现具有决定性作用。因此,财政权力纵向配置形态对于中央与地方政府职能的科学界定、各级政府行为的规范、财权与财力相关法律制度的完善具有深远意义。市场经济相对成熟的国家在财政权力纵向配置方面的制度也相对完备,并且一般都是通过法律规范形式加以确定。

---

① 周小明:《印度宪法及其晚近变迁》,华东政法大学 2013 年博士学位论文。

由于国家结构形式、市场经济发展状况以及历史传统方面存在的差异,各发达国家的财政权纵向配置的制度安排各有特色,但总体来说,基本可以归纳为财政权中央集中型、适度集中型和分散型三种基本模式。

1.中央集中型模式

财政权中央集中型是指财政权力在中央政府的集中,具体体现在中央通过掌握税收立法权实现财政收入的中央集中,以及通过立法规定事权中央集中使得中央掌握财政支出的控制权。国家结构的中央集权基本特性决定采用此类财政权配置模式的大多为单一制国家,典型国家如法国和英国等。

(1)法国的财政权力配置

根据法国现行宪法第34条、《关于市镇、省、大区权利和自由法》以及《法国税法典》的相关规定,法国在税收立法、执法以及收入权等方面都体现中央集权的典型特征。法国国家税收立法权由中央立法机关掌握,各税种的征收管理由中央作出统一规定,中央财政部门据此制定具体实施细则和方案。全国税收执法的所有环节都由中央税务机构统一负责,地方没有专门的税收管理部门,中央统一征收所有税收后,按法律规定的税种再向各地方进行分配。各地方政府只能在一定范围内就本地区部分税收税率行使决定权、征管权及税收减免权。在税种的划分上,大宗的、税源稳定的税种都划归中央,例如消费税、交易税、个人所得税、公司所得税、关税、印花税、增值税和遗产税等,这些税种征收所得全部归中央政府,不与地方分成。归属地方政府的大多是小型的、税源变化较大的税种,例如专利税、电力税、建筑地产税、非建筑地产税、财产转移税、娱乐税和房地产税等。因此,中央财政收入在整个国家财政收入中所占比例大大超过地方财政收入比例(见表5-1),地方财政在很大程度上依赖于中央。

对于中央和地方在税收收入上的巨大差异,中央采取转移支付的方式,通常通过一般性补助和专项补助加以平衡。中央掌握全国大部分财力,地方财政支出的相当一部分来源于中央,这种财政权的中央集中实现了法国中央对地方的极强控制。

表5-1　法国中央政府与地方政府税收收入①

(单位:10亿欧元、%)

年份	总税收收入	中央政府		地方政府	
		税收收入	所占比例	税收收入	所占比例
1980	99.5	86.1	86.5	13.4	13.5
1985	173.9	144.8	83.3	29.1	16.6
1990	231.1	188.9	81.7	42.2	18.3
2000	318.2	256.8	80.7	61.4	19.3
2005	374.2	292.1	78.1	82.1	21.9
2007	383.6	275.7	71.9	107.9	28.1
2009	343.6	227.0	66.1	116.6	33.9
2010	363.7	274.9	76.6	88.8	23.4
2011	389.6	270.6	69.5	119	30.5
2012	409.4	285.5	70.0	123.6	30.0

(2)英国的财政权力配置

英国作为单一制国家,财政权力的配置充分体现了中央集权的特征。英国中央对地方实行严格的财政控制,一方面通过立法控制地方的税种和税率,另一方面对地方财政支出设置限制。在税收立法权方面,所有关于税收的方案由议会批准。英国实行严格的分税制,中央和地方政府预算收入按税种划分。所得税、资本利得税和利润税全部(100%)、货物与劳务税几乎全部(99.97%)、财产税的一半以上(52.63%)归属中央政府,而地方政府只能分享0.03%的货物与劳务税和47.37%的财产税。英国全国绝大部分的税收由中央政府所有,2011—2015年的几个财务年度中,"英国中央与地方政府税收

---

① 数据来源:法国统计局(INSEE):http://www.insee.fr/en/themes/comptes-nationaux/tableau.asp? sous_theme = 32&xml = t_3205;3.205 - Expenditures and receipts of local government (S1313)(Billions of Euros)。

收入占比分别为 94.09% 和 5.91%"。① 在财政支出方面,由于中央掌握国家的绝大部分财力,公共财政支出的绝大部分由中央政府承担。在 2014—2015 财年中,"英国中央政府支出约占全国公共预算支出的 76%,地方政府的财政支出约为 23%,国有企业支出约为 1%。"②英国中央政府对于地方财政支出缺口通过补贴和税收返还的方式进行平衡,具体形式有按照人口比例进行财政拨款、营业税返还和经常性及资本性补贴。来自中央政府的各种形式的转移支付构成英国地方政府 50% 以上的财政收入。"在 2009—2014 财年间,英国地方政府每年的总收入中,约有 58%—74% 来自中央政府的各种补贴和转移支付。"③在向地方政府进行大量的转移支付的同时,英国中央政府对地方实行严格的财政支出控制。例如,"通过严格的财政手段,禁止地方政府在任何年度支出超过出售市政房屋所得的 25%。"④

2. 适度集中型模式

在采取财政权适度集中型模式的国家,财政立法权集中于中央政府,而财政执行权呈分散状态;财政收入权由中央政府集中掌握,而财政支出权相对分散。日本和德国是采取适度集中型模式的典型代表。

(1)日本的财政权力配置

日本是单一制国家,中央集权的特征在财政权配置上体现为财政立法权和收入权在中央的集中。日本《宪法》规定税收立法权集中于中央(国会),而《地方自治法》、《财政法》和《地方财政法》确定了中央和地方兼顾型的税收

---

① 薛迎迎:《政府事权与支出责任匹配的国际比较与启示》,《财会月刊》2018 年第 11 期。

② 黄景驰、蔡红英:《英国财政事权及支出责任机制研究》,《河南大学学报》(社会科学版)2016 年第 1 期。

③ 黄景驰、蔡红英:《英国财政事权及支出责任机制研究》,《河南大学学报》(社会科学版)2016 年第 1 期。

④ [英]奈杰尔·福尔曼、道格拉斯·鲍德温:《英国政治通论》,张勇等译,北京大学出版社 2009 年版,第 182 页。

制度。日本实行分税制,即中央与地方分级征收中央税与地方税,并且进行分别征收管理,大藏省负责管理中央税,而总务省负责管理地方税。所得税、法人税、消费税、关税、印花税等税种都归属中央税范围。地方税主要包括道府县民税、地方消费税、财产税、事业税、轻油交易税等税种。由于中央税包揽了各种收入规模大、稳定的税种,中央政府的税收收入显然大于地方税收收入。(见表5-2)

表5-2　日本中央与地方政府税收收入① （单位:10亿日元、%）

年份	总税收收入	中央政府		地方政府	
		税收收入	所占比例	税收收入	所占比例
2000	88267	52721	59.73	35546	40.27
2005	87095	52291	60.04	34804	39.96
2010	78023	43707	56.02	34316	43.98
2011	79346	45175	56.93	34171	43.07
2012	81510	47049	57.72	34461	42.28
2013	84890	49516	58.33	35374	41.67

日本中央与地方的税收收入比例大致为60:40,但中央与地方政府的财政纯支出比大约为40:60。地方政府财力与支出的缺口通过中央政府以各种形式的转移支付来平衡,中央对地方转移支付在地方财政总支出所占比例大约为30%—35%(见表5-3)。日本的地方财政支出包括都道府县和市町村两级地方政府的财政支出。中央政府对地方的转移支付主要通过国库支出金、地方交付税、都道府县支出金、地方让与税以及地方特例交付金等方式实现。20世纪90年代开始的分权运动中,日本在中央和地方关系上作出了较大的改革。一方面,通过对税源分配制度、地方政府自主财源等方面的改革,增加了地方政府的财力和自主性;另一方面,通过政府制度改革,使得中央政

---

① 资料来源:根据日本总务省统计局网站 http://www.stat.go.jp/data/nihon/05.htm《地方财政统计年报》和《日本统计年鉴2016》数据整理。

府承担更多的事权。因此,虽然中央与地方财政支出相对比例变化趋势看似与地方分权改革不一致,实际上地方政府在事权没有增加的前提下,财力和财政自主性得到加强。

表 5-3　日本政府财政支出①　　　　　　（单位:10亿日元、%）

年份	全国纯支出	中央政府		地方政府		中央对地方转移支付	中央对地方纯转移支付在地方总支出中占比
		中央纯支出②	所占比例	地方纯支出③	所占比例		
1990	120107	41721	34.73	78386	65.27	27548	35.10
1995	147389	48548	32.94	98851	67.06	27391	27.68
2000	157118	59551	37.90	97566	62.10	29770	30.50
2005	147096	56432	38.36	90665	61.64	29088	32.07
2010	157841	63215	40.05	94626	59.95	32097	33.87
2012	160508	64242	40.02	96266	59.98	32845	34.06
2013	164308	67013	40.78	97296	59.22	33176	34.06
2014	148901	66130	44.41	82770	55.59	29752	35.69
2015	151486	66787	44.09	84699	55.91	29555	34.66

（2）德国的财政权力配置

东德西德统一后,一方面为了巩固国家统一,需要积极支持东部五州的重建,另一方面为顺应基层分权、地方自治以及公民社会自主意识的成长,在中央与地方政府财政权配置上构建了"适度集中、相对分散型"模式。联邦政府在全国整体财政权力和资源的分配上具有数量和比重双方面的优势,同时,基于"政治信任和自我管制原则"④,赋予各地方政府较大的财政自主权。

德国《基本法》确定联邦中央拥有联邦专属财政立法权和联邦财政一般原则立法权。联邦中央拥有对于联邦财政原则性规定的制定权以及对包括国

---

① 资料来源:根据日本总务省统计局网站 http://www.stat.go.jp/data/nihon/05.htm 数据整理。

② 中央纯支出为中央总支出扣除中央对地方转移支付部分。

③ 地方纯支出为地方总支出扣除地方对中央政府的少量上交。

④ 罗湘衡:《德国联邦制下府际财政关系研究》,南开大学 2014 年博士学位论文。

家货币、关税等 14 个方面的专属立法权,使得联邦中央在中央与地方政府间财政关系的立法方面处于主导地位。德国联邦各州在一定限度内可以对地方财政进行立法,发挥着对国家财政立法的补充作用。德国的地方财政立法权包括联邦中央与地方竞合立法权和根据"剩余权归属原则"确立的地方专属财政立法权。①

税收收入是德国财政收入主要来源,德国实行以共享税为主的专享税与共享税并存的分税制。属于联邦或各地方政府专属的税权由各级政府单独享有,共享税收入在各级政府之间按照一定的比例分享。个人所得税、公司所得税、增值税和进口增值税属于共享税,"共享税收入占全部税收收入的70%"②。联邦专有税包括消费税、环境税和保险税等税种,州专有税包括房地产转让税、消防税、继承赠与税等税种,市乡镇专有税包括娱乐税、企业房地产税、渔猎税、证照税等税种。三级政府的专有税约占全国税收总收入的30%。税收收入在各级政府间的分配方面,三级政府间税收比例一直比较稳定的大致处于 44∶42∶14 状态。(见表 5-4)③

表 5-4　德国各级政府税收收入比例　　　　　　(单位:%)

年份	2000	2005	2010	2011	2012	2013	2014
联邦政府	44.7	44.2	44.7	45.2	44.6	44.2	44.2
州政府	42.4	41.8	41.5	40.8	41.2	41.5	41.6
乡镇市政府	12.8	13.9	13.8	14.0	14.1	14.3	14.2

根据财权与事权相对应原则,德国各级政府在各自所拥有事权范围的事项承担财政开支。联邦政府主要承担执行全国性事务所产生的财政支出,地

---

① 许闲:《德国权力制衡模式下的政府间财政关系》,《经济社会体制比较》2011 年第 5 期。

② 傅光明、傅光喜:《德国政府间财政关系法对我国财政立法的启示》,《预算管理与会计》2017 年第 8 期。

③ 王德祥、李昕:《德国合作型财政联邦制和分税制模式及启示》,《江西财经大学学报》2017 年第 6 期。

方政府承担地方事务的支出,共同事务或者需要联邦政府与地方政府协调合作的事项由联邦政府与地方政府共同承担财政支出。财政支出在德国三级政府间的比例大致处于40∶37∶23的相对稳定状态。(见表5-5)①

表5-5　德国各级政府支出比例　　　　　　(单位:%)

年份	2000	2005	2010	2011	2012	2013	2014
联邦政府	40.1	40.5	41.5	40.3	40.8	39.4	38.1
州政府	37.8	37.4	35.8	36.7	36.6	37.2	37.8
乡镇市政府	22.1	22.0	22.7	22.9	22.5	23.3	24.0

德国各级政府间财政支出比例显示了联邦中央财政与地方财政支出的不平衡,但也一定程度地反映了德国财政的分散性,表明地方政府具有一定的财政自主权。德国联邦政府与地方政府间的财政不平衡主要通过垂直型转移支付解决。垂直型转移支付具有两种方式:一是联邦中央政府与各州地方政府进行税收分享;二是联邦中央政府向财政能力弱的州提供财政援助。除了垂直型转移支付,水平型转移支付制度是德国财政制度的重要内容,也是德国所创造的财政特色制度。德国设立均等化基金,财政能力强的各州向基金贡献财政收入,而财政能力弱的州从基金中获得财政资助,通过均等化转移支付使得弱州的财政能力达到全国平均水平的95%。从转移支付的额度考察,垂直型转移支付在平衡各州财力方面起着主要作用,水平型转移支付则发挥了补充性功能。

3. 分散型模式

政府间财政权力纵向配置的分散型模式是指各级政府分享财政权,包括财政立法权、执法权和司法权。采取分散型模式的国家地方政府具有较强的

---

① 王德祥、李昕:《德国合作型财政联邦制和分税制模式及启示》,《江西财经大学学报》2017年第6期。

财政自主权,有利于各级政府自主组织和支配财政资源。分散型模式在联邦制国家得到更多的体现,美国是其中的典型代表。

在美国,联邦中央和各级政府分别拥有税收立法权、征收权和管理权。在坚持宪法至上原则的基础上,联邦、州和地方三级都具有税收立法权。联邦税法在各州得到实施并起着主导作用,各级政府都有在宪法范围内不与联邦法律相冲突的独立税收结构体系。美国各级政府共享税收收入,但各级政府都有自己的主体税种,根据《国内收入法典》的规定,属于联邦政府的税种有个人所得税、公司所得税、社会保险税、关税、消费税等。特别是社会保险税、个人所得税和公司所得税是整个联邦整体税收收入的主要来源,因此联邦政府通过掌握这三项税种实现从财政上对各级地方政府的限制。对于一些重要的税种,各级政府通过分享税率的方式征收。例如州政府的主体税种是销售税、社会保险税和个人所得税,地方政府的主体税种是财产税和销售税。税收收入是各级政府财政收入的主要构成内容,由于联邦政府掌握关键税种的主导权,在财政收入方面也大大超过各级地方政府。(见表5-6)①

表5-6 美国联邦、州、地方政府财政收入 (单位:万亿美元、%)

年份	全国总收入	联邦政府		州政府		地方政府	
		联邦收入	所占比例	州收入	所占比例	地方收入	所占比例
2002	3.30	1.85	56.06	0.76	23.03	0.68	20.61
2003	3.46	1.78	51.45	0.93	26.88	0.74	21.39
2004	3.89	1.88	48.33	1.19	30.59	0.82	20.08
2005	4.24	2.15	50.71	1.23	29.01	0.86	20.28
2006	4.70	2.41	51.28	1.36	28.94	0.93	19.78
2007	5.17	2.57	49.71	1.57	30.37	1.03	19.92
2008	4.67	2.52	53.96	1.14	24.41	1.01	21.63

---

① 数据来源:根据"美国联邦、州和地方政府直接财政收入"数据资料整理。参见李建军:《美国地方政府的支出责任和地方税收:经验与启示》,《公共财政研究》2016年第6期。

续表

年份	全国总收入	联邦政府		州政府		地方政府	
		联邦收入	所占比例	州收入	所占比例	地方收入	所占比例
2009	3.67	2.10	57.22	0.64	17.44	0.92	25.07
2010	4.72	2.16	45.76	1.46	30.93	1.09	23.09
2011	5.10	2.30	45.10	1.68	32.94	1.12	21.96
2012	4.90	2.45	50.00	1.37	27.96	1.08	22.04
2013	5.56	2.78	50.00	1.66	29.86	1.12	20.14
2014	5.85	3.02	51.62	1.66	28.38	1.14	19.49

美国联邦、州和地方三级政府的财政支出责任与法律规定的各级政府的事权范围直接相关,各级政府承担各自专属事权范围内事项的执行支出。美国各级政府的财政支出更多地倾向于公共服务及社会管理,一般不参与经济和企业活动。联邦政府的财政支出基本相当于各级地方政府财政支出的总和。(见表5-7)[①]

表5-7　美国各级政府财政支出在全国总支出中的比重　　(单位:%)

年份	联邦政府	州政府	地方政府
2002	49.51	22.66	27.85
2003	49.88	22.63	27.48
2004	50.22	22.37	27.41
2005	51.03	22.11	26.82
2006	51.65	21.75	26.60
2007	50.74	21.75	27.51
2008	51.20	21.65	27.15
2009	54.07	20.58	25.35
2010	52.66	22.22	25.11
2011	53.25	22.34	24.41

[①]　李建军:《美国地方政府的支出责任和地方税收:经验与启示》,《公共财政研究》2016年第6期。

续表

年份	联邦政府	州政府	地方政府
2012	52.91	22.42	24.66
2013	52.51	23.14	24.35
2014	53.18	22.88	23.94

美国地方政府的事权和财权,收入和支出之间存在明显的不匹配,所产生的财政支出缺口主要通过联邦政府的转移支付进行平衡。美国联邦政府对州和地方政府的转移支付主要通过财政补助和拨款实现,具体包括总额资助制度、专项补助和分类补助等形式。"美国州和地方政府的财政收入相对于联邦政府而言是非常少的,尤其是地方政府,政府的补助几乎占据了其整个财政收入的一半。"①

美国联邦政府对各级地方政府的转移支付既加强了中央对地方的宏观调控,又赋予地方政府对本地区经济社会发展的自主权。

(四) 借鉴与启示

综观以上各典型国家行政事权纵向配置模式,虽然由于政治、经济、文化及历史传统各方面存在的差异,各国在行政事权的具体配置上具有各自的特点,但是其中仍然可以概括出具有共性的规律,这些规律对于我国中央与地方行政事权纵向配置具有借鉴意义。

1.通过法律形式规范各级政府行政权

无论是单一制国家还是联邦制国家,发达国家大多通过宪法和相关法律明确划分中央和地方政府行政权力,包括事权、财权的范围。各国或是在宪法中,或者通过普遍法律具体列举中央和地方的立法权与行政权范围。以法律

---

① 刘丽、张彬:《美国政府间事权、税权的划分及法律平衡机制》,《湘潭大学学报(哲学社会科学版)》2012年第6期。

规范形式对各级政府行政事权的详细列举有利于明确各级政府的具体任务、权力和责任,具有很强的操作性。例如美国宪法对联邦政府权力的列举,德国基本法对于联邦政府权力、州政府权力的列举,日本《地方自治法》对中央政府事务、地政府事务的列举等。除了宪法以外,有些发达国家通过法律规范中央与地方财政关系,如德国的《德国财政平衡法》。制定专门的法律规范中央与地方政府之间的财政关系,有利于科学划分各级政府的财政事权和支出责任,完善税收和转移支付制度。

2. 事权与财权相匹配

在以法律形式确定各级政府事权范围的基础上,必须为各级政府配置有效执行事权范围内事项应该具有的财权。为了保证主权国家的统一,无论是集权型国家还是分权型国家,从事权层面,一般都将关系国家安全、统一、对外关系以及具有全国性意义的事项划为中央政府的事权范围;从财政权层面,都将收入大、并且稳定的税种划为中央政府税收征收范围,从而在财政收入上使得中央在不同程度上高于地方政府财政,以实现对地方政府的有效控制。发达国家在事权法律确定的前提下,能够通过法律及各种不同层次的规范,在各级政府承担事权的基础上对它们的支出责任进行科学划分,实现事权与财权的基本匹配。我国在中央和地方政府财政事权和支出责任方面划分存在不科学之处。有些领域中央承担了本应地方负责的事务,而有些领域地方实际承担了更适宜中央承担的事项。地方实际承担的事务责任与其财政支出能力不匹配。因此,借鉴和吸收一些行政权力配置制度相对成熟国家的有益经验,有利于推进我国中央与地方政府行政权力的科学划分。

3. 集权与分权相结合

无论是联邦制国家,还是单一制国家,一般都通过宪法规定联邦中央与各地方享有一定程度的行政权,只是有的国家倾向于集权,即中央政府享有更多的权力,而有的国家更倾向于中央政府与地方政府分享权力。而且这种分权与集权的特点与国家结构形式没有必然的联系,在一些联邦制国家中,中央政府集权的程度并不亚于一般单一制国家,例如印度。而在单一制国家中,也有地方分权程度较高的,例如英国。即便在典型的分权型国家美国,联邦中央政府在财政权力的拥有上,也是完全超过各级地方政府总和,由此能够实现对地方进行有效的宏观调控。而作为传统中央集权单一制国家的法国和日本,近几十年的分权运动也进行的如火如荼,采取各种改革政策或措施赋予地方政府更多的行政自主权。集权与分权相结合是各国政府行政权力纵向配置所呈现的基本状态,只是每个国家各自具有自己的侧重方向和领域。因此,借鉴发达国家行政权配置制度中的有益成分,有利于科学把握我国行政权配置过程中集权与分权程度,实现行政权力集中和适度分散的有机结合。

三、司法事权纵向配置的比较分析

对于司法权力的内涵,各国有不同的理解,在部分国家中,司法权在以审判权为主要内容的基础上,还涵盖了检察权,①而多数国家司法权主要指国家行使审判活动的权力,即法院的审判权。基于此,本节所探究的各国司法事权纵向配置制度是指各国法律关于法院审判权在各级政府间的划分状态。司法事权的纵向配置主要通过对法院设置、法官选任权的归属和司法经费的保障等方面进行分析探究。

(一)纵向权力结构中的法院设置及职权

单一制国家与联邦制国家关于各级政府权力来源建立在不同的理论基础

---

① 如我国虽然宪法中没有明确"司法权"的概念,但法律和政策层面都确认人民法院和人民检察院都属于司法机关,因此我国的司法权包括法院的审判权和检察院的检察权;一些国家如意大利,宪法规定司法职能由普通司法官行使,而意大利实行审检合署制,法官和检察官都属于司法官,因此,在意大利,审判权和检察权都属于司法权。

上,因此,各级法院的性质和设置方式也存在区别。

1.单一制国家的法院设置及职权

单一制国家强调司法权归属于中央,各地方法院的司法权来自中央授权,各级法院处于同一个司法体系。各级法院都由中央设置,地方政府无权设置法院。中央及各级地方法院设置的依据是宪法和国家制定的关于法院的组织法。下面以日本和法国为例做进一步的分析。

(1)日本的法院设置及其职权

日本宪法第76条规定司法权属于各级法院,从中央到基层设置了四级法院。中央设置最高法院,最高法院通过行使审判权、相关规则制定权、法令审查权和司法行政权实现对国家整体法院系统的统帅;在东京、名古屋、大阪等8个城市设置高等法院及若干分支机构,作为地方法院和家事法院的上诉法院审理上诉案件;在各都、道、府、县设置普通基层法院,包括地方法院和家事法院,一般作为一审法院;在全国各县设置简易法院,简易法院是法院体系中最低层级的法院,一般处理标的数额小、案情及审理程序简单的案件。日本实行三级终审制,案件终结前经过不超过三次的不同层级法院审理。当事人不服一审法院判决的,可以提出"控诉",由第二审法院审理,若不服第二审判决的,还可以提起"上告",由第三审法院审理,第三审判决作为终审判决终结诉讼程序。

日本最高法院不但行使审判权,还是法院系统的最高管理机构。最高法院可以制定关于法院内部纪律和司法行政规则,定期召开法官会议对财务支出、监督审计和人事任免等事项作出决议。最高法院以下的各级法院(除简易法院外)都设有本级的法官会议和事务局,在上级法院的监督下,行使本级或下级法院相关事务的司法行政权。

(2)法国的法院设置及其职权

行政与司法分离、民事与刑事合一是法国法院体系结构的特色。法国在司法权的配置中实行双轨制,即设立普通法院和行政法院两个各自独立的系统。

为保证司法独立,法院设置与行政区划管辖范围并不完全一致。公、私法是两个法院体系的管辖划分标准,普通法院管辖个体、社团之间的私行为引起的纠纷以及刑事案件,行政法院管辖个人与公法人之间的纠纷和行政机关的行为。

"普通法院系统包括 1 个最高法院、37 个上诉法院和 1000 多个一审法院。"①普通法院体系自下而上由初审法院、上诉法院和最高法院组成。其中初审法院包括民事初审法院和刑事初审法院。民事初审法院具体包含小审法院、大审法院和特殊民事法院。对于一般民事纠纷,按照涉及金额判断案件大小,较大案件由大审法院处理,较小案件由小审法院处理。特殊民事法院处理商事、社会保险、劳资争议、农事租赁等特殊民事纠纷案件;刑事初审法院具体包含违警法院、轻罪法院和特殊刑事法院。违警法院与轻罪法院的管辖权划分标准是可以判处刑罚的严重程度,较为严重的由轻罪法院审理,刑罚轻微的由违警法院审理。特殊刑事法院负责海商纠纷以及涉及军人和未成年人的刑事案件的审理。"从审理程序上来看,法国的民事、刑事案件大体采用二审终审制,部分案件采用一审终审制。"②

上诉法院受理不服一审判决提起的上诉案件,上诉法院不受理一审案件,是专门审理上诉案件的法院,对上诉案件具有排他的专属管辖权。上诉法院一般设立在大城市,每 2—4 省设立一个上诉法院。重罪法院一般设立在省会城市和经济商业中心城市,在设有上诉法院的地方,重罪法院设立所在地与上诉法院一致。重罪法院不是常设法院,主要负责审理重大刑事案件,也是唯一设有陪审团审理刑事案件的法院,对重罪法院判决不服的只能向最高法院进行复议,而无上诉权。

设在巴黎的最高法院是法国普通法院体系中位于最高层级的机构。"最

---

① 黄尔:《法国司法制度运行近况》,《中国检察官》2017 年第 21 期。
② 刘宇琼:《在自由与规制之间的动态平衡——法国司法制度及其对我国司法改革的启示》,《比较法研究》2017 年第 5 期。

高法院的主要任务是通过案件的审理保证法律的统一适用。"①最高法院对于受理案件的审查不涉及案件的事实部分，只对原审理法院的程序合法性和法律适用进行审查。通常情形下最高法院不对所受理的案件进行直接改判，如审查发现存在问题会指定相关法院重新审理，但最高法院有权对其所受理的案件原判决进行变更，并且作出终审判决。

行政法院系统的存在是法国司法权配置的独特之处，行政法院由一个行政机构逐渐演变成具有司法职能的机关，成为法国司法体系不可或缺的组成部分。行政法院负责审理行政案件，与普通法院并行，相互独立。行政法院体系由行政初审法院、行政上诉法院和行政最高法院构成。初审行政法院有权审理法律规定范围的本辖区行政案件，上诉行政法院专门受理对初审行政法院判决不服的上诉案件，最高行政法院审理初审和上诉行政法院的上诉案件。法国的行政诉讼原则上是三审终审制，特殊情况出现两审终审或一审终审。行政法院除了履行一般的审判职能以外，还具有咨询职能。例如初审行政法院在审理管辖范围内的行政案件的同时，还承担为省级长官提供咨询的任务；最高行政法院除了审理初审行政法院和上诉行政法院的上诉案件外，还负责向中央政府提供关于立法和行政等方面的咨询意见。

2. 联邦制国家的法院设置及职权

联邦制国家结构的分权理论基础决定了联邦制国家中央与地方分享国家权力的原则，在司法权的配置方面也不例外。美国和德国是典型的联邦制国家，在法院体系设置方面两国具有联邦制国家权力配置的基本特点，同时也有各自的独特之处。

（1）美国的法院设置及其职权

美国有联邦法院系统和州法院系统两个平行的、相互独立的体系。联邦法

---

① 曾涛、梁成意：《法国法院组织体系探微》，《法国研究》2002 年第 4 期。

院系统由依据宪法或国会立法成立的法院系统共同构成。联邦最高法院、联邦巡回法院(又称联邦上诉法院)和联邦地区法院是依据宪法成立的,依据国会立法成立的法院多数为各专门法院,例如国际贸易法院、税务法院、破产法院等。联邦法院管辖权包括与联邦宪法和法律相关的案件、联邦政府作为当事方的案件、不同州之间或其公民之间、本国人与外国人之间以及与外国政府代理人相关的案件等。在联邦法院体系的普通法院中,"除联邦最高法院以外,美国目前有 13 个联邦上诉法院和 95 个联邦地区法院"①。在联邦法院系统中,联邦最高法院处于最高位阶,受理各巡回法院的上诉以及各州法院审理的关于联邦问题的案件的上诉。联邦上诉法院审理对联邦地区法院判决不服的上诉案件,一般情况下联邦上诉法院的判决为终审判决,每年上诉到联邦最高法院的案件被受理的仅为少数。美国 50 个州被划为 90 多个司法区,每个司法区设立一个联邦地区法院作为联邦法院系统中的基层法院,负责对本司法区内属于联邦法院管辖范围内的案件进行初审,对初审判决不服的案件可以向联邦上诉法院上诉。

美国 50 个州都有自己的州法院系统,州法院系统受理美国绝大部分案件,包括刑事案件和民事案件。对于民事案件,州法院在法律适用方面选择范围极为宽泛,除了本州法律以外,还可以适用联邦立法和其它州的法律规范。由于各州法院是根据本州宪法和法律设立的,因此,各州的法院体系存在一定的差异。但是,各州法院体系还是具有通常意义上的共同构架,即由基层法院、正式的初审法院和州最高法院组成。具体来说,各州法院体系中包括的法院层级机构大体有以下几类:一是治安法官,一般设在县、市镇或乡镇,负责审理本辖区内的各种轻微的刑事或民事案件;二是市法院,各州的具体设置情况不同,例如小数额法院、警务法院、交通法院、夜间法院等。市法院作为治安法官的上一层级机构,是美国各州的基层法院,其管辖权各州法律规定不尽相同;三是郡法院,作为基层法院的上一层级机构,是正式的初审法院。郡法院

---

① 秦倩、李晓新:《国家结构形式中的司法权配置问题研究》,《政治与法律》2012 年第 10 期。

的初审管辖权范围涉及一个或多个郡,并往往在其名称中得以体现;四是上诉法院,是郡法院的上一层级机构,受理下层级法院的上诉案件。州法院系统中的相当一部分上诉案件在上诉法院完成终审;五是州最高法院,是州司法体系中最高层级的机构,也是终审上诉法院。除了少数案件,州最高法院对大多数在州各级法院提起诉讼的案件具有终审权。

美国的联邦法院与州法院是两个相互独立平行的体系,即双轨制。在双轨制下,联邦法院对各州法院没有领导权。两个独立的系统唯一的交集点是联邦最高法院。当案件涉及"实质意义的联邦性问题",并且用尽州司法系统中的所有救济手段后,案件可以从州最高法院移交至联邦最高法院。

(2)德国的法院设置及其职权

与美国具有联邦与州两个平行法院系统的双轨制,以及普通法院统一行使司法权、联邦最高法院行使最高司法裁判权的一元法院体制存在明显区别,德国具有联邦全国统一的司法系统,并且建立了在普通法院以外针对各种不同领域设立专门法院的多元法院体制。德国的司法权由统一的联邦法院系统行使,联邦法院系统由普通法院、宪法法院和专门法院三类构成,每一类法院都有从联邦到地方各州设立的法院机构,纵向形成各个法院系统。各类州层面的法院具有初审权和对下级法院审理案件的上诉审权,但不享有终审权,而联邦层面的法院除宪法法院和其它法律规定属于联邦法院专属管辖的案件外,一般没有初审权,但享有终审权。因此,德国完整的司法活动是通过联邦法院与州法院共同运作完成的。

宪法法院系统由联邦宪法法院和各州宪法法院构成。根据《联邦宪法法院法》的规定,联邦宪法法院设置两个法庭,"第一庭负责管辖宪法诉愿案、法规审查案和联邦众议院选举争议案等,第二庭负责审理基本权利案、宣告政党违宪案、对总统和法官提起的弹劾案、联邦与州及州与州之间的分歧案等"[1]。

---

① 刘诚:《德国法院体系探析》,《西南政法大学学报》2004 年第 6 期。

在案件审理过程中,宪法是联邦宪法法院唯一的依据。联邦宪法法院在"解释和适用宪法、根据宪法来监督和控制国家权力(尤其是立法权)方面发挥了至关重要的作用"①。宪法法院实行一审终审制。

普通法院系统由联邦最高法院,州高等法院、州地方法院和区法院四级组成。普通法院对刑事和民事案件拥有管辖权,实行四级三审终审制。联邦中央设置联邦最高法院,是普通法院系统中最高层级机构。16 个州中设置"20多个州高等法院,100 多个州地方法院和 600 多个区法院"②。区法院作为基层法院,受理标的数额较小的民事案件和判处刑罚较轻的刑事案件。州法院除了受理标的数额较大的民事案件和判处刑罚较重的刑事案件以外,还接受区基层法院的上诉案件。州高等法院受理不服下级法院判决而上诉的民事案件和初审严重的刑事案件,不受理刑事上诉案件。对于州法院判决不服的案件可以直接向联邦最高法院进行复审。联邦最高法院作为终审法院主要负责复审下级法院作出判决的案件和调整各州高级法院的判决差异。

专门法院是除了普通法院以外,对专门事务设立的法院,包括行政法院、财政法院、劳动法院、社会法院等。行政法院负责管辖国家行政机关侵犯行政行为相对人或第三人合法权利的案件。行政法院设置三个层级:州初等行政法院、州高等行政法院和联邦行政法院,实行三审终审制;财政法院是专门负责税收争议案件审理的机构,隶属联邦财政部行政管理。财政法院设置两个层级:州财政法院和联邦财政法院,实行二审终审制;劳动法院隶属联邦劳工与社会秩序部行政管理。劳动法院专门负责劳动纠纷,具体涉及与劳动协议相关的民事权利争议、工厂组织法争议等案件的审理。③ 劳动法院设置三个层级:地方(基层)劳动法院、州劳动法院和联邦劳动法院,实行三审终审制;

---

① 郑戈:《传统中的变革与变革中的传统——德国宪法法院的诞生》,《交大法学》2017 年第 1 期。

② 韩娜:《论司法权的配置》,西南政法大学 2017 年博士学位论文。

③ 沈建峰:《德国劳动法院的历史、体制及其启示》,《中国劳动关系学院学报》2015 年第6 期。

社会法院隶属联邦劳工与社会秩序部行政管理,专门审理社会保障纠纷,具体涉及社会保险、劳动促进法、护理保险、战争牺牲者援助等方面纠纷的案件。社会法院设置三个层级:地方(基层)社会法院、州社会法院和联邦社会法院,实现三审终审制。

(二)法官选任权模式分析

1.单一制国家的法官选任模式

单一制国家通常以任命的方式产生法官,并且法官的任命权由中央掌握,具体行使任命权的机构可以是国家元首、中央政府首脑或国家最高立法机关。例如英国,所有法官都由国家元首即女王任命产生。大法官由首相提名,女王任命。上诉法院、上议院法官由大法官推荐,经首相提名,最后女王任命产生;高等法院法官、巡回法官、记录法官、领薪治安法官经大法官提名,由女王任命;在一些特定地区,如威尔士和英格兰,治安法官由大法官直接任命。在日本,最高法院院长是由内阁提名天皇任命产生,其它法官由内阁直接任命。法国最高法院、上诉法院及大审法院的法官需要经最高司法委员会的提名后,由总统任命。其他基层法院法官则经最高司法委员会同意后,由司法部长任命;高等法院及各下级法院的所有法官均需经由最高法院提名,内阁任命。

在多数单一制国家中,由国家元首或政府首脑享有法官的任命权。而实际掌握法官任命权的是享有法官提名权的机构,一般具有任命权的主体很少对法官的拟任命提名行使否决权。在英国首相和大法官是真正决定法官任用人选的主体;最高司法委员会是对法国各级法官任命具有决定权的机构;内阁和最高法院是日本法官任命的实际掌控者。无论是中央政府、或者是国家最高司法机构,还是专门成立的国家独立司法委员会,这些对法官任选具有决定权的机构都是国家中央机构,总的来看,单一制国家的法官选任权由中央集中行使。

2. 联邦制国家的法官任选模式

与单一制国家法官普遍采用任命制模式不同,联邦制国家在法官选任过程中,既有通过任命方式产生的法官,也有通过选举方式产生的法官,美国的法官选任制度就是一个典型代表。

美国各级联邦法院的法官都是由任命方式产生,并且终身任职至辞职、退休或去世。美国宪法和国会立法规定总统对联邦法院法官具有提名权,提交参议院通过后,任命各级法院法官。美国联邦法院法官的产生过程中有几个关键因素:一是美国律师公会对候选人的评估。司法部在向总统推荐法官候选人之前,需要美国律师公会对候选人进行评估,并作出非常合格、合格、不合格的评估结论。律师公会对候选人的评估结论直接影响总统的提名;二是参议院的表决过程中各参议员对被提名人的认可。首先是被提名人获得其本人所在州的参议员的认可,其次是获得总统所在政党的参议员的认可。若不能被以上参议员认可,总统的提名很可能会被否决,因此,以上两方面也是总统在确定被提名人时需要充分考虑的因素。

美国各州法院法官的产生依据本州自己的法律规范,因此程序各不相同,通常具有三种形式:一是采用选举方式产生法官。美国多数州的法官都是通过选举的方式产生。采取选举方式的州中,有的通过普选、有的通过议会选举的方式进行。通过选举方式产生法官受政党因素影响较大,被某一政党提名是首要前提,并在该政党在选举中获胜的情况下才有可能成功;二是采用任命的方式产生法官。一般都由州长进行任命,但需要经过州议会或特定的机构批准。例如新泽西和特拉华等州法官在州长任命后还需获得参议院的批准;三是采用选举和任命混合的方式产生法官,亦称州民审查制。由于单纯的选举式和任命式都容易使法官的产生受政党的极大影响,因此很多州采用了混合方式的州民审查制。混合方式具有以下几个特点:第一,法官候选人并非由州长决定,而由专门的提名委员会确定;第二,州长在候选人中选任法官后需要经过州议会的确认;第三,经过一定期间后,法官是否能够连任需要通过选民的审查。密苏里州法官的选任方式典型代表了混合型模式。当法官职位出现空缺时,会进行候选人招募,提名委员会从众多应征者中确定若干候选人供州长选择,州长从候选人中任命法官。一年后选民对法官进行信任投票,获取选民信任的法官才能完成其所剩余任期的任职。这种混合方式在很大程度上减轻了法官选任过程的党派性和政治化色彩,因此在很多州被改良试用。

(三)司法经费保障机制分析

世界各国行使司法权的主体设置各不相同,司法经费使用的主体也各具特色,但是,法院是各国普遍配置的司法审判机构,法院经费是各国司法经费的主要组成部分,因此,本部分以法院经费制度为主要内容对各国司法经费保障机制进行考察。

1.单一制国家的司法经费保障机制

大多数单一制国家在司法经费制度方面具有共同的特点,即集中性和统一性,由中央统一保障和管理全国的司法经费。

在法国,司法部在充分听取法院的意见和建议的基础上,编制法院经费预算和管理经费。各级法院的经费需求需要逐级向上级法院提出,上级法院向司法部提出建立经费报告,司法部作出预算后向国家议会提出申请。国家议会批准以后,由国家财政统一支出,司法部管理具体经费实施情况。法国具有较完善的司法经费安全运行保障监督机制,除了议会和国家审计部门以及法院内部的司法经费监管机构对法院经费的实施情况行使监督权以外,法国还设立专门的财政监察专员和公共会计对其进行独立检查。①

在日本,各地方法院逐级向上级法院报送经费需求,最高法院根据各法院

---

① 陈春梅:《由中央统一保障的法国法院经费制度》,《人民法院报》2016年2月19日。

的需求编制全国司法经费预算并递交财务省。财务大臣向内阁会议提请法院经费预算进行讨论后,提交国会进行审议。法院经费预算需要经过众议院和参议院分别审议通过,才具有法律效力。获议会批准后,由财务省直接向最高法院拨付全国法院经费,最高法院管理全国法院经费预算的执行和实施。由最高法院而非行政机关编制司法经费预算并实施经费使用管理权,体现了日本法院经费制度的充分独立性。①

在英国,由司法部的法院事务服务署起草法院经费概算方案。司法部向财政部提交概算方案,财政部进行审核,将其纳入全国财政总预算方案并提交议会审议。议会审议通过后财政部向司法部划拨法院经费,司法部统一分配和管理经费。对于法院经费运行,英国建立了全方位的监督管理网络,议会、审计部门、财政部门、司法部及法院内部都设置专门的监督管理制度,以检查经费使用的实际效果。与一般单一制国家不同的是,英国在司法经费的承担方面具有一定的特殊性,即并不是所有司法经费都由中央财政保障。具体体现在两个方面:一是民事法院系统的经费。尽管英国财政部根据经费预算方案对民事法院系统的经费进行划拨,但法院取得收入以后对所接受的中央财政划拨要进行归还,实际上为民事法院提供经费保障的是法院收取的案件受理费;二是一些郡法院和治安法院的法院经费由地方财政承担。但是,中央往往通过转移支付的方式向地方财政返还相当数量的司法经费。以上两种特殊情况并不会从根本上改变中央财政统一保障英国法院经费的基本格局。②

2. 联邦制国家的司法经费保障机制

与单一制国家普遍由中央财政统一保障和管理司法经费的制度不同,大多数联邦制国家的司法经费往往不是只有中央财政承担,地方财政对司法经费具有不同程度的支付义务。

---

① 陈春梅:《日本法院经费模式:集中编制　统一保障》,《人民法院报》2016 年 4 月 1 日。
② 陈春梅:《英国:适应其政治体制的法院经费制度》,《人民法院报》2016 年 1 月 29 日。

在美国,与双轨制司法制度一致,法院经费保障也表现为双轨状态:联邦中央财政统一保障联邦法院经费,而州财政负责保障州法院经费。联邦法院行政管理局根据联邦各级法院提出的经费预算请求,编制联邦法院系统的整体经费预算报告并提交给美国司法会议审核。司法会议审核完毕的整体预算方案由首席大法官提交至总统管理和预算办公室,由该办公室将其纳入总统的总体预算方案并递交国会审议批准。由参众两院批准后,总统对司法预算方案进行签署。司法预算方案产生法律效力后,联邦法院行政管理局负责经费预算案的具体执行。美国议会和司法会议对司法经费预算运行进行监督;美国各州关于法院经费保障的制度不尽相同,有的由州财政统一保障,有的则州与地方财政共同承担。由州财政统一保障的形式是多数州所采用的,也是该制度发展的基本趋势。州最高法院行政管理部门在各下级法院提交的经费预算请求的基础上,编制全州法院系统经费预算,并交由州司法会议审查。审查批准后递交州长以将其编入州财政经费整体预算方案并提交州议会审议。州议会审批后的法院经费预算方案由各级法院行政管理部门负责具体执行。州审计部门和州最高法院财政管理部门对本州各法院的经费使用情况具有监督责任。在州财政与地方财政共同承担法院经费的情形下,一般州财政支付的是法院工作人员的工资和差旅费用,其它的经费支出一般由地方财政承担。美国的法院经费制度,无论是联邦法院的,还是州法院的,都具有较强的独立性。经费预算的编制和预算方案获议会批准后经费的使用和管理,都由法院独立完成,有效地脱离行政部门的控制。①

在德国,法院设置比较复杂,种类较多,但法院经费保障制度相对明确,实行双轨制,即联邦法院的经费由中央财政承担,州各级法院经费由州财政承担。在中央层面上,有联邦最高法院、联邦行政法院、联邦劳工法院、联邦财政法院、联邦社会福利法院,除了联邦最高法院以外,其它法院的经费由各自主

---

① 陈春梅:《美国法院经费制度的特色》,《人民法院报》2015 年 11 月 20 日;蒋惠岭、王劲松:《国外法院体制比较研究》,《法律适用》2004 年第 1 期。

管的专门机构承担。联邦最高法院的经费是联邦整体司法经费的主要组成内容。联邦最高法院起草经费概算方案交由联邦司法部审核,司法部在概算方案的基础上,编制联邦法院经费预算,并将其作为主要内容编制联邦司法经费总预算方案。联邦司法部将司法经费预算方案提交议会审议,议会批准后,联邦财政部按照司法预算将法院经费划拨联邦司法部,由司法部向联邦最高法院进行拨付;各州层面法院经费保障制度基本与联邦层面的相同。州各级法院逐级上报经费概算书,州高等法院根据各下级法院概算书编制全州法院经费预算初步方案。州司法部审核州高等法院的预算初步方案,将其作为主要内容编制司法经费预算方案并提交州议会审议。司法预算获州议会批准后,由州财政部向州司法部拨付经费,州司法部将法院经费拨付给州高等法院,州高等法院再依据预算向各下逐级拨付经费。在德国的法院经费保障机制运行中,司法行政部门起着主导作用,无论是预算方案的制定,还是经费的使用管理,都处于司法行政部门的控制下。但另一方面,对于法院经费管理和监督的高度法制化在很大程度上保证了经费使用的公平性和效益性。①

(四) 借鉴与启示

从司法制度比较完善的发达国家的经验来看,司法事权在中央与地方间科学配置和有序运行,具有几个方面的共同特点值得我国关注和借鉴。

1. 司法事权纵向配置要紧密结合国情,避免照抄照搬西方模式

在司法制度相对完善的发达国家中,每个国家的司法事权纵向配置都受到该国的政治、文化、社会、历史传统和自然条件等特有因素的影响,从而表现出各自不同的特色。如同为联邦制国家的美国和德国,美国无论在法院系统的双轨制、法官选任方式的多样化、还是司法经费承担的双轨制上,都体现了

---

① 陈春梅:《德国:精细化管理的法院经费制度》,《人民法院报》2015 年 12 月 25 日。

更加明显的地方分权的特点;而德国通过对司法机构设置、司法机构人事和经费管理进行精细化的法律规定,形成与美国差异极大的司法权配置形态,表现出相对更加强调中央对地方控制的特点。而同为单一制的英国和法国,司法事权纵向分配的制度安排表现迥异。习近平总书记强调:"全面推进依法治国,必须从我国实际出发,同推进国家治理体系和治理能力现代化相适应,既不能罔顾国情、超越阶段,也不能因循守旧、墨守成规。"①"一个国家实行什么样的司法制度,归根到底是由这个国家的国情决定的。评价一个国家的司法制度,关键看是否符合国情、能否解决本国实际问题。"②我国具有不同于其他任何国家的政治、文化、历史传统和现实国情,司法事权的纵向配置应该与我国的实际情况紧密结合,作出体现人民当家作主,有利于充分发挥中央和地方两方面积极性的制度安排。

2. 强调中央司法事权

司法权作为重要的国家权力组成部分,基于主权统一的基本前提,应该充分强调中央司法事权的重要地位。单一制国家秉持的国家权力理论基础使得司法权中央集权的基本理念被普遍确认。但是,在各国实践的过程中,地方司法权(尤其是法院审判权)出现不同程度的扩张,因此,对中央司法事权的强调成为各国司法改革的重要内容之一。即便是联邦制国家,例如像在美国这样充分地方分权的国家,在地方司法机构享有法律规定范围内的充分司法权的同时,美国联邦最高法院对于地方法院受理的诉讼中涉及"实质意义的联邦性问题"案件,仍然具有最高管辖权。强调中央司法事权对于维护国家主权的统一性具有重要意义。在我国,还存在着司法地方保护主义对司法公正的危害,强调中央司法事权显得更为重要。习近平总书记 2014 年 1 月 7 日在

①　习近平:《加快建设社会主义法治国家》,《求是》2015 年第 1 期。
②　习近平:《在十八届中央政治局第四次集体学习时的讲话》(2014 年 1 月 7 日),《习近平关于全面依法治国论述摘编》,中央文献出版社 2015 年版,第 76—77 页。

中央政法工作会议上讲话中强调:"司法权从根本上说是中央事权。各地法院不是地方的法院,而是国家设在地方代表国家行使审判权的法院。"①党的十八届三中全会以来,我国推动省以下法院、检察院人财物统一管理、探索与行政区划适当分离的司法管辖制度等司法体制改革的举措,都在很大程度上体现了司法事权配置中央化的改革方向。

3. 健全司法事权与管理权、财权匹配的制度机制

现代国家不存在绝对意义上的中央事权。即便是通常属于中央保留的权力(例如具有主权性或具有全国性特征的权力),一般国家也是通过各种方式允许地方政府能在一定范围内行使这些权力,司法权也不例外。无论是单一制国家还是联邦制国家,无论是集权社会还是分权社会,各国在司法权行使的实践中无一例外的都表现出中央司法机构和地方司法机构对司法事务的共同承担。实现司法事权、人权和财权在配置过程中的匹配是发达国家的司法制度的共同特点之一。建立健全司法事权、人权、财权相匹配的机制有利于推进我国司法制度改革的进一步深化,应作为推进司法体制改革的重要内容。

---

① 习近平:《在中央政法工作会议上的讲话》,《习近平关于全面依法治国论述摘编》,中央文献出版社 2015 年版,第 102 页。

第六章 政府间事权纵向配置的
基本原则和总体目标

一、政府间事权纵向配置的基本原则

政府间事权纵向配置的原则是指导具体进行权力配置的纲领,在全面推进政府间事权纵向配置体制机制改革的过程中,基本原则具有非常重要的实践指导意义。

(一)党中央集中统一领导原则

政府间事权纵向配置的首要原则是坚持党中央集中统一领导。党的十九大把"坚持党对一切工作的领导"置于新时代坚持和发展中国特色社会主义十四个基本方略的首位。"党政军民学,东西南北中,党是领导一切的。"[1]党的十九届四中全会进一步指出"中国共产党领导是中国特色社会主义最本质的特征,是中国特色社会主义制度的最大优势,党是最高政治领导力量。"[2]中

---

[1] 习近平:《决胜全面建成小康社会 夺取新时代中国特色社会主义伟大胜利——在中国共产党第十九次全国代表大会上的报告》,《中国共产党第十九次全国代表大会文件汇编》,人民出版社 2017 年版,第 16 页。

[2] 《中共中央关于坚持和完善中国特色社会主义制度、推进国家治理体系和治理能力现代化若干重大问题的决定》,《〈中共中央关于坚持和完善中国特色社会主义制度、推进国家治理体系和治理能力现代化若干重大问题的决定〉辅导读本》,人民出版社 2019 年版,第 6 页。

国共产党是中国特色社会主义事业的坚强领导核心,是我国的最高政治力量,中国共产党在中国现代国家治理结构中居于核心地位,发挥着举足轻重的作用。要把坚持党的领导的原则落实到包括中央与地方政府间事权纵向配置在内的各领域、各方面的改革过程。

中国特色社会主义制度的最高准则是坚持党的领导,要将其贯彻落实到整个国家治理的具体制度中。2017 年党的十九大把"中国共产党领导是中国特色社会主义最本质的特征"写进了党章修正案,2018 年现行宪法第五次修正案也把这项内容写进宪法第一章《总纲》第一条第二款,进一步明确了党的领导的宪法地位。党的十八大以来,党中央把党的全面领导落实为各项具体的制度安排,进一步明确了加强和维护党中央集中统一领导的具体要求。① 党的十八届三中全会后,中央为加强和优化决策议事协调机构,设置中央深改领导小组等机构;在党和国家机构改革中统筹设置党政机构,在中央和地方实行党政机构合并或合署办公等方面的改革,都对政府间事权纵向配置起到了规范和引领作用。

(二)国家统一性原则

前文提到,中国政府间事权纵向配置包括三种具体形态,中央政府与普通行政区地方政府、中央政府与民族自治区域地方政府和中央政府与特别行政区政府的纵向事配置。中央政府对民族自治区域、特别行政区以及普通政区中的经济特区、经济开发区、自贸区等地方政府赋予了不同程度的自主权。面对如此复杂的纵向治理结构,维护国家统一是纵向事权配置过程中必须坚持的基本原则。

世界上大多数国家都把维护国家的统一作为宪法的基本原则,许多国家还设置了一系列的维护国家统一的宪法制度,如"德国便创设出一种宪法的

---

① 2017 年 10 月 27 日,中共中央政治局审议通过的《中共中央政治局关于加强和维护党中央集中统一领导的若干规定》,对党的领导做出了更加具体的规范。

'对联邦忠诚'的义务,地方(邦或州)不能够制定任何鼓励、煽惑人民独立,侵害国家统一的法律,也不能够许可地方坐视意图分离国家的行为,地方政府更不能倡行敌视中央而有可能造成国家分裂的言行。"①中国是统一的多民族国家,拥有统一的宪法、统一的最高立法机关和统一的中央政府,民族区域自治、特别行政区的高度自治以及其他地方政府所享有的不同形式的自主权,都必须在维护国家统一的大前提下实施,都不得违反宪法、法律,超越中央政府的授权。中央政府对国家立法、国防、外交、国家安全、行政区域设置与划分等事关国家主权的国家事务拥有绝对的权力,"主权对内部而言,是国家最高、无限制且独立之权力。"②任何地方政府都不能分享,更不得借地方自治的名义挑战中央政府的主权。

政府间事权的纵向配置是事关国家统一与分裂的国家基本制度设计,任何时候都应以不得违背国家统一原则为前提。我国中央地方关系中既面临着复杂的民族关系,还面临着香港、澳门特别行政区不同政治法律制度的高度自治以及台湾与祖国的统一问题。因此,国家统一是纵向权力配置的前提性、基础性原则,必须牢牢把握。

(三)中央权威与主导原则

对于任何国家来讲,一个有效的中央权威是维护国家统一、民族团结、国家安定、经济社会发展的前提和基础。维护中央权威是我国中央地方关系改革过程中中央多次重申的一条必须遵循的原则。"中央权威的本质是国家统一意志基础上的统一领导权,这是任何国家存在的前提和条件。没有中央权威的地方,或是中央权威衰落的地方,国家就会处于分裂和混乱状态。分裂与混乱是现代化的大忌,反过来说,强固的中央权威则是现代化过程中能够以较

---

① 陈新民:《论中央与地方法律关系的变革》,《法学》2007 年第 5 期。
② 陈新民:《论中央与地方法律关系的变革》,《法学》2007 年第 5 期。

低成本获取快速平稳发展的根本保证。"①党的十九届四中全会进一步明确"坚决维护党中央权威,健全总揽全局、协调各方的党的领导制度体系,把党的领导落实到国家治理各领域各方面各环节。"②

把维护中央权威强调到如此高的地位,是由我们所面临的国情、党情和世情所决定的。

首先,从历史的经验来看,旧中国曾长期处于分散状态,近代中国国家历史上曾经出现的积贫积弱状况与中央权威的缺失或不足有着密切关联。中国共产党之所以能够取得中国革命的胜利,实现国家解放和民族独立,就是因为有一个坚强有力的领导核心;新中国成立以来特别是改革开放40多年来所取得的成就,重要的原因之一就是维护中央权威,从而能够集中有限的力量去做一些重要的事情。

第二,从当下中国面临的治理现状而言,我们国家正处于改革发展的关键时期,执政党面临着"四大考验"、"四大危险",要成功应对这些风险和挑战,实现"两个一百年"奋斗目标,必须拥有一个具有高度权威、高度凝聚力和战斗力的中央领导核心。

第三,维护中央权威是实现国家统一、民族团结的必然要求。我国有56个民族,同时还面临着香港、澳门、台湾等历史遗留问题。中国曾存在着长期国家分裂、地方割据的历史时期,③直至现在仍然面临着实现国家统一的历史任务。当前,在国际反华势力的挑动下,仍然存在涉及国家统一的严重威胁,不容轻视,"几乎所有西方敌对势力,都把所谓'战胜'中国寄希望于中国自己

① 王沪宁:《调整中的中央地方关系:政治资源的开发与维护——王沪宁教授访谈录》,《探索与争鸣》1995年第3期。
② 《中共中央关于坚持和完善中国特色社会主义制度、推进国家治理体系和治理能力现代化若干重大问题的决定》,《〈中共中央关于坚持和完善中国特色社会主义制度、推进国家治理体系和治理能力现代化若干重大问题的决定〉辅导读本》,人民出版社2019年版,第6页。
③ 如果以历史上中国最大疆域为范围,统一的时间只有81年(1759—1840),如果以基本恢复前一朝代的疆域、维持国内的和平安定为标准,统一的时间约为1000年。参见葛剑雄:《统一和分裂:中国的历史和现实》,《探索与争鸣》1989年第2期。

的分裂"①。因此,维护中央权威,是国家统一和国内社会安定的必然要求。

第四,维护中央权威是有效应对国际竞争、实现大国崛起的需要。经过改革开放40多年的发展,中国成为世界第二大经济体,综合国力和国际地位显著上升,同时我们也面临着前所未有的复杂国际局势。如何抓住战略机遇期,统筹国内国际两个大局,发挥负责任大国作用,积极参与全球治理体系,同样离不开一个具有高度权威、坚强有力的领导核心。

改革开放以来,中央与地方政府间事权纵向配置改革总的趋势是中央不断向地方放权,但放权并不意味着削弱中央权威,我国40多年改革的实践也告诉我们,在深化纵向权力改革的过程中一方面要给地方自主权,另一方面更要强化维护中央权威,有效的中央权威是改革成败关键所在。

在政府间事权纵向配置改革的制度设计过程中还要坚持中央主导的原则。国务院提出了"坚持财政事权划分由中央决定"的原则,并明确"基本公共服务领域共同财政事权范围、支出责任分担方式、国家基础标准由中央确定"。② 正是维护中央主导原则的具体制度体现。

(四)中央地方两个积极性原则

自新中国成立初期毛泽东提出"两个积极性"的著名论断后,发挥中央和地方两个积极性成为我国处理中央地方关系的纲领性指南。我们党的历届领导集体始终强调以"两个积极性"原则为基础来调整中央地方关系,尽管在不同历史时期、针对不同的情况存在表述上的变化,但总的基调一直延续下来。

两个积极性原则是我国民主集中制原则在处理中央地方关系中的集体体现。

---

① 朱光磊:《当代中国政府过程》,天津人民出版社2002年版,第331页。
② 《关于基本公共服务领域中央与地方共同财政事权和支出责任划分改革方案的通知》,中华人民共和国中央人民政府网,http://www.gov.cn/zhengce/content/2018-02/08/content_5264904.htm。发布时间:2018-02-08,访问时间:2019-03-23。

这一原则经过几十年的发展,逐渐从政治原则转变为宪法原则,逐步走向制度化。1975 年宪法第十条首次把"充分发挥中央和地方两个积极性"写进了国家根本大法;1978 年宪法第十一条把"在中央统一领导下充分发挥中央和地方两个积极性"作为发展国民经济的指导方针之一,这一时期"两个积极性"原则还主要集中在调整中央与地方经济关系领域。1982 年现行宪法明确把这一原则作为我国中央地方国家职权划分的基本准则,①自此,"两个积极性"的原则成为我国中央与地方权力纵向配置的基本遵循。

党的十八大以来,以习近平同志为核心的党中央反复强调,要充分调动中央和地方两个积极性,并赋予其新的制度内涵。包括财政体制改革、事权与支出责任改革、中央与地方政府间基本公共服务领域责权划分、党和国家机构改革等多个涉及中央与地方权力配置的领域,都明确提出要贯彻落实中央与地方"两个积极性"的原则。

落实中央和地方"两个积极性"的原则,要处理好两方面的关系,一是在维护中央权威的前提下如何增强地方活力、保护地方利益,二是在向地方放权、调动地方积极性同时如何确保中央权威,保证中央方针、政策的贯彻落实。发挥中央与地方两个积极性,中央积极性是核心和主导。要树立中央的最高权威,确保中央政令畅通、令行禁止,地方不能各行其是、各自为政,要按照中央的统一部署行权施策;另一方面,要赋予地方更多的自主权并充分调动和发挥其积极性、主动性,逐步形成既规范有序又充满活力的央地良性互动机制,彻底走出"放乱收死"的怪圈。构建中央与地方政府间分工合理、权界清晰、权责一致的权力配置法治化机制。

(五)适度分权原则

适度分权原则是指在中央与地方政府事权纵向配置过程中,既不是绝对

---

① 我国宪法第 3 条第三款规定:"中央和地方的国家机构职权的划分,遵循在中央的统一领导下,充分发挥地方的主动性、积极性的原则。"

的中央集权,也不是绝对的地方分权,而是要在中央政府高度集权与向地方政府彻底分权之间建立一个合理的权力划分结构。要确保地方政府享有一定的自主权,但这种自主权要适度,要在确保中央政府权威的基础上使纵向权力配置发挥出最佳效果。

地方分权的理论在西方有着较为悠久的历史,斯蒂格勒、奥茨等人都提出了地方分权理论,强调地方政府在公共服务中的相对优势。① 综观主要发达国家的宪法、法律规定,无论是联邦制国家还是单一制国家,在中央与地方财政事权划分上都以分权基础上的制衡为主要原则,分权基础上的制衡需要建立集权和分权的最佳结合。"在多层级政府结构中,没有哪个国家可以不集权,也没有哪个国家可以不分权,过度集权和过度分权都会造成许多问题。"②

新中国成立后,在中央地方政府权力关系上一直面临着如何合理确立集权和分权的关系,为此也进行了多年的理论和实践探索。毛泽东、邓小平、江泽民、胡锦涛等党的历代领导人都反复强调在维护中央权威的前提基础上扩大地方自主权的意义。习近平在党的十九届三中全会提出"应该赋予地方更多自主权,这样既能充分调动地方积极性、因地制宜做好工作,又有利于中央部门集中精力抓大事、谋大局。"③2018 年国务院提出了要充分发挥地方政府区域管理优势和积极性,正是对党中央精神的落实。党的十九届四中全会进

---

① 1957 年,斯蒂格勒在其发表的《地方政府功能的有理范围》一文中认为,"与中央政府相比,地方政府更接近于自己的公众,因此,地方政府比中央政府更加了解它所管辖的居民的效用与需求。"奥茨也提出了分散化提供公共物品具有相对优势的"分权理论",奥茨认为"对于某些公共物品而言,如果其消费涉及全部地域的所有人口的子集,且该公共物品的单位供给成本对于中央政府和地方政府来说是相同的,那么由地方政府将一个帕累托有效的产出量提供给选民要比中央政府向全体选民提供的产出量有效得多。"平新乔:《财政原理与比较财政制度》,上海三联书店 1995 年版,第 338—343 页。

② 楼继伟:《中国政府间财政关系再思考》,中国财政经济出版社 2013 年版,第 36 页。

③ 习近平:《关于深化党和国家机构改革决定稿和方案稿的说明》,《〈中共中央关于深化党和国家机构改革的决定〉〈深化党和国家机构改革方案〉辅导读本》,人民出版社 2018 年版,第 87 页。

一步提出要"赋予地方更多自主权,支持地方创造性开展工作。"①

地方享有的自主权要强调"适度",要处理好中央与地方政府间纵向权力配置过程中集权与分权的限度,凯尔森曾经指出"任何一个国家的法律秩序都不可能是完全意义上或绝对意义上的集权或分权,而是这两者的折中或综合","全部的集权和全部的分权只是理想的两极"。② 理想的政府间纵向权力配置结构应该是有限集权和适度分权的有机结合,即在权力纵向配置过程中,既能维护中央权威又要调动地方自主性,充分发挥中央和地方各自优势,实现权力配置的优化和平衡。

改革开放以来,在总结"放权让利"、"分税制"、"强县扩权"等一系列政府间分权化改革措施经验教训的基础上,以事权和支出责任、基本公共服务领域央地各级政府间责权划分为重点领域的改革推进,使得适度分权逐步走向制度化、规范化。

(六) 因地制宜原则

因地制宜原则即在中央与地方政府权力配置的过程中,充分考虑不同地方经济、社会、文化、自然资源等各方面的差异,并针对地方政府所在区域的具体情况区别对待、采取多样性权力配置模式。

在我国,对不同地区地方政府的责权配置,首先要考虑的一个因素是经济发展的不平衡。由于地理位置、生产要素、经济结构、资源环境以及政策制度等各方面因素的影响,在我国一直存在着东部和西部、沿海和内地的经济发展不平衡。改革开放以来,由于国家在一些沿海城市实施特殊的政策,使得各地

---

① 《中共中央关于坚持和完善中国特色社会主义制度、推进国家治理体系和治理能力现代化若干重大问题的决定》,《〈中共中央关于坚持和完善中国特色社会主义制度、推进国家治理体系和治理能力现代化若干重大问题的决定〉辅导读本》,人民出版社 2019 年版,第 19 页。

② [奥]凯尔森:《法与国家的一般理论》,沈宗灵译,中国大百科全书出版社 1996 年版,第335—336 页。

区经济发展不平衡进一步扩大。经济发展的不平衡不仅存在于不同区域之间,在同一地区如一省内,也存在着发展差距。第二个因素即城乡之间的差距。我国是一个农业大国,城乡之间的差距长期存在,改革开放以来,随着城镇化建设的推进以及国家对三农问题的重视,特别是党的十八大以来精准扶贫战略的实施,城乡之间差距在逐渐缩小。但整体而言,城乡二元结构所造成的城乡之间的差距还没有得到根本转变。第三个因素是民族因素,我国是多民族国家,有 5 个民族自治区,包括 30 个自治州、121 个自治县(旗)①的地方政府。除此以外,文化、自然环境、自然资源等因素也是影响政府间纵向权力配置的重要因素。

由于地区之间、城乡之间发展的不平衡以及民族、自然环境、文化等多重因素,使得不同区域的地方政府提供公共服务的能力、财力水平都存在着差距。因此在权责划分的过程中要充分考虑这些因素,贯彻因地制宜的原则。国务院近年出台的相关改革方案充分考虑我国各地经济社会发展不平衡、基本公共服务成本和财力差异较大的国情,按照不同地区经济发展水平的差异把中央承担的共同事权的支出责任分档划分,并按照不同的比例负担,体现了向西部、少数民族地区倾斜的指导思想,很好地落实了因地制宜的原则。

(七)纵向事权配置法治化原则

法治化原则是指中央与地方政府间事权的划分应该有法律的明确规定,其变化和调整也要按照法定程序进行。政府权力纵向配置事关国家治理的制度基础,必须将其以宪法、法律形式确认和调整,才能保证其科学性、稳定性和规范性。我国建国后一段时期在纵向权力配置中曾经出现的"收放循环"、"一放就乱,一收就死"现象,主要原因是权力配置的非规范化、非

---

① 高韬芳:《当代中国中央与民族自治地方政府关系研究》,人民出版社 2009 年版,第92 页。

法治化。

中央与地方政府间纵向权力配置贯彻法治化原则也是对全面推进依法治国方略的落实。党的十八届四中全会明确提出建设中国特色社会主义法治体系作为全面推进依法治国的总目标,并明确提出要"推进机构、职能、权限、程序、责任法定化。"①党的十九届四中全会进一步提出"推进机构、职能、权限、程序、责任法定化,使政府机构设置更加科学、职能更加优化、权责更加协同。"②我们应该按照上述精神,尽快完善纵向权力配置法治体系,实现中央与地方各级政府责权规范化、法律化的目标。

二、政府间事权纵向配置的总体目标

政府间事权纵向配置的总体目标是按照党中央关于全面深化改革的总体要求,认真贯彻党的十八届三中、四中全会和十九大、十九届二中、三中全会精神,落实深化政府间事权纵向配置体制机制改革的部署,构建以合理而清晰的纵向各层级政府职责体系为基础,以权责匹配、运行规范的纵向权力体系为支撑,中央政府集中统一与地方政府适度分权有机结合,各层级政府公共物品提供责权与财政收支责权、财政负担能力相适应的政府间责、权、利划分规则体系,实现政府间事权纵向配置的制度化、法治化。

(一) 实现事权纵向配置中央集中统一与地方分权自治的有机结合

在任何一个国家,政府间事权在纵向上的配置都不可能是绝对的中央集

---

① 《中共中央关于全面推进依法治国若干重大问题的决定》,《十八大以来重要文献选编》(中),中央文献出版社 2016 年版,第 165 页。

② 《中共中央关于坚持和完善中国特色社会主义制度、推进国家治理体系和治理能力现代化若干重大问题的决定》,《〈中共中央关于坚持和完善中国特色社会主义制度、推进国家治理体系和治理能力现代化若干重大问题的决定〉辅导读本》,人民出版社 2019 年版,第 18 页。

权或绝对的地方分权。过度的中央集权或过度的地方分权是权力配置的极端化,都存在着严重的弊端,过度的中央集权会导致体制僵化,窒息地方发展的自主和活力;而过度的地方分权会导致地方保护主义泛滥甚至造成国家的分裂。习近平总书记在党的十九届三中全会明确提出"要理顺中央和地方职责关系,中央加强宏观事务管理,地方在保证中央令行禁止的前提下管理好本地事务。"①改革过程中关键是要把握集权和分权的"度",避免出现过度集权或过度分散两种极端倾向,建立中央适度集权和地方有限分权的"集分平衡"机制。

(二) 实现对中央和地方各级政府责权划定的明晰化和统筹设计

一是要明确划分中央政府事权和地方政府事权,适度加强中央事权,减少并规范中央与地方共同事权。二是将事关国家根本利益、全局利益的国防、外交、国家安全、出入境管理、国防公路、国界河湖治理、全国性重大传染病防治、全国性大通道、全国性战略性自然资源使用和保护等基本公共服务明确为中央事权。三是以实现基本公共服务均等化为目标,把基本公共服务兜底类事权上收为中央事权,以维护社会公平正义、不断满足广大人民基本公共服务需求。四是要确保各级政府公共服务提供的责权与财政收支和财政负担能力相适应,实现事权与财权、财力相匹配。五是对各层级政府事权和支出责任详列清单,不仅要清晰具体划分各级政府的事权,同时也要明晰其相应的支出责任,逐步实现各级政府的支出责任与事权划分统筹规划并使之制度化。

---

① 习近平:《关于深化党和国家机构改革决定稿和方案稿的说明》,《〈中共中央关于深化党和国家机构改革的决定〉〈深化党和国家机构改革方案〉辅导读本》,人民出版社 2018 年版,第 87 页。

（三）实现政府间纵向责权配置由政策主导向立法主导的转移①

我国政府间事权纵向配置的法治化程度较低,虽然宪法和地方组织法均对中央和地方政府的权限作了规定,但法律规范较为原则、笼统,操作性不强,另一方面就是"上下一边粗",中央与地方政府职责同构严重。近年来推进的事权与支出责任改革以及在医疗卫生、科技、教育等领域事权与支出责任的划分,也都是以中央政府的行政命令方式推进。

习近平总书记指出:"法治体系是国家治理体系的骨干工程。"②强调"法治是治国理政的基本方式","全面推进依法治国是一个系统工程,是国家治理领域一场广泛而深刻的革命。"③习近平总书记多次从治国理政的高度论述法治的重要意义,体现了我们党治国理政理念的新发展、新创造。

党的十八届四中全会对推进政府间事权纵向配置法治化提出明确要求,要"推进各级政府事权规范化、法律化,完善不同层级政府特别是中央和地方政府事权法律制度。"④2014 年 8 月全国人大修订了《预算法》,为深化财税体制改革全局奠定了法律基础。

要逐步以宪法、法律和行政法规的形式确认中央政府的职权,以地方性法规、政府规章的形式规范地方各级政府间的责权划分,建立健全相关法律、法规体系。制定《中央与地方关系法》呼声在理论界由来已久,但本课题认为从我国目前的国情出发,制定《中央与地方关系法》条件尚未成熟。应考虑先在

---

① 任广浩、解建立:《改革开放 40 年我国政府间事权纵向配置变革及其法治化探索》,《河北法学》2018 年第 12 期。

② 习近平:《在中共十八届四中全会第二次全体会议上的讲话》,《习近平谈治国理政》第二卷,外文出版社 2017 年版,第 119 页。

③ 习近平:《在中共十八届四中全会第二次全体会议上的讲话》,《习近平谈治国理政》第二卷,外文出版社 2017 年版,第 124 页。

④ 《中共中央关于全面推进依法治国若干重大问题的决定》,《十八大以来重要文献选编(中)》,中央文献出版社出版社 2016 年版,第 165 页。

相关领域制定政府间事权纵向配置的相关专门法律,如《政府间财政关系法》。在此基础上逐渐制定其他领域的相关法律、行政法规和地方法规,实现政府间纵向责权配置由政策主导向立法主导的转移。

(四) 以新一轮党和国家机构改革为契机,进一步完善中央地方治理结构①

2018 年 2 月党的十九届三中全会通过了关于深化党和国家机构改革的决定和方案,这是以习近平同志为核心的党中央站在党和国家事业发展的全局,着眼于实现全面深化改革的总目标、推进国家治理现代化的顶层设计和制度安排。

深化党和国家机构改革目的是着力解决当前党和国家的机构设置职能配置与统筹推进"五位一体"总体布局、协调推进"四个全面"战略布局和实现国家治理体系、治理能力现代化的要求还不完全适应的问题。改革从五个大的方面进行了部署,包括健全党对重大工作的领导体制机制,合理配置宏观管理部门的职能,完善党政机构布局,赋予省级及以下机构更多自主权,依法管理各类组织机构等。

这次深化党和国家机构改革的重点之一,就是完善中央地方权力纵向配置体制机制,习近平总书记在《关于深化党和国家机构改革决定稿和方案稿的说明》中形象的称之为"要统筹推进脖子以上机构改革和脖子以下机构改革"。② 改革的重点主要包括以下几个方面:第一,发挥中央和地方两个积极性,科学配置中央和地方事权,中央加强宏观事物的管理职能,地方管理本地区事务。第二,维护中央权威,确保中央集中统一领导。地方机构设置要保

---

① 任广浩、解建立:《改革开放 40 年我国政府间事权纵向配置变革及其法治化探索》,《河北法学》2018 年第 12 期。

② 习近平:《关于深化党和国家机构改革决定稿和方案稿的说明》,《〈中共中央关于深化党和国家机构改革的决定〉〈深化党和国家机构改革方案〉辅导读本》,人民出版社 2018 年版,第 86—87 页。

证党中央方针政策和国家法律法规的有效实施,做到令行禁止。第三,赋予省级及以下机构更多自主权,允许地方因地制宜设置机构和配置职能。第四,进一步明确划分中央地方事权管理权限,中央事权由中央设立垂直机构直接管理。

第七章　现代国家治理体系中政府间事权纵向配置的优化

一、政府间纵向基本公共服务领域事权配置优化

我国自 1994 年财税体制改革以来,陆续在基础教育、公共医疗卫生、公共环境、社会保障等与民生相关的基本公共服务领域出台了一系列改革措施,逐步形成了具有中国特色的中央和地方政府共同保障的基本公共服务供给机制。2013 年党的十八届三中全会提出要把"建立事权和支出责任相适应的制度",作为深化改革的主要着力点。现实中大量的公共服务领域共同事权存在于不同层级的政府之间,实践中各级政府事权不够清晰明了,造成支出责任落实不到位甚至相互推诿、扯皮的现象依然存在。为推进基本公共服务领域财政事权与支出责任划分,2016 年国务院出台文件确定了我国纵向政府间公共服务事权科学配置的路线图和基本框架。[1] 2018 年国

---

[1] 《关于推进中央与地方财政事权和支出责任划分改革的指导意见》,中华人民共和国中央人民政府网,http://www.gov.cn/zhengce/content/2016-08/24/content_5101963.htm,发布时间:2016-08-24,访问时间:2019-09-20。

务院办公厅出台《方案》①明确了八大类②共 18 个方面中央与地方财政事权和支出责任划分的具体规则。此《方案》的出台是我国公共服务财政事权和支出责任划分改革迈出的重要一步,标志着我国实现了事权和支出责任划分改革的突破。在中央与地方财政事权和支出责任划分总体框架下,按照各级政府应承担的财政事权和支出责任,各省也相继划分了省与市、县政府财政事权和支出责任,为完善省以下转移支付等配套制度,推进纵向政府间公共服务事权和支出责任划分,切实落实保障标准和负担比例提供了制度依据。

(一) 我国政府间公共服务事权配置的基本现状和特征

基本公共服务领域事权配置是政府间事权纵向配置的重要方面,基本公共服务领域事权配置,包括在基本公共服务领域中央与地方政府间的职责划分及省以下政府间的公共服务职责划分,其中中央与地方政府间的职责划分是地方政府间公共服务职责划分的前提。政府间纵向基本公共服务领域事权配置的基本思路是科学界定中央与地方以及省、市、县各级政府事权,并合理划分中央、省、市、县各级政府的支出责任。中央政府公共服务事权由中央政府承担支出责任,省级政府承担省级的公共服务支出责任;市、县级政府承担市、县级公共服务支出责任;对于中央与地方以及省与市、县共同的公共服务事权,由中央或省按照事权清单分别确定中央或地方以及省与市、县的承担方式和支出责任,作为中央对地方以及省级对省以下财政转移支付的基本依据。目前,在中央与地方财政事权和支出责任划分的基础上全国已有 20 几个省

---

① 《关于印发基本公共服务领域中央与地方共同财政事权和支出责任划分改革方案的通知》,中华人民共和国中央人民政府网,http://www.gov.cn/zhengce/content/2018-02/08/content_5264904.htm。发布时间:2018-02-08,访问时间:2019-03-23。

② 包括义务教育、学生资助、基本就业服务、基本养老保险、基本医疗保障、基本卫生计生、基本生活救助、基本住房保障。

（自治区、直辖市）的相关改革文件对省以下各级政府在八类基本公共服务项目下的财政事权与支出责任进行划分。但是在当前体制下，政府间基本公共服务事权划分缺乏法律约束，下级政府事权基本上细化或延续了上级政府事权，省以下各层级政府独立事权少、共同事权多，不利于规范政府间公共服务事权关系。

总体来看作为发展中国家，我国经济社会正处于转型期，由于市场体系还有待健全、市场发育不充分，因此，现阶段我国各级政府间基本公共服务事权划分具有一定的过渡性和阶段性特征。

一是各级政府公共服务事权配置在一定程度上仍存在上下不清问题。中央与地方政府之间公共服务事权界定不明确，一些应当由中央政府承担的事项却被分配给了下级政府，如在国际上通用的做法是将社会保障归入中央或省级政府的事权范围，而在我国社会保障事权主要由市县级承担。

二是中央政府过多承担了本应由地方政府承担的事项。如本应由地方政府承担的基础设施建设，却由中央或省承担了支出。

三是各级政府间事权同构问题突出。从现行我国政府事权划分的法律文件规定看，地方政府的事权除少数中央专属事权诸如外交、国防等外几乎翻版了中央的事权，中央与县级以上各级政府的事权范围几乎相同，几乎所有的事权都是各级政府的共同事权，中央和地方事权难分彼此，这种事权的同构化不但造成政府工作成本的增加，而且使下级部门缺乏独立性，影响下级政府事权项目的统一和完整性。同时，由于事权过于分散，会出现"九龙治水"现象而产生监管的真空地带。

四是省以下基本公共服务领域事权配置不统一、共同财政事权不规范。从基本公共服务项目维度对各省（自治区、直辖市）相继出台的省以下财政事权与支出责任划分改革文件进行分析，21个省（自治区、直辖市）的相关改革文件对省以下各级政府在八类基本公共服务项目下的财政事权与支出责任进行划分，绝大多数省份将基本公共服务列为省以下各级政府的共同财政事权，与国务院《方案》①的指导思想一致。从地域维度进行分析,与《方案》明确指出的八类基本公共服务相比,不同省份(自治区、直辖市)文件规定作为共同财政事权的基本公共服务项目的数量不同(见表7-1)。

由于各省界定为共同财政事权的基本公共服务项目与《方案》中的八类基本公共服务②存在差异。因此,首先对界定为共同财政事权的基本公共服务项目尚需对照《方案》予以统一。另外,根据目前已出台的政策文件情况来看,文件只是笼统地提出义务教育、基本公共卫生服务、基本养老保险等方面可参照国家研究制定的全国统一标准,省以下承担比例和省以下支出责任由省规定,省与市县按比例共同承担,但没有明确指出省与市县各级政府支出责任的具体分担比例。同时,文件中没有提及对于中央未制定统一标准,需要地方政府结合实际制定标准的基本公共服务,如基本就业服务、基本生活救助与基本住房保障等,省市县各级政府支出责任的分担比例。各级政府间缺乏明确的支出责任分担比例,共同财政事权的履行便难以落地。③

五是各级政府间公共服务事权划分缺乏规范完整的法律制度。各级政府间公共服务事权划分的优化改革是一项复杂的系统工程,既涉及中央与地方关系以及政府与市场的关系,同时又涉及政治、经济、社会、文化和生态文明的方方面面,关系到政府、企业和社会组织的利益关系调整,必须强化规范化、法治化建设。然而,我国现行的涉及政府间事权划分的规定大多是以文件形式执行,法律基础薄弱、层次较低、权威不足。由于缺乏法律的约束力,政府事权的调整程序就会带有较大的随意性,往往造成政府事权层层向下转嫁、政府行为的短期化等问题。

---

① 国务院办公厅发布的《基本公共服务领域中央与地方共同财政事权和支出责任划分改革方案》。

② 八类基本公共服务:义务教育、学生资助、基本就业服务、基本养老保险、基本医疗保障、基本卫生计生、基本生活救助、基本住房保障。

③ 崔军、陈宏宇:《关于省以下基本公共服务领域共同财政事权与支出责任划分的思考》,《财政监督》2018年第9期。

表 7-1　不同省(自治区、直辖市)界定为共同财政事权的基本公共服务数量表①

省(自治区、直辖市)	界定为共同事权的 基本公共服务数量
吉林、云南、广西	0
甘肃	3
黑龙江	4
北京、安徽、宁夏、浙江、	5
河北、陕西、福建、河南、广东、辽宁	6
天津、江西、山东	7
山西、上海、海南	8

(二)我国政府间基本公共服务领域事权配置改革思路

为推动我国省与市县级政府间事权划分,使各级政府财政事权和支出责任相适应,根据对我国现行政府间事权纵向配置体制的剖析以及国际经验的梳理,按照现代国家治理体系框架下纵向权力配置应遵循的基本原则,我国政府间纵向基本公共服务领域划分机制优化改革下一步的方向是:以合理界定政府公共服务责权为基础,科学划分政府间财政支出责任,适当调整政府间收入划分,进一步完善转移支付制度。合理确定政府间事权和支出责任分担比例,并逐步实现其法治化,提高各级政府提供公共服务的效率。

1. 合理界定政府与市场的界区,为优化政府间纵向事权配置奠定基础

政府和市场作为两种基本的资源配置方式,在不同的经济体以及同一经济体的不同发展阶段,都存在如何定位两者之间关系的问题,在促进社会进步和经济增长各方都扮演着十分重要的角色。政府间纵向基本公共服务领域事权配置的基础是合理区分政府与市场的边界,如果政府与市场的关系没有完全廓

①　崔军、陈宏宇:《关于省以下基本公共服务领域共同财政事权与支出责任划分的思考》,《财政监督》2018 年第 9 期。

清也就很难准确清楚地配置政府间公共服务领域的事权。众所周知,改革开放前,我国传统高度集中的计划经济体制是以排斥市场作用体现全能政府为特征的,政府权力无限大,包揽经济、政治、社会、文化的方方面面。改革开放后,把计划和市场有机结合起来的体制机制是我们党经济体制改革的主线。党的十四大提出建立社会主义市场经济体制、并使市场在国家宏观调控下对资源配置起基础性作用的改革目标,对我国经济社会发展和进一步改革开放起到了重要的推动作用。党的十四大以来我们党一直在根据实践拓展和深化对政府和市场关系的科学定位。与此同时,我国政府与市场的职能发生了变革,各自角色定位也发生了变化。政府的全能角色逐渐淡化并从一些经济社会生活领域撤出,并将其部分职能让渡给市场,市场机制在经济社会领域发挥着重要的主导作用。但是,尚处于经济社会转型期的我国政府与市场划分仍不够明确。

首先要矫正政府在资源配置中的越位和缺位现象。树立有限政府理念,达到政府调节与市场决定作用的最佳结合点,确立市场优先原则,市场能干和能够干好的事项就放归于市场,尽量扩大市场的作用。

二是以市场为中心,引入竞争机制。政府应将社会型、服务型的事务放在首位,减少盲目性干预,政府应为市场更多提供服务。随着我国社会主义市场经济体制的完善,基本公共服务领域出现了多元化的供给主体,除了政府供给主体和市场主体外还存在非营利组织、社区居民等供给主体,供给主体的多元化为政府引入市场机制、创造公平的市场环境提供了前提。所以,要坚持市场在资源配置中的决定性作用,对于市场及其他主体能够承担的政府都要退出,交由其他供给主体承担。同时要尊重市场发展的内在规律,积极营造自由竞争的公平环境,健全规范市场经济的法律法规。

在明确政府职能前提下政府要做到有所为、有所不为,既要"有效市场",又要"有为政府",把"看不见的手"和"看得见的手"的优势都发挥好,用足市场,也用足政府。要使市场发挥决定性作用关键是政府主动放权,政府"有形的手"与市场"无形的手"有效配合并发挥作用才能保证资源合理配置和经济社会健康发展。

2.科学划分各级政府职能,明晰事权与支出责任

为消除政府间公共服务出现的责任推诿、事权层层下移及同一事权多层管理导致政府职能不清、事权与支出责任不匹配等现象,应合理划分各级政府公共服务事权,使公共服务事权与相应的支出责任相匹配。当前政府间纵向事权配置优化要解决的首要问题是按照财政支出责任与公共事务责权相适应的原则进一步明确细分各级政府独立承担及共同承担的公共服务事权,合理确定其财政支出分担责任。政府间基本公共服务事权与支出责任划分应遵循两个基本标准,一是效率性标准,即按照公共服务的实际投入与产出的比例作为确定某项公共服务事权是否要归属于该级政府的参考指标。二是受益范围标准,即该项基本公共服务由哪些区域的消费者受益则应归属为该区域政府部门的公共事务权力。除此之外要考虑公共服务的区域均等化、地区规模经济及居民偏好的识别等元素影响来合理划分政府间公共服务事权。我国政府财政层级(见表7-2)包括中央、省、自治区、直辖市其相应省以下的市、县(县级市、区)、乡镇(自治乡、街道)等。

表7-2　我国政府财政层级

中央政府	中　央　财　政			
地方政府	省级财政	市级财政	县级财政	乡级财政
	直辖市	区	街道	
		县	乡镇	
	自治区	自治州	自治县	自治乡
		市	区	
	省	地区	县级市	区
			县	乡镇
		市	区	街道

通常情况下,政府的层级划分和财政的层级划分之间的关系紧密相关,如果各级政府拥有获取收入的来源渠道并有独立的预算机制且独立提供所属行政辖区内的公共服务,则政府层级和财政层级具有一致性。① 要做到这一点就应结合财政体制改革,明确区域性公共服务事权责任和界定各级政府财政支出责任,做到财权与事权相一致。

3. 合理调整省以下各级政府财力划分,赋予地方政府适当税收立法权

目前各省(自治区、直辖市)在国家出台中央与地方财政事权和支出责任划分改革的指导意见后,相继出台省以下财政事权与支出责任划分改革方案,在明确了公共服务领域央地事权划分后,对于地方各级政府的共同事权和独有事权也有了明确政策文件列举。由于当前存在的区域不均衡发展,各地区自然条件、资源禀赋不同,部分人均财力水平较低的地区政府筹集到足额财政资金就非常困难,造成基层政府提供公共服务的能力不均以及财政支出责任配置与财政收入筹集能力不相适应。在现实中普遍存在上级政府公共服务职责层层下移的同时,对下级并没有相应充实的财政资金保障,造成了省市县级财力呈现倒三角形而事权却成呈三角形配置的结构性失衡,大大削弱了地方政府的实际财政支配能力,加重了市县的财政负担从而造成了基层政府在财力方面捉襟见肘。

这里需要重点考虑的就是省级以下政府如何能够获得合法稳定的收入来源。针对各级政府提供公共服务的责权与财权不匹配的严重问题,亟须拿出在考虑公平效率前提下保障地方各级政府财政收入的解决办法。

4. 坚持公共服务事权与支出责任法定原则

公共服务事权与支出责任法定原则是指以法律形式规定政府间公共服

---

① 崔莹:《我国省以下政府间财政支出责任划分问题研究》,辽宁大学 2016 年硕士学位论文。

务事权和支出责任的划分,公共服务事权与支出责任法定是众多国家的普遍做法,法定原则是为确定政府间事权和支出责任划分提供制度安排的依据和最终归宿。我国要以立法形式细化公共服务事权与支出责任的分配,加快其法治化进程。当前,我国在规定各级政府具体的独立、共同事权和支出责任方面已经迈出了可喜的一步,进一步厘清了政府间事权职责边界,以责任目录清单形式明确了独立事权、共同事权支出责任公共服务事项。但是目前我国政府间责权利关系的界定在法律上尚属空白,应当对各级政府间的事权范围进行立法,用法律的刚性约束机制来厘清政府间公共服务事权边界。

从各国实践来看,虽然世界上不同国家的政治体制、历史文化、社会偏好等存在差异,在多层级政府中公共服务事权划分形式上也不同,但其共同特点是政府间事权与支出责任划分的法治性,各国均通过宪法或其他法律形式来明确划分中央与地方的事权和支出责任,既保证了各级政府公共服务事权划分的连续性和稳定性,又避免了随意改变划分规则的随意性。如加拿大、俄罗斯、印度、西班牙、意大利等国家均在宪法等法律层面对各级政府的职责分工进行了明确(见表7-3),各级政府事权和职责的大小以及履行方式均有法可依,确保了政府公共服务履行事权的规范性和权威性。

通过政府间事权与支出责任的法治化减少各级政府间在公共服务提供中的责权利矛盾冲突,为各级政府履行职责提供强制性和权威性的法律依据及法治保障,以提高各级政府尤其是省级以下政府公共服务供给的有效性。

表7-3　部分国家政府间事权法治化一览表

国家	事权立法形式	国家	事权立法形式
马来西亚	宪法	美国	宪法、美国法典、各州宪法等
意大利	宪法	法国	宪法、权力下放法案
印度	宪法	新西兰	宪法、公共财政法等
西班牙	宪法、组织法等	澳大利亚	联邦宪法、州法律等

续表

国家	事权立法形式	国家	事权立法形式
埃及	宪法、1979 年 143 号法案等	瑞典	政府法案、地方政府法案
巴西	宪法、州法律等	加拿大	1867 年英属北美法案等
捷克	宪法、共和国特别法等	英国	权利法案、地方政府法等
波兰	宪法、地方政府法	德国	联邦基本法、州宪法等
俄罗斯	宪法、预算法等	日本	宪法、地方自治法等

资料来源:李萍:《财政体制简明图解》,中国财政经济出版社 2010 年版,第 58 页。

5.明确省以下各级政府间共同事权的承担职责

一是按照《方案》①提出的八大类 18 项基本公共服务②各省应清晰界定省级以下各级政府作为共同财政事权的基本公共服务项目。各省应该根据中央制定的供给标准进一步确定纳入共同财政事权的项目清单,因地制宜、因时制宜确定本省作为共同财政事权的基本公共服务项目,并随着经济社会的不断发展进行动态调整与完善。在兼顾各级地方政府财政承受能力基础上,在不超越经济社会发展阶段的前提下兜牢保障民生底线,既尽力而为又量力而行。

二是合理确立省以下各级政府支出责任分担比例。根据《方案》中各项基本公共服务共同财政事权中央与地方支出责任分担比例情况进一步明确省与市县政府支出责任分担比例。(1)中等职业教育免学费补助、普通高中教

---

① 国务院办公厅发布的《基本公共服务领域中央与地方共同财政事权和支出责任划分改革方案》。

② 一是义务教育,包括公用经费保障、免费提供教科书、家庭经济困难学生生活补助、贫困地区学生营养膳食补助 4 项;二是学生资助,包括中等职业教育国家助学金、中等职业教育免学费补助、普通高中教育国家助学金、普通高中教育免学杂费补助 4 项;三是基本就业服务,包括基本公共就业服务 1 项;四是基本养老保险,包括城乡居民基本养老保险补助 1 项;五是基本医疗保障,包括城乡居民基本医疗保险补助、医疗救助 2 项;六是基本卫生计生,包括基本公共卫生服务、计划生育扶助保障 2 项;七是基本生活救助,包括困难群众救助、受灾人员救助、残疾人服务 3 项;八是基本住房保障,包括城乡保障性安居工程 1 项。

育免学杂费补助、普通高中教育国家助学金、城乡居民基本医疗保险补助等事项,明确省级政府与市县政府的分担比例。(2)义务教育公用经费保障、家庭经济困难学生生活补助、城乡居民基本养老保险补助等按比例分担、按项目分担或按标准定额补助的事项暂按现行政策执行。(3)医疗救助、困难群众救助、基本公共就业服务、残疾人服务等事项,省级政府分担比例主要依据地方财力状况、保障对象数量等因素确定。各省应综合考虑本省不同地区经济发展状况、财力水平、基本公共服务提供成本等因素,对省与市县政府分担比例进行明确并保障共同事权的履行。对于上述分担比例按照保持现有地方政府财力格局总体稳定的原则,依据预算管理有关规定调整涉及的各级政府支出基数划转。[①]

6.建立科学转移支付制度,提高基层政府公共服务能力

为进一步缩小地区间的财力差异要充分利用一般性转移支付均衡不同省份和地区间的公共服务水平。中央转移支付要向经济欠发达省份和地区倾斜并使其首先达到全国最低标准,对于人均财力水平低于全国平均水平的地区要提高转移支付比例,反之则降低转移支付比例或不补。转移支付制度设计应综合考虑省以下地方的财力水平、地区人口特征等因素的影响,构建科学规范的转移支付体系。同时,要完善政策激励约束机制的导向,给予对县级加快发展、市级加大财力下移的奖励,省级对市级均衡辖区内财力差距效果显著的市应给予适当奖励,而对于所辖县财力差距扩大的市,应相应扣回该市相关转移支付资金后直接对所辖县进行分配。[②]

首先,转移支付制度设计应与公共服务事权及支出责任划分相衔接,以进一步优化转移支付结构。按照分级管理的原则,各级政府对本级政府的职责

---

① 崔军、陈宏宇:《关于省以下基本公共服务领域共同财政事权与支出责任划分的思考》,《财政监督》2018 年第 9 期。

② 杨润星:《完善省以下财政体制改革的思考》,《南方论刊》2014 年第 4 期。

应尽职尽责,通过优化公共服务支出结构以及压缩本级支出和专项拨款等方式,在中央财政下达的转移支付资金外,通过积极筹措资金对财政困难县乡加大支持力度。由省级政府对辖区内区域的财力状况、人口规模、公共服务成本等因素进行统计和测算,综合考虑地区间人均 GDP、人口数量、生态环境、财力和支出标准等因素,真正建立一般性财政转移支付方式的"因素法",逐步消除转移支付中的随意性,构建以一般性转移支付为主、专项转移支付为辅的转移支付体系。

其次,制订转移支付法,健全转移支付立法体系。在整个转移支付法律体系中对各级政府的独立法律地位和权利义务加以明确,以固化市县级在政府转移支付中的收入权利,使市县级政府在转移支付中保持平等的法律地位。明确"转移支付所涉及的各级政府特别是县市基层政府的法律地位,明确转移支付资金来源,明确资金分配方法和拨付时间,明确资金使用权力。"①

第三,提高一般转移支付比例,加大对财政困难县乡的支持力度。为切实缓解县乡区域财力不均衡的困境,提高基层政府提供履行公共事务权力的能力。应逐步减少转移支付中专户、专项的比例及控制设立新的专项支付项目。对于涉及地方事权的专项逐步取消并纳入一般性转移支付,进一步增强市县政府的资金分配自主权。为增强各级政府统筹安排使用财政资金能力还应减少与项目配套的专项转移支付比重。

在转移支付过程公开透明、转移支付方式科学规范的基础上,以转移支付的形式补助和激励地方政府时,应当尽可能减少不必要的支付环节,对于资金效益不明显或低下的项目专项转移,应加快专项、专户的清理、整合及归并的规范工作,对转移使用方向一致、扶持对象重叠的项目进行归并整合。对于清理整合后的专项资金应当根据事先测算出的相应财力缺口和支付方案,以保证最大限度地减少资金的漏损和时滞;应将专项资金直接下放到县市财政,以

---

① 冷永生:《中国政府间公共服务职责划分问题研究》,财政部财政科学研究所 2010 年博士学位论文。

提高资金的效率。

三、司法事权纵向配置的优化

司法权力是国家治理体系中最为重要的子系统之一,是国家治理体系健康和规范运行的重要保障机制。党的十八届三中全会以来,党中央把司法体制改革作为全面深化改革的关键环节和重点领域,提出了一系列重大的改革战略和举措。中央全面深改领导小组自2014年到2017年9月共审议通过了涉及司法改革的文件达48个。新一轮司法改革和以往改革有着实质性不同,它不是以往对司法权力运行机制小修小补式的改革,而是在党中央顶层设计的引领下,将改革引入"深水区",破解我国司法中存在的地方化、行政化等体制机制深层次矛盾。

新一轮司法改革的重点是司法事权纵向配置的优化。从提出"司法权从根本上说是中央事权"的全新命题,到省以下司法机构人财物统管,此轮改革的主要环节都和司法事权的纵向配置紧密相关。

(一)司法权属性与司法权是中央事权的分析

1. 司法权的国家权力属性

司法权和立法权、行政权一道,构成了国家权力体系的基本架构。在西方,亚里士多德最早提出了国家权力划分的理论,他在谈到政体含义时指出"政体就是关于最高统治机构和政权的安排形式",这种统治机构分成三个部分即"议事机构、行政机构、审判机构"①,这三个机构是构成一切政体的基础。孟德斯鸠在洛克把国家权力分为立法与执行两权的基础上,进一步提出国家

---

① [古希腊]亚里士多德:《政治学》,吴寿彭译,商务印书馆1996年版,第214页。

权力包括"三种权力,即制定法律权、执行公共决议权和裁判私人犯罪或争讼权。"①明确提出了作为裁判权的司法权力,并强调三种权力独立行使的意义,形成了三权分立的思想,成为资产阶级政体设计的基本原则和国家权力配置的基本模式。

在我国,关于司法权力的界定经历了从广义司法权论或称为"大司法权"说向狭义司法权论的发展。持广义司法权论的学者认为审判、检察、侦查、司法行政机关的权力共同构成司法权力;狭义司法权论认为司法权是指法院的审判权和检察院的检察权,这种理论也得到了宪法的有关规定和官方统一认识的确认,目前无论是理论和实践中大都把法院和检察院作为我国的司法机关。近年来很多学者进一步主张司法权仅指审判权或裁判权,司法权就是法院的裁判权,提出"司法的固有权限就是裁判权。"②十八届四中全会提出"推进以审判为中心的诉讼制度改革"。习近平总书记指出:"司法权是对案件事实和法律的判断权和裁决权。"③。

司法权力和立法权力、行政权力都是国家权力,但司法权力和立法权力、行政权力的显著区别就在于其国家权力的属性。著名法学家凯尔森说过:"只有立法和行政,而不是司法,才具有自治性质;只有立法和行政才在中央的和地方的法律共同体之间加以划分。"④立法权力可以在中央与地方间划分,因此便有地方立法制度的存在,中央政府可以通过"授权立法"的方式授予地方一定的立法权,如我国的民族自治地方和经济特区的立法权。行政权力同样也可在中央与地方不同层级政府间划分,如国务院在相关文件中把我国财政事权划分为中央、地方财政事权和央地共同财政事权。之所以强调司

---

① [法]孟德斯鸠:《论法的精神》(上册),张雁深译,商务印书馆1978年版,第156页。
② 王利明:《司法改革研究》,法律出版社2001年版,第8页。
③ 习近平:《在中央政法工作会议上的讲话》(2014年1月7日),《习近平关于全面依法治国论述摘编》,中央文献出版社2015年版,第102页。
④ [奥]凯尔森:《法与国家的一般理论》,沈宗灵译,中国大百科全书出版社1996年版,第348页。

法权的国家权力属性,首先是国家主权与统一的内在要求,"在法理上,司法权是基于主权产生的,因而它是统一的和不可分割的,因而不存在所谓地方司法权问题。"①其次,是确保国家法制统一的需要。当今世界各国,无论是采用哪种国家结构形式,都通过统一化方式构建国家的司法制度。虽然国家会按照不同的审级设置法院,但设置在地方的法院并不是地方法院,而是国家的法院,所有司法机关都要按照国家统一的法定程序、适用国家统一的法律来行使司法权力。列宁曾对国家法制统一的重要性有过精辟的论述:"法制不能有卡卢加省的法制,喀山省的法制,而应是全俄统一的法制,甚至是全苏维埃共和国联邦统一的法制。"②

2. 关于"司法权是中央事权"的认识

针对我国司法体制存在的弊端,习近平总书记指出:"司法不能受权力干扰,不能受金钱、人情、关系干扰,防范这些干扰要有制度保障。"③2013 年 11月 25 日,中央政法委书记孟建柱发文提出"我国是单一制国家,司法职权是中央事权。"④这是中央领导层首次提出"司法权是中央事权"的命题。习近平总书记在 2014 年中央政法工作会议上对司法权的中央事权属性作了进一步阐释:"司法权从根本上说是中央事权。各地法院不是地方的法院,而是国家设在地方代表国家行使审判权的法院。"为推动省以下地方法院、检察院人财物统一管理等司法体制改革提供了理论依据。

司法事权作为中央事权有着充分的理论和实践依据。首先,司法机构的设置由中央规定,我国立法法明确规定,各级人民法院和人民检察院的产生、

---

① 程竹汝:《论司法在现代社会治理中的独特地位和作用》,《南京政治学院学报》2013 年第 6 期。

② 《列宁全集》第 43 卷,人民出版社 1987 年版,第 195 页。

③ 习近平:《在十八届中央政治局第四次集体学习时的讲话》,《习近平关于全面依法治国论述摘编》,中央文献出版社 2015 年版,第 69 页。

④ 孟建柱:《深化司法体制改革》,《人民日报》2013 年 11 月 25 日。

组织和职权必须由全国人大和全国人大常委会制定的法律加以规定。第二，司法事权的行使来源于中央立法的授权，我国宪法明确规定司法机关依法独立行使职权，任何机关、团体和个人无权干涉。第三，司法机关职权只能由国家法律做出规范。我国立法法规定，涉及犯罪、刑罚、诉讼等制度必须由全国人大及其常委会通过制定法律进行规范，地方立法对涉及诉讼和司法的问题无权作出规定。① 第四，任何一级司法机关的司法裁判效力都及于全国，不受地域的限制。第五，从国外的实践来看，单一制国家大都把司法权力作为中央事权，如日本《宪法》和《地方自治法》规定中央事权包括"外交、国防、司法等不适宜由地方负责的事务"②；英国法官的任命权全部在中央政府；即使是在采用联邦制的美国，联邦法官全部由联邦政府任命，而州法官选任权力也大都集中在各州政府，并未将此权力分配给州以下地方政府。

　　一些学者提出对司法权属于中央事权的不同认识，认为司法事权不同于司法职权，"狭义的司法职权可以等同于裁判权，广义上也可以包括立案、执行、检察权等；而司法事权主要是司法职权顺利履行的保障（主要是人财物）。从法律角度看，职权基于职务身份获得，事权基于职权保障而产生。"③我们认为这不符合事权的本意，事权是指政府公共管理的职责、义务，或者说政府向社会公众提供的公共服务。"司法权作为一种事权，显然是一个复合性的概念，既包括司法权的核心内容，即审判权，也包括配套性的内容，如司法组织的建立、司法人员的任命、司法经费的保障等。"④只把司法机关人财物的管理作为司法事权，而将其主要职责排除在司法事权之外显然是不科学的。

---

① 卢子娟：《关于司法权的几个基础性问题》，《人民司法》2014 年第 13 期。

② 刘剑文、侯卓：《事权划分法治化的中国路径》，《中国社会科学》2017 年第 2 期。

③ 杨清望：《司法权中央事权化：法理内涵与政法语境的混同》，《法制与社会发展》2015 年第 1 期。

④ 姚国建：《中央与地方双重视角下的司法权属性》，《法学评论》2016 年第 5 期。

（二）党的十八届三中全会以来司法事权纵向配置的优化策略

司法权地方化和行政化在我国长期存在，成为影响司法公正的体制顽疾，因此，消除司法权地方化和行政化已经成为理论和实务界的共识，但由于涉及政治体制等重大问题，在十八大以前的几轮司法改革过程中一直没有突破性的进展。以习近平同志为核心的党中央高度重视司法体制改革，认为其"在全面深化改革、全面依法治国中居于重要地位，对推进国家治理体系和治理能力现代化意义重大。"①深刻提出"司法不公的深层次原因在于司法体制不完善、司法职权配置和权力运行机制不科学、人权司法保障制度不健全。"②党中央针对司法体制存在的深层次问题进行了一系列改革顶层设计。十八届三中全会提出"改革司法管理体制，推动省以下地方法院、检察院人财物统一管理。"十八届四中全会进一步具体部署了改革司法机关人财物管理体制，探索设立跨行政区划的法院、检察院，实行司法与行政辖区分离，设立巡回法庭等重大改革措施。2015 年 4 月，司法改革的统筹部署被提升到中央层级，进一步明确了改革的路线图和时间表。③

1. 推进省以下司法机关人财物省级统管

按照十八届三中、四中全会的顶层设计，省以下司法机关人财物统管的改革从试点省市开始逐步推开，主要开展了以下几方面的改革。

（1）改革司法预算和经费管理体制

首先是改革司法预算体制。将市、县（市、区）法院、检察院作为省级财政的

---

① 《习近平对司法体制改革作出重要指示强调：坚定不移推进司法体制改革　坚定不移走中国特色社会主义法治道路》，《人民日报》2017 年 7 月 11 日。

② 习近平：《关于〈中共中央关于全面推进依法治国若干重大问题的决定〉的说明》，《十八大以来重要文献选编》（中），中央文献出版社 2016 年版，第 151 页。

③ 2015 年 4 月 9 日，中办、国办印发《关于贯彻落实党的十八届四中全会决定进一步深化司法体制和社会体制改革的实施方案》，就进一步深化司法体制和社会体制改革具体列出了 84 项改革举措。这是十八届四中全会后，中央印发的首个专门领域贯彻落实四中全会决定的文件。

一级预算单位,由省(市、自治区)财政厅保障、审核预决算并征求省(市、自治区)高级法院、检察院的意见。省(市、自治区)财政厅按照规范程序批复预决算,采取国库集中支付方式拨付资金。省(市、自治区)财政厅会同省(市、自治区)高级法院、省检察院进一步完善法院、检察院系统财务管理制度,规范资金管理。二是建立相对统一、符合审判、检察业务特点的经费支出分类保障体系。

(2)改革编制管理体制

法院、检察院的机构编制实行省级统一管理,由省(市、自治区)编制部门会同省(市、自治区)法院、检察院管理市县(市、区)法院、检察院的机构编制。市县(市、区)法院、检察院的机构调整,由省(市、自治区)法院、检察院提出意见后报省级机构编制部门审批。编制动态调整由省级法院、检察院提出意见后报省级编制部门审批。

(3)改革人事管理制度

第一,建立法官、检察官统一遴选制度。设立省级法官、检察官遴选委员会,统一负责法官、检察官的遴选工作。遴选委员会由省级党委政法委负责组织,由人大和组织人事部门相关人员、经验丰富的法官检察官、法学专家、律师等组成。通过遴选委员会遴选的法官、检察官,根据法律程序提请同级人大常委会任命。第二,对于各级法院、检察院的领导成员,依据党管干部与遵循司法规律相结合的原则,落实"统一提名、党委审批、分级任免"的制度。

2.探索设立跨行政区划的法院、检察院

长期以来,我国都是按行政区划设置地方各级司法机关,不同层级的行政区域设立相对应的法院、检察院,由于地方司法机关的财政保障受制于地方经济发展水平,因此司法机关和地方利益紧密关联,地方司法机关在很多方面受制于地方政府,出现诸如"主客场官司"等违背司法统一的怪相,形成了司法的地方保护主义,使地方司法权力运行背离了中央司法事权的属性。

党的十八届四中全会提出探索设立跨行政区划的司法机关,必将有利于

排除地方党政部门对司法权力运行的干扰、保障司法机关依法独立公正行使职权,实现中央提出的"构建普通案件在行政区划法院审理、特殊案件在跨行政区划法院审理的格局。"①

2014 年,跨行政区划设立法院、检察院的《试点方案》由中央全面深改领导小组第七次会议审议通过,随后试点工作在全国范围内推开。2014 年 12 月,我国首批跨行政区域法院——北京市第四中级人民法院和上海市第三中级人民法院先后成立;北京市和上海市在依托铁路检察院的基础上,分别设立了北京市人民检察院第四分院和上海市人民检察院第三分院,就此,我国跨行政区划检察院试点工作也正式拉开帷幕。广东、江苏、浙江等省也积极开展了跨行政区划司法机构设置的改革。

2016 年 6 月,为服务和保障京津冀协同发展,加强京津冀地区设立跨行政区划司法机构的改革探索,最高人民法院组织召开了京津冀法院联席会议第一次会议。会议提出了探索将北京市第四中级人民法院的案件管辖范围拓展到天津市和河北省,由北京市第四中级人民法院管辖跨京津冀行政区划特定范围、特定类型的重大民商事案件;探索建立跨行政区划知识产权案件集中在北京、涉外海事商事案件集中在天津、跨行政区划资源类案件集中在河北管辖的制度。② 这一机制付诸实施,是我国跨行政区划法院设置的一大突破,必将进一步破解司法权力地方化,促进国家的司法统一。

3. 最高人民法院设立巡回法庭

2014 年 10 月,党的十八届四中全会部署了"最高人民法院设立巡回法庭,审理跨行政区域重大行政和民商事案件"的改革举措。同年 12 月中央全面深改领导小组通过了有关《试点方案》,随后全国人大常委会通过了在深圳

---

① 习近平:《关于〈中共中央关于全面推进依法治国若干重大问题的决定〉的说明》,《十八大以来重要文献选编》,中央文献出版社 2016 年版,第 149 页。

② 骆倩雯:《京津冀地区将探索设立跨行政区划法院》,《北京日报》2016 年 6 月 4 日。

和沈阳分别设立最高人民法院第一和第二巡回法庭的决议。2015 年 2 月,第
一、第二巡回法庭挂牌并开始运转。2016 年 11 月,在第一、第二巡回法庭开
展一年多试点工作的基础上,中央决定在重庆、西安、南京、郑州增设四个巡回
法庭。至此我国形成了最高人民法院在全国设置六个巡回法庭的总体布局,
形成了覆盖全国的华东、华中、华南、西北、西南、东北六个巡回区。

巡回法庭的设立一方面缓解了最高法院的受案压力,有利于发挥最高法
院监督指导的职能,另一方面方便了群众诉讼、节约了诉讼成本。巡回法庭更
重要的一个功能,是对司法改革后省级司法机关权力过大、行政化趋势不降反
升的一种制约,也有助于进一步解决司法权力地方化的难题。

(三)司法事权配置改革中应处理好的几对关系

新一轮司法改革作为一项体制机制性改革,是在对原有体制、制度、模式
进行全方位改革的基础上,构建适应国家治理现代化要求的司法权力配置和
运转模式,改革过程中既要处理好新旧体制的关系,又要面对新体制、机制自
身的磨合,需要一个长期艰苦的过程,不可能一蹴而就。在改革的过程中要着
重把握和处理好以下几方面的关系。

1. 省以下法院、检察院人财物统一管理与现行宪法、组织法的关系

省以下法院、检察院人财物统一管理是否涉及对现行宪法、地方组织法、
两院组织法等相关法律的修改,对此学者们提出了不同的主张。一种观点认
为省以下法院检察院人财物统一管理必须以修改现行宪法为前提;另一种观
点则认为"省级统管没有宪法上的障碍",①不涉及修宪问题。

---

① 江国华提出:"司法改革是一个宪法层面的问题,具有"修宪权"的性质,需要通过修改
宪法来进行。"王庆丰则认为"宪法第一百二十八条仅规定了最高人民法院对全国人民代表大会
及其常委会负责,但并未规定地方法院必须同同级人大产生、对同级地方人大负责,而是明确了
地方法院由哪级人大产生,就对哪级人大负责。"因此"省级统管没有宪法上的障碍。"参见江国
华:《论司法改革的五个前提性问题》,《政治与法律》2015 年第 3 期;王庆丰:《省以下地方法院
人财物统一管理中的四个关系》,《人民司法》2015 年第 5 期。

　　首先,我国宪法和组织法均明确规定各级人民法院、检察院要由同级人大产生,两院组织法对此有更具体明确的规定,如人民法院组织法第9条明确规定了最高人民法院对全国人大及其常委会负责并报告工作,地方各级人民法院对本级人大及其常委会负责并报告工作的制度。其次,从我国政体的实际运行来看,"一府两院"由同级人大产生并对其负责、受其监督,是建国后几十年形成的权力配置基本格局。2018年新修订的人民法院组织法和人民检察院组织法对此并未作出调整。因此,省以下法院、检察院人财物统一管理如果在全国彻底推开,肯定会涉及到宪法、相关法律的修订,有学者对此做出专门研究和统计,①认为会涉及到宪法、地方组织法、监督法、民族区域自治法、两院组织法、法官法、检察官法在内的8部法律几十个条文的修改。如此大范围的修改法律特别是修宪,短期内无法完成。

　　省以下法院、检察院人财物统一管理关涉到人民代表大会制度、民族区域自治制度等多项国家基本制度的调整,是非常浩大且复杂的工程,因此应采取渐进改革的方式逐步推进。目前阶段可以借鉴我国监察体制改革的模式,以全国人大常委会决定的方式授权试点地方进行改革,待条件成熟后在对宪法和相关法律进行修改。这样既不违背"凡属重大改革都要于法有据"的原则,又体现了维护宪法和法律权威和稳定的精神。

　　2. 省以下法院检察院人财物统一管理与法院检察院由同级人大产生并对其负责的关系

　　按照我国宪法和相关组织法的规定,"一府、一委、两院"都要由同级人大产生并对其负责、受其监督。省以下法院、检察院人财物统管后,如何处理法院、检察院与同级人大的关系,存在着与现行相关法律之间的制度张力。如何解决这个矛盾,学者们给出了不同的方案。

----

　　① 高其才:《省以下地方法院、检察院人财物统一管理改革的法律障碍》,《苏州大学学报·法学版》2014年第1期。

目前主要有两种方案,第一种方案是法官、检察官由省级机构负责提名,然后再由同级地方人大及其常委会按照法定程序选举或决定任命,也就是把提名权上收到省级,而选举或决定任命的法定程序仍由同级人大及其常委会行使。第二种方案是把市、县(市区)法官和检察官的提名权和选举、任命权都上收到省级,由省级法官、检察官遴选委员会负责遴选后向省级人大及其常委会提名,由省级人大及其常委会履行选举或决定任命的法定程序。从目前的情况看,实践中仍采取了第一种模式,第二种方案涉及我国现行宪法与相关法律制度的修改,改革的复杂程度决定了在短期内无法彻底推行。

从长远来看,要彻底消除我国司法权力地方化的痼疾,实现司法职权中央事权化,本书认为改革可以分三步走,第一阶段,采取上文提到的第一方案,即提名权上收到省级,选举和任免权由同级人大及其常委会保留;第二阶段,把市县(市区)法官、检察官的提名权和选举、任免权力都上收到省级;第三阶段,将省级法院、检察院法官、检察官的提名和选举任免权上收到中央,包括最高人民法院、检察院和省级法院、检察院法官、检察官的遴选和提名均由国家法官(检察官)遴选委员会统一负责,由全国人大和人大常委会行使选举和任免权力。这样就形成了全国人大及其常委会产生并监督最高和省级司法机构,省级人大及其常委会产生并监督中级人民法院(市级检察院)和基层人民法院(检察院)。由此,司法权力配置由原来四级变为中央和省两级的格局。当然,这种改革设想将是我国司法体制的全新构造,需要采取渐进改革方式和经历长期的改革过程。

3. 省以下法院、检察院人财物统一管理与同级地方党委对法院、检察院工作领导的关系

省以下法院、检察院人财物统一管理实施后,省以下法院、检察院的干部、人事管理制度发生了很大变化,特别是法官、检察官省级遴选和审批实行后,

市、县(区)党委对法院、检察院的领导和司法人员管理方式发生改变。改革后,中级、基层法院院长和市、县检察院检察长已实现由省级党委(党委组织部)管理,原有的同级地方党委对法院、检察院工作的领导以及法院、检察院干部队伍的管理和监督方式发生改变。对此,要处理好体制改革与党的领导、党管干部的关系。首先,要清楚地认识到,省级统管的主要目的是克服司法权力地方化的倾向。我国长期存在的司法机构按行政区划设置、由同级地方管理的体制,是造成司法权力地方化的主要因素。长期以来,许多地方党委都把司法机关看作地方的工作机构,认为党的领导就是同级党委的领导。要明确党的领导并不必然是同级党委领导,实践中我国许多领域如纪检监察、税务、海关等都实行双重领导或以上级党委领导为主的体制。第二,司法人员的管理要坚持党管干部的原则,同时也要坚持尊重司法规律的原则。法官、检察官既是国家司法权力的行使者,同时也是公平正义的守护者,既要求有过硬的政治素质,也必须具备履行职务所要求的专业素养和职业伦理操守。因此,司法体制改革要把党管干部原则与科学的法官检察官遴选机制结合起来,建立科学的司法队伍管理和监督机制。

4.人财物统一管理与处理地方保障能力不平衡问题的关系

党的十八届三中全会提出省以下法院、检察院人财物统一管理的改革方向后不久,中共中央政法委员会主要负责人专门发文对改革的具体部署作了进一步解读,并确定了分两步走的改革思路,[1]即先把省以下法院、检察院人财物由省级统一管理,待条件成熟后再统一由中央管理,这是基于我国国情现实所做出的切实可行的制度设计。按照这个改革思路,改革的深度和广度是

---

[1]　时任中共中央政法委员会书记孟建柱在文章中提出:"考虑到我国将长期处于社会主义初级阶段的基本国情,将司法机关的人财物完全由中央统一管理,尚有一定困难。应该本着循序渐进的原则,逐步改革司法管理体制,先将省以下地方人民法院、人民检察院人财物由省一级统一管理。地方各级人民法院、人民检察院和专门人民法院、人民检察院的经费由省级财政统筹,中央财政保障部分经费。"孟建柱:《深化司法体制改革》,《人民法院报》2013年11月26日。

前所未有的,因此,要对改革的难度有预判,不能急于求成。即使是第一步的省级统管,也需要考虑我国国情不宜盲目快速推进。首先,我国是世界人口总量第一的单一制大国,拥有世界上数量最多、权力设置最为复杂的司法权力体系,以法院为例,我国共有 1 个最高法院、32 个高级法院、408 个中级法院和 3115 个基层法院,①检察院的数量也大体相当;全国法院法官 21 万多名,检察官 16 万多名,如此庞大的机构、人员数量,人财物全部统一由中央管理显然是不现实的,即使是统一到省一级,其复杂程度和工作量之大也超乎想象。因此在人财物省级统管中,可以首先逐步实现人的统一管理,而经费预算和财务管理要循序渐进地推进。第二,制约我国省以下法院、检察院人财物统管的另一个重要因素是我国经济发展的不平衡,我国东西部、沿海与内地经济发展水平差异较大,各地财政收入状况的不同也使得司法机关经费保障方面存在着落差,财力较差的地方希望尽快实现统管,而财力较好的地区担心统管后会降低待遇和经费保障水平。如果"一刀切"或"一步到位"实现省级统管,必然面临许多困难和阻力。因此,应采取因地制宜的方式逐步推进改革。

三、政府间纵向权力监督与调节机制优化

科学的权力配置体系既要保证权力的有效运行,还要防范权力失范所造成的权力滥用。党的十八大报告提出要"健全权力运行制约和监督体系",十八届三中全会提出要"强化权力运行制约和监督体系",十九大进一步提出"健全依法决策机制,构建决策科学、执行坚决、监督有力的权力运行机制。"这些都为完善我国权力监督体系提供了越来越清晰的纲领和行动指南。完善以执政党为统领,由党中央和地方各级党组织、中央和地方各级人大、行政机

---

① 何帆:《论上下级法院的职权配置》,《法律适用》2012 年第 8 期。

关、监察机关构成的多层次、立体式纵向权力监督机制,不仅可以提升国家治理的效率,而且可以降低权力结构的维护成本,进一步优化纵向权力结构配置。同时还要为纵向权力配置过程中产生的不同层级政府权力间的争议,提供有效的调节机制。

(一)政府间纵向权力监督机制的优化

1.完善执政党的纵向权力监督机制

从我国执政党的监督机制看,形成了包括党中央与地方党组织以及党中央与从中央到地方各级人大、政府、监察机关、司法机关之间的多重权力监督制约关系。

党的十八大以来,党中央不断加强以党章为核心的党内法规体系建设,改革和完善纵向权力监督体制机制:

第一,党的中央委员会对中央和地方政府执行党的路线、方针、政策情况进行全面监督。执政党通过中央和地方纪检、监察机构向同级党和国家机关全面派驻纪检监察组以及巡视、巡查等方式对各级党组织进行监督。党的十八届三中全会规划了进一步完善中央和省市区巡视制度的改革方向;十八届六中全会通过的《党内监督条例》进一步明确了党委要在一届任期内实现巡视全覆盖的制度。按照十九大新修订的党章规定,在中央和省级党委设置并实施巡视制度基础上,市县党委设置并实施巡察制度,实现巡视、巡查监督的全面性并推动监督制度向基层延伸。

第二,通过党管干部实现纵向权力监督。党中央一方面拥有对中央和省级政府主要领导人的提名权,另一方面也可通过党的组织部门调任省级政府主要领导人。党组织管理和监督地方政府领导人的方式不仅是党管干部原则的具体体现,也是执政党进行权力纵向监督的重要途径。

第三,党中央通过建立重大问题请示报告制度,推动党的路线、方针、政策贯彻执行，并由此实现对纵向各级政府的监督。2016 年党的十八届六中全会对各级党组织建立重大问题请示报告制度提出了明确要求。① 2019 年 2 月，中共中央印发了《中国共产党重大事项请示报告条例》，进一步规范了请示报告制度的内容和程序方式，有利于推动执政党的监督进一步制度化、规范化、科学化。

第四，通过健全党对重大工作的领导体制机制，实现纵向的权力监督。党中央通过设置决策议事协调机构，实现对全面深化改革、依法治国、外交、国家安全、政法、统战、民族宗教、教育等领域重大工作的顶层设计和整体布局。十八届三中全会以后，党中央相继成立了中央全面深化改革、网络安全和信息化、财经、外事工作等领导小组及国家安全委员会；党的十九届三中全会又将上述 4 个小组升格为委员会，同时又组建了中央全面依法治国委员会、中央审计委员会、中央教育工作领导小组等新的议事协调机构。

第五，党内法规与国家法律形成合力，不断完善纵向权力监督的制度规范。党内法规虽然只能规范党组织和党员个人行为，但由于我国党政紧密结合的国家治理结构以及中国共产党作为领导党和执政党的特殊地位，党内法规在党内治理中的效能必然会作用到国家治理中。党的十八大以来，党中央高度重视党内法规体系建设，十八届六中全会通过的《党内监督条例》提出了构建更为完整系统的党内监督体系。党内法规和国家法律紧密结合，依规治党和依法治国的有机统一，将使国家治理结构中执政党与国家政权机关的权力监督关系以法治方式进一步规范。

---

① 《关于新形势下党内政治生活的若干准则》规定："全党必须严格执行重大问题请示报告制度。全国人大常委会、国务院、全国政协，中央纪律检查委员会、最高人民法院、最高人民检察院，中央和国家机关各部门，各人民团体，各省、自治区、直辖市，其党组织要定期向党中央报告工作。研究涉及全局的重大事项或作出重大决定要及时向党中央请示报告，执行党中央重要决定的情况要专题报告。""省、自治区、直辖市党委在党中央领导下开展工作，同级各个组织中的党组织和领导干部要自觉接受同级党委领导、向同级党委负责，重大事项和重要情况及时向同级党委请示报告。"

2. 完善各级人大及其常委会纵向权力监督机制

各级人大及其常委会的监督权是宪法赋予的法定职权,是我国纵向权力监督体制的重要组成部分。2007年颁布实施的《各级人民代表大会常务委员会监督法》,使人大监督权得到进一步的确认和规范。

第一,通过立法监督实现纵向权力监督功能。我国宪法、立法法、组织法等相关法律都对人大及其常委会的立法监督作了明确规定,全国人大常委会有权撤销省(直辖市、自治区)的人大及其常委会同宪法、法律和行政法规相抵触的地方法规;省级地方性法规和规章要报全国人大常委会和国务院备案;设区的市制定的地方法规必须报省级人大常委会批准后方可实施;省级人大常委会对报请批准的地方性法规,应当对其合法性进行审查。党的十八届四中全会提出要加强备案审查制度,党的十九大进一步明确提出要推进合宪性审查工作,2018年宪法修正案把全国人大法律委员会改为宪法和法律委员会,赋予其加强宪法监督、推进合宪性审查的专门职责。

第二,完善"一府一委两院"由同级人大产生、对其负责并受其监督的制度。党的十八届三中全会以来,中央反复强调要健全和加强"一府一委两院"由人大产生、对其负责并受其监督的制度,并提出要建立各级政府重大决策出台前向本级人大报告制度;中央还出台了国务院就国有资产管理情况向全国人大常委会报告等制度规范,拓宽了人大监督的领域,使人大监督工作开展得更深、更实。

第三,完善人大重大事项决定权的落实和实施机制。党的十八届三中全会对健全人大讨论、决定重大事项制度提出了明确要求,2017年1月,中央专门发文①阐述了人大依法讨论决定重大事项的重要意义,并要求各级地方人大及其常委会通过地方法规和具体办法,对重大事项范围进一步明确和规范。

---

① 中共中央办公厅印发《关于健全人大讨论决定重大事项制度、各级政府重大决策出台前向本级人大报告的实施意见》(中办发2017[10]号)。

这是我国确定人民代表大会制度以来,中央首次对重大事项决定权的行使提出专门指导意见,标志着人大讨论决定重大事项制度纳入了全面依法治国和推进国家治理现代化的总体部署。文件出台后,各级人大认真传达贯彻,认识上有了新的升华,讨论决定重大事项的自觉性不断增强,在实践中进行了许多新的探索并取得了良好成效。未来改革过程中,要进一步完善人大讨论决定重大事项的相关立法。从国家法律和地方性法规层面明确重大事项的定性与定位、内涵和范围,明确决定重大事项的程序,并明确重大事项决定后对贯彻落实情况的奖惩等措施,为各级人大行使重大事项决定权提供充分的法定依据。

3. 优化监察机关的纵向权力监督机制

2018 年 3 月召开的十三届全国人大一次会议,通过了我国现行宪法第五次修正案和监察法,确立了我国的监察体制。宪法和监察法明确规定了我国设立国家监察委员会,在地方设置省、市、县三级监察委员会,我国监察权力体系由国家和地方四级监察委员会共同构成。各级监察委员会作为专责机关行使国家监察职能。

监察体制改革是党的十八大以来我国政治体制的重大变革。国家各级监察委员会与同级党的纪律检查委员会合署办公,党内监督和国家监察共同构成中国特色治理体系的重要部分,是完善党和国家监督体系的重大举措。

监察机构作为国家监察的专责机关,在纵向权力监督体制中发挥着重要作用。

第一,通过行使监督、调查、处置等方面权力,发挥在纵向权力监督中的作用。按照监察法规定,各级监察委员会通过依法履行监督、调查、处置等三方面职责行使监察权。监督权是监察机关的首要职责,根据宪法、监察法的规定各级监察委员会有权监督检查公职人员依法履职、秉公用权、廉洁从政以及道德操守情况。调查权即对涉嫌贪污贿赂、滥用职权、玩忽职守等职务违法和犯罪行为进行调查。处置权主要包括各级监察委员会对违法的公职人员进行政务处分,对失职失责的领导公务人员实施问责,对涉嫌职务犯罪的移送检察院依法审查、提起公诉等。

第二,各级监察委员会派驻派出监察机构、监察专员是行使监督权的重要方式。各级监察委员会依照监察法规定可以通过派驻派出监察机构、监察专员方式行使监督权力,这是党的纪检机关派驻制度的延伸和发展,是党内派驻制度的进一步规范化、法治化。监察法规定各级监察委员会均可根据需要和监察实际派驻派出监察机构、监察专员,派驻机构统称"派驻纪检监察组",派驻机构中党的纪检组织与国家监察机构合署办公,共同承担党内监督和国家监察职能。派驻对象为本级党的机关、人大、政府、司法机关和法律法规授权或委托管理公共事务的组织和单位以及所管辖的国有企业等。

需要明确的是,监察机关不能对各级人大、行政机关、司法机关等国家机构的职权行使进行抽象监督和调查,而是通过对上述机构国家公职人员具体履职行为开展监督和调查,即通过"管人"实现其作为专责行使国家监察权机构的监督职能。

(二)建立和完善政府间事权纵向配置的调节机制

无论是单一制国家还是联邦制,任何国家都不可能通过宪法或其他法律将中央与地方权限划分到绝对清晰的程度,都不可避免会产生政府间纵向权力划分或运行中的争议。这一方面是由于国家所管理的经济社会生活的复杂性,托克维尔曾就此提到:"要想事先用一个准确而全面的方法把分享主权的两个政府的权限划分开来,那是不可能的,谁能预见一个国家一切生活细节呢?"①另一方面是由于中央和地方利益的差异导致二者之间必然会存在矛盾和争议,只是不同体制下争议的性质和程度不同。因此,如何建

① 〔法〕托克维尔:《论美国的民主》(上卷),董国良译,商务印书馆1996年版,第127页。

立政府间纵向权力争议的调节机制，是纵向权力配置过程中必然要面对的问题。

1.政府间纵向事权争议调节机制的主要模式

世界各国对政府间事权争议的调节，主要有司法机关调节和专门机构调节两种模式。

(1)司法机关调节模式

西方发达国家大都采用司法机关调节模式来处理政府间纵向事权划分争议。这其中又具体分为两种模式。第一种是以美国为代表的由普通法院系统对政府间纵向事权争议进行调节的模式。美国确立了由联邦法院主导的违宪审查机制，联邦政府与州政府间的权限争议由联邦法院管辖，并强调联邦法院是联邦与州之间权力争议的最终裁决者，美国法学家阿奇比尔德·考克斯认为："自一开始，最高法院就是联邦体系的最终裁决者，确定国家和州各自正确的范围并防止相互侵扰。"①第二种是采用专门司法机关对政府间纵向事权争议进行调节的模式。在德国，联邦与各州之间的权限争议由联邦宪法法院管辖，德国基本法第93条规定了联邦宪法法院的管辖事项，其中包括联邦法律或州法律与基本法发生冲突或者联邦和各州在执行联邦法律时发生争议的情况下，宪法法院有权予以裁决。俄罗斯1993年宪法也规定了联邦宪法法院拥有对联邦与联邦主体间权力关系的调节权。意大利、西班牙、韩国也采用宪法法院调节模式。法国则采取行政法院裁决行政诉讼的形式来调节中央与地方政府间权限争议。

(2)专门机关调节模式

一些国家设立了专门机构来调节中央与地方政府间纵向事权的争议。在日本，上世纪90年代修订的《地方自治法》规定了由总务省下设的中央

---

① 刘海波：《中央与地方政府间关系的司法调节》，《法学研究》2004年第5期。

地方争议处理委员会专门处理中央与地方政府间权限争议,在都道府县和市町村之间也建立了自治纠纷处理委员会,来调节地方各级政府间的权限争议。这是建立在行政系统内部的争议调节机制。如果内部调节机制不能解决争议,仍可采取诉讼方式由法院进行裁决。在英国,议会下院专门设有威尔士委员会、苏格兰委员会和北爱尔兰委员会来调节中央政府与地方政府的关系。

从世界各国的情况来看,大多数西方国家都注重发挥司法机关在中央与地方政府间纵向权力关系中的调节作用,并形成了较为完善的宪法、法律制度,促进了政府间事权纵向配置的规范化、法治化。而在一些行政权力占主导地位的国家如日本,则更注重行政系统内部调节机制的作用。相对于司法程序而言,行政系统内部调节机制具有成本相对较低、效率更高的特点。同时,许多国家近年来出现了注重采用沟通和协商的方式解决政府间纵向权力划分争议的趋势,从传统的中央主导控制转变为越来越注重中央与地方政府间的沟通、协商与合作。

2. 构建中国特色的政府间纵向权力调节机制

我国宪法对中央与地方政府间的事权划分规定的比较原则,对中央政府专有权力、地方政府专有权力以及央地政府共有权力各包括哪些事项,规定并不是特别清晰,这就容易导致中央与地方政府间权限争议。我国宪法规定由全国人大常委会和国务院处理中央与地方政府间的权限争议问题,但主要是针对在立法领域中行政法规、规章与上位法之间的冲突,而实际上中央与地方政府间的权限争议还包括行政权力、财政税收权等多个领域,还缺乏制度规制。

学术界对构建政府间纵向权力争议的调节机制提出了不同的思路。第一,在最高权力机关即全国人大及其常委会设置专门机构负责政府间纵向权力争议的调节。有学者提出在全国人大常委会内设立"地方事务委员会",以便专门负责研究、协调和审议人大议事中有关地方的各种事务。① 第二,借鉴日本的经验,在国务院设置专门机构——中央与地方争议解决委员会,专职负责调处政府间纵向权力争议。② 第三,通过司法裁判方式解决政府间纵向权力争议。

本书认为,我国政府间纵向权力争议调节机制的构建,可考虑制定远期、中期、近期三个阶段目标,采取分三步走的策略逐步完善。首先,就我国现状而言,司法调节机制与我国现有体制存在着较大的观念和制度冲突,其实施也涉及到对现行体制的重大调整,短期内尚难实现。从长远来看,可以在改革现有行政诉讼制度的基础上,逐步发挥司法在纵向权力配置中的调节功能。第二,2018年十三届全国人大将全国人大法律委员会更名为"全国人大宪法与法律委员会",落实和推进十九大提出的合宪性审查工作,全面加强宪法的实施和监督工作,使中央与地方纵向立法权限调节有了更进一步的制度保障。鉴于我国中央地方关系的复杂性以及近期香港出现的违反"一国两制"和基本法精神的一系列事件,同时着眼于未来台湾与祖国大陆统一,可考虑将全国人大常委会现有内设机构升格为"全国人大港澳特别行政区基本法委员会",专门处理中央与特别行政区相关立法问题。第三,近期尽快在国务院设立中央地方关系调节委员会,负责中央政府与地方政府在事权划分领域的综合协调工作。国务院已经在相关文件中提出要"明确政府间财政事权划分争议的处理","中央与地方财政事权划分争议由中央裁定,已明确属于省以下的财政事权划分争议由省级政府裁定。"③文件虽然提出中央与地方政府间财政事

---

① 吴国光、郑永年:《论中央、地方关系:中国制度转型中的一个轴心问题》,牛津出版社1995年版,第162页。

② 郭蕾:《中央与地方争议解决之法律分权模式:学理分析与法治图景》,《浙江社会科学》2014年第8期。

③ 《关于推进中央与地方财政事权和支出责任划分改革的指导意见》,中华人民共和国中央人民政府网,http://www.gov.cn/zhengce/content/2016-08/24/content_5101963.htm,发布时间:2016-08-24,访问时间:2019-09-20。

权划分争议由"中央裁定"、省以下争议由省政府裁定的思路,但由哪个机构、依据什么程序进行裁定,都需要进一步具体落实。目前,国务院已相继公布了医疗卫生、教育、科技、交通运输等多个领域央地财政事权和支出责任划分方案,随着这些改革方案的落地实施,央地政府间财政事权划分争议事项必然会逐步上升。因此,首先应在国务院和省级政府设置相应的机构,同时要尽快制定相应规则,可考虑先制定行政法规层次的《政府间财政事权划分争议处理条例》,待条件成熟后再上升到国家法律的层次,促进我国政府间纵向权力争议调节机制的规范化、法治化。

参 考 文 献

一、中文著作

1.《马克思恩格斯全集》第 7 卷,人民出版社 1959 年版。

2.《马克思恩格斯全集》第 22 卷,人民出版社 1965 年版。

3.《马克思恩格斯全集》第 41 卷,人民出版社 1982 年版。

4.《列宁全集》第 20 卷,人民出版社 1958 年版。

5.《列宁全集》第 26 卷,人民出版社 1959 年版。

6.《列宁全集》第 28 卷,人民出版社 1956 年版。

7.《列宁全集》第 43 卷,人民出版社 1987 年版。

8.《毛泽东选集》第 5 卷,人民出版社 1977 年版。

9.《周恩来选集》(下册),人民出版社 1980 年版。

10.《邓小平文选》(1975—1982),人民出版社 1983 年版。

11.《邓小平文选》第 1 卷,人民出版社 1993 年版。

12.《邓小平文选》第 2 卷,人民出版社 1994 年版。

13.《邓小平文选》第 3 卷,人民出版社 1993 年版。

14.《江泽民文选》第 1 卷,人民出版社 2006 年版。

15.《江泽民文选》第 3 卷,人民出版社 2006 年版。

16.《中共中央关于全面深化改革若干重大问题的决定》,《十八大以来重要文献选编》(上),中央文献出版社 2014 年版。

17.《中共中央关于坚持和完善中国特色社会主义制度、推进国家治理体系和治理能力现代化若干重大问题的决定》,《〈中共中央关于坚持和完善中国特色社会主义制

234

度、推进国家治理体系和治理能力现代化若干重大问题的决定〉辅导读本》，人民出版社 2019 年版。

18. 习近平：《切实把思想统一到党的十八届三中全会精神上来》，《习近平谈治国理政》，外文出版社 2014 年版。

19. 《习近平关于全面深化改革论述摘编》，中央文献出版社 2014 年版。

20. 习近平：《关于〈中共中央关于坚持和完善中国特色社会主义制度、推进国家治理体系和治理能力现代化若干重大问题的决定〉的说明》，《〈中共中央关于坚持和完善中国特色社会主义制度、推进国家治理体系和治理能力现代化若干重大问题的决定〉辅导读本》，人民出版社 2019 年版。

21. 《中共中央关于全面推进依法治国若干重大问题的决定》，《十八大以来重要文献选编（中）》，中央文献出版社 2016 年版。

22. 习近平：《关于〈中共中央关于全面推进依法治国若干重大问题的决定〉的说明》，《十八大以来重要文献选编（中）》，中央文献出版社 2016 年版。

23. 习近平：《在中共十八届四中全会第二次全体会议上的讲话》，《习近平谈治国理政》第二卷，外文出版社 2017 年版。

24. 习近平：《在中央政法工作会议上的讲话》（2014 年 1 月 7 日），《习近平关于全面依法治国论述摘编》，中央文献出版社 2015 年版。

25. 中共中央宣传部：《"省部级主要领导干部学习贯彻十八届三中全会精神全面深化改革专题研讨班"的重要讲话》，《习近平总书记系列重要讲话读本》，学习出版社、人民出版社 2016 年版。

26. 习近平：《决胜全面建成小康社会　夺取新时代中国特色社会主义伟大胜利——在中国共产党第十九次全国代表大会上的报告》，《中国共产党第十九次全国代表大会文件汇编》，人民出版社 2017 年版。

27. 中共中央宣传部：《习近平新时代中国特色社会主义思想三十讲》，学习出版社 2018 年版。

28. 中共中央宣传部：《习近平新时代中国特色社会主义思想学习纲要》，学习出版社、人民出版社 2019 年版。

29. 习近平：《关于深化党和国家机构改革决定稿和方案稿的说明》，《〈中共中央关于深化党和国家机构改革的决定〉〈深化党和国家机构改革方案〉辅导读本》，人民出版社 2018 年版。

30. 《中共中央关于深化党和国家机构改革的决定》，《〈中共中央关于深化党和国家机构改革的决定〉〈深化党和国家机构改革方案〉辅导读本》，人民出版社 2018 年版。

31.《沿着有中国特色的社会主义道路前进——在中国共产党第十三次全国代表大会上的报告》,《中国共产党第十三次全国代表大会文件汇编》,人民出版社1987年版。

32.《关于新形势下党内政治生活的若干准则》:《十八大以来重要文献选编》(下),中央文献出版社2018年版。

33.习近平:《在庆祝中国共产党成立九十五周年大会上的讲话》(2016年7月1日),人民出版社2016年版。

34.习近平:《在十八届中央政治局第四次集体学习时的讲话》,《习近平关于全面依法治国论述摘编》,中央文献出版社2015年版。

35.《资治通鉴》卷215,天宝二年春正月。

36.《宋史·欧阳修传》

37.《孙中山文萃》(下卷),广东人民出版社1996年版。

38.薄一波:《若干重大决策与事件的回顾》,中共中央党校出版社1991版。

39.[古希腊]亚里士多德:《政治学》,吴寿彭译,商务印书馆1996年版。

40.[英]霍布斯:《利维坦》,黎思复、黎廷弼译,商务印书馆1985年版。

41.[法]孟德斯鸠:《论法的精神》(上册),张雁深译,商务印书馆1978年版。

42.[法]托克维尔:《论美国的民主》,董国良译,商务印书馆1997年版。

43.[美]迈克尔·麦金尼斯主编:《多中心体制与地方公共经济》,毛寿龙、李梅译,上海三联书店2000年版。

44.[美]弗朗西斯·福山:《国家构建:21世纪的国家治理与世界秩序》,黄胜强、许铭原译,中国社会科学出版社2007年版。

45.[英]戴维·米勒、韦农·博格丹诺编:《布莱克维尔政治学百科全书》,邓正来等译,中国政法大学出版社1992年版。

46.[美]詹姆斯·M.布坎南:《公共财政》,中国财政经济出版社1991年版。

47.[美]保罗·肯尼迪:《大国兴衰》,蒋葆英等译,中国经济出版社1989年版。

48.[美]查尔斯·A.比德尔:《美国政府与政治》,朱增文译,商务印书馆1988年版。

49.[英]奈杰尔·福尔曼、道格拉斯·鲍德温:《英国政治通论》,张勇等译,北京大学出版社2009年版。

50.[奥]凯尔森:《法与国家的一般理论》,沈宗灵译,中国大百科全书出版社1996年版。

51.[美]理查德·A.马斯格雷夫、佩吉·B.马斯格雷夫:《财政理论与实践》,邓子基、邓力平译,中国财政经济出版社 2003 年版。

52. 辛向阳:《大国诸侯:中国中央与地方关系之结》,中国社会出版社 2008 年版。

53. 薄贵利:《中央地方关系研究》,吉林大学出版社 1991 年版。

54. 辛向阳:《百年博弈——中国中央地方关系 100 年》,山东人民出版社 2000 年版。

55. 朱光磊:《当代中国政府过程》,天津人民出版社 2002 年 9 月第 2 版。

56. 林尚立:《一个国家,两种制度》,上海人民出版社 1998 年版。

57. 林尚立:《国内政府间关系》,浙江人民出版社 1998 年版。

58. 高韬芳:《当代中国中央与民族自治地方政府关系研究》,人民出版社 2009 年版。

59. 高民政主编:《中国政府与政治》,黄河出版社 1993 年版。

60. 芮明春主编:《政府学》,中国人事出版社 1993 年版。

61. 胡伟:《政府过程》,浙江人民出版社 1998 年版。

62. 孙柏瑛:《当代地方治理》,中国人民大学出版社 2004 年版。

63. 孙波:《中央与地方关系法治化研究》,山东人民出版社 2013 年版。

64. 张志红:《当代中国政府间纵向关系研究》,天津人民出版社 2005 年版。

65. 郑永年:《中国的"行为联邦制"》,邱道隆译,东方出版社 2013 年版。

66. 黄韬:《中央与地方事权分配机制》,格致出版社、上海人民出版社 2015 年版。

67. 谭建立:《中央与地方财权事权关系研究》,中国财政经济出版社 2010 年版。

68. 宋立:《各级政府公共服务事权财权配置》,中国计划出版社 2005 年版。

69. 楼继伟:《中国政府间财政关系再思考》,中国财政经济出版社 2013 年版。

70. 封丽霞:《中央与地方立法关系法治化研究》,北京大学出版社 2008 年版。

71. 王振民、施新州等:《中国共产党党内法规研究》,人民出版社 2016 年版。

72. 殷啸虎:《中国共产党党内法规通论》,北京大学出版社 2016 年版。

73. 李忠:《党内法规建设研究》,中国社会科学出版社 2015 年版。

74. 武汉大学党内法规研究中心:《党内法规理论研究》(2018 年第 1 期),社会科学文献出版社 2018 年版。

75. 许崇德:《"一国两制"理论助读》,中国民主法制出版社 2010 年版。

76. 王振民:《"一国两制"与基本法:二十年回顾与展望》,江苏人民出版社 2017 年版。

77. 王叔文:《香港特别行政区基本法导论》,中共中央党校出版社 1990 年版。

78. 王叔文:《澳门特别行政区基本法导论》,中共中央党校出版社 1990 年版。

79. 王英津:《国家统一模式研究》,九州出版社 2008 年版。

80. 李文钊:《中央与地方政府权力配置的制度分析》,人民日报出版社 2017 年版。

81. 李景鹏:《权力政治学》,北京大学出版社 2008 年版。

82. 邓初民:《新政治学大纲》,中国社会科学出版社 1984 年版。

83. 云光:《政治学纲要》,中国政法大学出版社 1987 年版。

84. 辛向阳:《新政府论》,中国工人出版社 1994 年版。

85. 赵宝煦:《政治学概念》,北京大学出版社 1982 年版。

86. 应松年:《行政学教程》,中国政法大学出版社 1998 年版。

87. 高民政:《中国政府与政治》,黄河出版社 1993 年版。

88. 王敬松:《中华人民共和国政府与政治》,中共中央党校出版社 1994 年版。

89.《中国大百科全书》(政治学卷),中国大百科全书出版社 1992 年版。

90. 许崇德:《中国宪法》,中国人民大学出版社 1989 年版。

91. 童之伟:《国家结构形式论》,武汉大学出版社 1997 年版。

92. 王惠岩:《政治学原理》,高等教育出版社 1999 年版。

93. 王浦劬:《政治学基础》,北京大学出版社 1995 年版。

94. 俞可平:《论国家治理现代化》,社科文献出版社 2014 年版。

95. 燕继荣等:《中国现代国家治理体系的构建》,社会科学文献出版社 2018 年版。

96. 江必新、鞠成伟:《国际治理现代化比较研究》,中国法制出版社 2016 年版。

97. 俞可平:《治理和善治》,社会科学文献出版社 2000 年版。

98. 俞可平:《论国家治理现代化》,社会科学文献出版社 2015 年版。

99. 江必新等:《国家治理现代化——十八届三中全会〈决定〉重大问题研究》,中国法制出版社 2014 年版。

100. 邓子基等著:《地方税系研究》,经济科学出版社 2007 年版。

101. 平新乔:《财政原理与比较财政制度》,上海三联出版社 1995 年版。

102. 朱丘祥:《分税与宪政——转型社会中央与地方财政分权的价值与逻辑》,知识产权出版社 2007 年版。

103. 刘云龙:《民主机制与民主财政——政府间财政分工及分工方式》,中国城市出版社 2001 年版。

104. 赵永茂:《中央与地方权限划分的理论与实际:兼论台湾地方政府的变革方向》,台湾翰芦图书 1997 年版。

105. 张金鉴:《行政学典范》,"中国行政学会"(台湾),1979 年版。

106. 荣孟源:《中国国民党历次代表大会及中央全会资料》,光明日报出版社

1985 版。

107. 臧雷振:《国家治理:研究方法与理论建构》,社科文献出版社 2016 年版。

108. 许海清:《国家治理体系和治理能力现代化》,中共中央党校出版社 2013 年版。

109. 俞可平:《中国的治理变迁(1978—2018)》,社会科学文献出版社 2018 年版。

110. 人民论坛:《大国治理》,中国经济出版社 2014 年版。

111. 李君如:《治理什么样的国家,怎样治理国家?》,外文出版社 2018 年版。

112. 张千帆:《国家主权与地方自治——中央与地方关系的法治化》,中国民主法制出版社 2012 年版。

113. 秦前红主编:《监察法教程》,法律出版社 2018 年版。

114. 景跃进等:《当代中国政府与政治》,中国人民大学出版社 2015 年版。

115. 冯兴元:《地方政府竞争》,凤凰传媒出版集团、译林出版社 2010 年版。

116. 王浦劬:《中央与地方事权划分的国别研究及启示》,人民出版社 2016 年版。

117. 侯景新、蒲善新、肖金成:《行政区划与区域管理》,中国人民大学出版社 2006 年版。

118. 刘君德、冯春萍、华林甫:《中外行政区划比较研究》,华东师范大学出版社 2002 年版。

119. 李志安主编:《中国五千年中央与地方关系》,人民出版社,2010 年版。

120. 魏红英:《宪政架构下的地方政府模式研究》,中国社会科学出版社 2004 年版。

121. 付子堂主编:《中国地方立法报告(2018)》,社会科学文献出版社 2018 年版。

122. 谢庆奎:《政治学概论》,中国社会科学出版社 2005 年版。

123. 董礼胜:《欧盟成员国中央与地方关系比较研究》,中国政法大学出版社 2000 年版。

124. 高韫芳:《当代中国中央与民族自治地方政府关系研究》,人民出版社 2009 年版。

125. 吴大英:《中国社会主义立法问题》,群众出版社 1991 年版。

126. 王利明:《司法改革研究》,法律出版社 2001 年版。

127. 任进:《比较地方政府与制度》,北京大学出版社 2008 年版。

128. 齐守印:《构建现代公共财政体系:基本架构、主要任务与实现途径》,中国财政经济出版社 2012 年版。

129. 李齐云:《建立健全与事权相匹配的财税体制研究》,中国财政经济出版社 2013 年版。

130. 吴国光、郑永年:《论中央、地方关系:中国制度转型中的一个轴心问题》,牛津出版社 1995 年版。

二、中文期刊、报纸

1. 胡锦涛:《高举中国特色社会主义伟大旗帜　为夺取全面建设小康社会新胜利而奋斗——在中国共产党第十七次全国代表大会上的报告》,《人民日报》2007 年 10 月 25 日。

2. 习近平:《在庆祝香港回归祖国二十周年大会暨香港特别行政区第五届政府就职典礼上的讲话》,《人民日报》2017 年 7 月 2 日。

3.《中国共产党第十九届中央委员会第三次全体会议公报》,《人民日报》2018 年 2 月 29 日。

4. 王沪宁:《集分平衡:中央与地方的协同关系》,《复旦学报社会科学版》1991 年第 2 期。

5. 丁薛祥:《深化党和国家机构改革是推进国家治理体系和治理能力现代化的必然要求》,《人民日报》2018 年 3 月 12 日。

6. 孟建柱:《深化司法体制改革》,《人民法院报》2013 年 11 月 26 日。

7. 郑永年:《中国央地关系向何处去?》,《联合早报》2018 年 1 月 30 日。

8. 俞可平:《推进国家治理体系和治理能力现代化》,《前线》2014 年第 1 期。

9. 薄贵利:《建立和完善中央与地方合理分权体制》,《国家行政学院学报》2002 年(专刊)。

10. 何增科:《理解国家治理及其现代化》,《马克思主义与现实》2014 年第 1 期。

11. 关晓丽:《论三代领导人关于中央与地方关系的主要思想与实践》,《马克思主义研究》2010 年第 7 期。

12. 杨小云:《论新中国建立以来中国共产党处理中央与地方关系的历史经验》,《政治学研究》2001 年第 2 期。

13. 辛向阳:《第三代领导集体关于中央地方关系的思想及其时代风格》,《重庆行政》2000 年第 3 期。

14. 马海涛:《政府间事权与财力、财权划分的研究》,《理论视野》2009 年第 10 期。

15. 刘剑文、侯卓:《事权划分法治化的中国路径》,《中国社会科学》2017 年第 2 期。

16. 郑毅:《中央与地方事权划分基础三题——内涵、理论与原则》,《云南大学学报法学版》2011 年第 4 期。

17. 齐守印:《深化纵向财政体制改革理顺政府间财政关系》,《财政科学》2018 年第 1 期。

18. 赵福昌、樊轶侠:《第二届"财政与国家治理"论坛主要观点综述》,《财政科学》
2018 年第 1 期。

19. 柯华庆:《"谁请客,谁买单"——建构分税制支出责任与事权相匹配原则》,
《中国财政》2013 年第 22 期。

20. 贾康、白景明:《中国地方财政体制安排的基本思路》,《财政研究》2003 年第
8 期。

21. 白景明等:《建立事权与支出责任相适应财税制度操作层面研究》,《经济研究
参考》2015 年第 43 期。

22. 马岭:《我国现行〈宪法〉中的民主集中制原则》,《云南大学学报》(法学版)
2013 年第 4 期。

23. 吴显庆:《论我国现行宪法中民主集中制的科学含义》,《社会主义研究》2005
年第 1 期。

24. 郑毅:《论中央与地方关系中的"积极性"与"主动性"原则—基于我国,〈宪法〉
第 3 条第 4 款的考察》,《政治与法律》2019 年第 3 期。

25. 王旭:《"论司法权的中央化"》,《战略与管理》2001 年第 5 期。

26. 刘作翔:《"中国司法地方保护主义之批判——兼论'司法权国家化'的司法改
革思路"》,《法学研究》2003 年第 1 期。

27. 焦洪昌:《"从法院的地方化到法院设置的双轨制"》,《国家行政学院学报》
2000 年第 1 期。

28. 李家泉:《港澳回归话台湾》,《统一论坛》2000 年第 1 期。

29. 张千帆:《国家统一与地方有治——从港澳基本法看两岸和平统一的宪法机
制》,《华东政法大学学报》2007 年第 4 期。

30. 周挺:《论中央监督权的正当性、范围与行使的法治化建议》,《港澳研究》2016
年第 3 期。

31. 邓莉、杜承铭:《"一国两制"下中央对特别行政区全面管治权之释义分析——
兼论全面管治权与高度自治权的关系》,《吉首大学学报(社会科学版)》2018 年第
5 期。

32. 夏正林、王胜坤:《中央对香港特别行政区监督权若干问题研究》,《国家行政学
院学报》2017 年第 3 期。

33. 王浦劬:《中央与地方事权划分的国别经验及其启示》,《政治学研究》2016 年
第 5 期。

34. 郑毅:《中央与地方事权划分基础三题——内涵、理论与原则》,《云南大学学报》(法学版)2017年第4期。

35. 徐勇:《GOVERNANCE:治理的阐释》,《政治学研究》1997年第1期。

36. 马庆钰:《如何认识从"管理"到"治理"的转变》,《人民日报》2014年3月24日。

37. 徐勇、吕楠:《热话题与冷思考——关于国家治理体系和治理能力现代化的对话》,《当代世界与社会主义》2014年第1期。

38. 熊节春:《政府治理新范式:元治理》,《中国行政管理学会2010年会暨"政府管理创新"研讨会论文集》。

39. 孙珠峰、胡近:《"元治理"理论研究:内涵、工具与评价》,《上海交通大学学报》(哲学社会科学版)2016年第3期。

40. 张骁虎:《"元治理"理论的生成、拓展与评价》,《西南交通大学学报》(社会科学版)2017年第3期。

41. 郁建兴:《治理与国家建构的张力》,《马克思主义与现实》2008年第1期。

42. 吴笛:《中央和地方事权与财权的划分与改革思路》,《合肥工业大学学报》(社会科学版)2010年第2期。

43. 杨灿明、赵福军:《财政分权理论及其述评》,《中南财经政法大学学报》2004年第4期。

44. 毕丽、危素玉:《财政分权理论综述》,《云南财经大学学报》2004年第3期。

45. 郑永年、王旭:《论中央地方关系中的集权和民主问题》,《战略与管理》2001年第3期。

46. 许耀桐、刘祺:《当代中国国家治理体系分析》,《理论探索》2014年第1期。

47. 丁志刚:《论国家治理能力极其现代化》,《上海行政学院学报》2015年第3期。

48. 王浦劬:《国家治理、政府治理和社会治理的含义及其相互关系》,《国家行政学院学报》2014年第3期。

49. 彭莹莹、燕继荣:《从治理到国家治理:治理研究的中国化》,《治理研究》2018年第2期。

50. 徐邦友:《国家治理体系:概念、结构、方式与现代化》,《当代社科视野》2014年第3期。

51. 徐相林:《国家治理的理论内涵》,《人民论坛》2014年第10期。

52. 桑玉成:《现代国家治理体系的"软结构"问题漫谈》,《思想理论教育》2015年第3期。

53. 蒋永甫、韦潇竹、李良:《中央与地方关系的发展:从权力博弈走向国家治理结构转型》,《学习论坛》2016 年第 3 期。

54. 李君如:《从全能型国家体系的改革到现代国家治理体系的重构》,《毛泽东邓小平理论研究》2017 年第 6 期。

55. 吴家庆、王毅:《中国与西方治理理论之比较》,《湖南师范大学社会科学学报》2007 年第 2 期。

56. 俞可平:《中国治理变迁 30 年(1978-2008)》,《吉林大学社会科学学报》2008 年第 6 期。

57. 吴家庆、王毅:《中国与西方治理理论之比较》,《湖南师范大学社会科学学报》2007 年第 2 期。

58. 张海洋、李永洪:《元治理与推进中国国家治理能力现代化的耦合逻辑及实现理路》,《理论导刊》2016 年第 9 期。

59. 林毅夫:《转型国家需要有效市场和有为政府》,《中国经济周刊》2014 年第 6 期。

60. 樊纲:《"稳定的地方财源与有效的中央转移支付"》,《经济观察报》2006 年 11 月 27 日。

61. 徐汉明:《国家监察权的属性探究》,《法学评论》2018 年第 1 期。

62. 辛向阳:《中央与地方关系如何"顶层设计"?——从理论、历史与制度三个方面的依据来考察》,《绿叶》2011 年第 2 期。

63. 林尚立:《党政关系建设的制度安排》,《理论参考》2002 年第 8 期。

64. 许耀桐:《党政关系的新认识》,《中共福建省委党校学报》2012 年第 5 期。

65. 刘杰:《党政关系的历史变迁与国家治理逻辑的变革》,《社会科学》2011 年第 12 期。

66. 张志红:《雄安新区建设中的央地关系新特点》,《国家治理》2018 年第 1 期。

67. 徐斌:《财政联邦主义理论与地方政府竞争一个综述》,《当代财经》2003 年第 12 期。

68. 周雪光:《国家治理规模及其负荷成本的思考》,《吉林大学社会科学学报》2013 年第 1 期。

69. 楼继伟:《事权划分改革是国家治理的高阶问题》,《中国经济时报》2017 年 12 月 19 日。

70. 《改革开放 40 年我国政府间事权纵向配置变革及其法治化探索》,《河北法学》2018 年第 12 期。

71. 吕同舟:《关于"赋予省级及以下政府更多自主权"的理论解读和思考》,《中国机构改革与管理》2018 年第 2 期。

72. 崔军、陈宏宇:《关于省以下基本公共服务领域共同财政事权与支出责任划分的思考》,《财政监督》2018 年第 9 期。

73. 马岭:《地方立法权的范围》,《中国延安干部学院学报》2012 年第 3 期。

74. 张千帆:《主权与分权——中央与地方关系的即便理论》,《国家检察官学院学报》2011 年第 2 期。

75. 应松年、薛刚凌:《论行政权》,《政法论坛》2001 年第 4 期。

76. 薛迎迎:《政府事权与支出责任匹配的国际比较与启示》,《财会月刊》2018 年第 11 期。

77. 黄景驰、蔡红英:《英国财政事权及支出责任机制研究》,《河南大学学报》(社会科学版)2016 年第 1 期。

78. 许闲:《德国权力制衡模式下的政府间财政关系》,《经济社会体制比较》2011 年第 5 期。

79. 傅光明、傅光喜:《德国政府间财政关系法对我国财政立法的启示》,《预算管理与会计》2017 年第 8 期。

80. 王德祥、李昕:《德国合作型财政联邦制和分税制模式及启示》,《江西财经大学学报》2017 年第 6 期。

81. 李建军:《美国地方政府的支出责任和地方税收:经验与启示》,《公共财政研究》2016 年第 6 期。

82. 刘丽、张彬:《美国政府间事权、税权的划分及法律平衡机制》,《湘潭大学学报(哲学社会科学版)》2012 年第 6 期。

83. 黄尔:《法国司法制度运行近况》,《中国检察官》2017 年第 21 期。

84. 刘宇琼:《在自由与规制之间的动态平衡——法国司法制度及其对我国司法改革的启示》,《比较法研究》2017 年第 5 期。

85. 曾涛,梁成意:《法国法院组织体系探微》,《法国研究》2002 年第 4 期。

86. 秦倩、李晓新:《国家结构形式中的司法权配置问题研究》,《政治与法律》2012 年第 10 期。

87. 刘诚:《德国法院体系探析》,《西南政法大学学报》2004 年第 6 期。

88. 郑戈:《传统中的变革与变革中的传统——德国宪法法院的诞生》,《交大法学》2017 年第 1 期。

89. 沈建峰:《德国劳动法院的历史、体制及其启示》,《中国劳动关系学院学报》

2015 年第 6 期。

90. 陈春梅:《由中央统一保障的法国法院经费制度》,《人民法院报》,2016 年 2 月 19 日。

91. 陈春梅:《日本法院经费模式:集中编制　统一保障》,《人民法院报》2016 年 4 月 1 日。

92. 陈春梅:《英国:适应其政治体制的法院经费制度》,《人民法院报》2016 年 1 月 29 日。

93. 陈春梅:《美国法院经费制度的特色》,《人民法院报》2015 年 11 月 20 日。

94. 蒋惠岭、王劲松:《国外法院体制比较研究》,《法律适用》2004 年第 1 期。

95. 陈春梅:《德国:精细化管理的法院经费制度》,《人民法院报》2015 年 12 月 25 日。

96. 陈新民:《论中央与地方法律关系的变革》,《法学》2007 年第 5 期。

97. 王沪宁:《调整中的中央地方关系:政治资源的开发与维护——王沪宁教授访谈录》,《探索与争鸣》1995 年第 3 期。

98. 葛剑雄:《统一和分裂:中国的历史和现实》,《探索与争鸣》1989 年第 2 期。

99. 周雪光:《权威体制与有效治理:当代中国国家治理的制度逻辑》,《开放时代》2011 年第 10 期。

100. 中华人民共和国国务院新闻办公室:《"一国两制"在香港特别行政区的实践》,《人民日报》2014 年 6 月 11 日。

101. 陈毅坚、黄彤:《遏制"港独"之立法构想》,《地方立法研究》2017 年第 6 期。

102. 秦前红:《依规治党视野下党领导立法工作的逻辑与路径》,《中共中央党校学报》2017 年第 4 期。

103. 崔军、陈宏宇:《关于省以下基本公共服务领域共同财政事权与支出责任划分的思考》,《财政监督》2018 年第 9 期。

104. 张强:《"丝绸之路经济带"新起点的省以下政府间事权与支出责任划分》,《西安财经学院学报》2017 年第 6 期。

105. 杨润星:《完善省以下财政体制改革的思考》,《南方论刊》2014 年第 4 期。

106. 沈德咏、曹士兵、施新州:《国家治理视野下的中国司法权构建》,《中国社会科学》2015 年第 3 期。

107. 程竹汝:《论司法在现代社会治理中的独特地位和作用》,《南京政治学院学报》2013 年第 6 期。

108. 周永坤:《司法的地方化、行政化、规范化——论司法改革的整体规范化理路》,《苏州大学学报》2016年第4期。

109. 卢子娟:《关于司法权的几个基础性问题》,《人民司法》2014年第13期。

110. 杨清望:《司法权中央事权化:法理内涵与政法语境的混同》,《法制与社会发展》2015年第1期。

111. 姚国建:《中央与地方双重视角下的司法权属性》,《法学评论》2016年第5期。

112.《习近平对司法体制改革作出重要指示强调:坚定不移推进司法体制改革 坚定不移走中国特色社会主义法治道路》,《人民日报》2017年7月11日。

113. 骆倩雯:《京津冀地区将探索设立跨行政区划法院》,《北京日报》2016年6月4日。

114. 江国华:《论司法改革的五个前提性问题》,《政治与法律》2015年第3期。

115. 王庆丰:《省以下地方法院人财物统一管理中的四个关系》,《人民司法》2015年第5期。

116. 高其才:《省以下地方法院、检察院人财物统一管理改革的法律障碍》,《苏州大学学报·法学版》2014年第1期。

117. 何帆:《论上下级法院的职权配置》,《法律适用》2012年第8期。

118. 刘海波:《中央与地方政府间关系的司法调节》,《法学研究》2004年第5期。

119. 郭蕾:《中央与地方争议解决之法律分权模式:学理分析与法治图景》,《浙江社会科学》2014年第8期。

120.《自觉维护中央的权威》,《人民日报》1994年11月29日。

121. 严书翰:《充分认识党的十九届四中全会研究国家制度和国家治理的重要意义》,《理论与现代化》2020年第1期。

122. 任广浩:《充分发挥中央和地方两个积极性的制度内涵》,《中国社会科学报》2019年12月12日。

三、网络资源

1.《2018年行政区划年度数据》,国家统计局官网,http://data.stats.gov.cn/easyquery.htm? cn=C01&zb=A0101&sj=2018,访问时间:2019-03-23。

2.《关于推进中央与地方财政事权和支出责任划分改革的指导意见》,中华人民共和国中央人民政府网,http://www.gov.cn/zhengce/content/2016-08/24/content_5101963.htm,发布时间:2016-08-24,访问时间:2019-03-20。

3.《关于印发基本公共服务领域中央与地方共同财政事权和支出责任划分改革方

案的通知》,中华人民共和国中央人民政府网,http://www.gov.cn/zhengce/content/2018-02/08/content_5264904.htm。发布时间:2018-02-08,访问时间:2019-03-23。

4. 法国统计局(INSEE):http://www.insee.fr/en/themes/comptes-nationaux/tableau.asp? sous_theme = 32 &xml = t_3205;3.205-Expenditures and receipts of local government(S1313) (Billions of Euros)。

5.《地方财政统计年》、《日本统计年鉴 2016》,日本总务省统计局网站,http://www.stat.go.jp/data/nihon/05.htm。访问时间:2017-03-24。

四、英文文献

1. Rhodes.R.A.W., *Beyond Westminster and Whitehall:the sub-central government of Britain*, Academic Division of Unwin Hyman Ltd,1988.

2. Charles M.Tiebout, "A Pure Theory of Local Expenditures", *Journal of Political Economy*, Vol.64, No.5, 1956, pp.416-424.

3. Bob Jessop, "The Rise of Governance and the Risks of Failure:The Case of Economic Development", *International Social Science Journal*, No.50, 1998, p.43.

4. Wallace E.Oates, *Fiscal federalism*, New York:Harcourt Brace Jovanovich, 1972, p.35.

五、学位论文

1. 杨小云:《新中国国家结构形式研究》,湖南师范大学 2002 年博士学位论文。

2. 孙波:《我国中央与地方立法分权研究》,吉林大学 2008 年博士学位论文。

3. 俞秋阳:《当代中国治理体系的韧性研究》,华中师范大学 2017 年博士学位论文。

4. 辛璐璐:《国家治理现代化进程中的政府责任问题研究》,吉林大学 2017 年博士学位论文。

6. 周小明:《印度宪法及其晚近变迁》,华东政法大学 2013 年博士学位论文。

7. 冷永生:《中国政府间公共服务职责划分问题研究》,财政部财政科学研究所 2010 年博士学位论文。

8. 罗湘衡:《德国联邦制下府际财政关系研究》,南开大学 2014 年博士学位论文。

9. 段龙龙:《基于"国家治理论"的中国政府间财政分权研究》,西南交通大学 2017 年博士学位论文。

10. 韩娜:《论司法权的配置》,西南政法大学 2017 年博士学位论文。

11. 游腾飞:《美国联邦制纵向权力关系研究》,南开大学2013年博士学位论文。

12. 崔莹:《我国省以下政府间财政支出责任划分问题研究》,辽宁大学2016年硕士学位论文。

六、法规政策

1.《中国人民政治协商会议共同纲领》

2.《中华人民共和国宪法》

3.《中华人民共和国全国人民代表大会组织法》

4.《中华人民共和国地方各级人民代表大会和地方各级人民政府组织法》

5.《中华人民共和国立法法》

6.《中华人民共和国民族区域自治法》

7.《中华人民共和国香港特别行政区基本法》

8.《中华人民共和国澳门特别行政区基本法》

9.《中华人民共和国监察法》

10.《中华人民共和国人民法院组织法》

11.《中华人民共和国人民检察院组织法》

12.《中华人民共和国法官法》

13.《中华人民共和国检察官法》

14.《中华人民共和国土地管理法》

15.《中国共产党章程》

16.《关于新形势下党内政治生活的若干准则》

17.《中国共产党党内监督条例》

18.《中国共产党巡视条例》

19.《中国共产党纪律处分条例》

20. 中共中央办公厅《关于在北京市、山西省、浙江省开展国家监察体制改革试点方案》

21. 国务院《关于划分收支、分级包干"实行"分灶吃饭"的财政管理体制的通知》

22.《中共中央关于完善社会主义市场经济体制若干问题的决定》

23. 国务院《关于投资体制改革的决定》

24. 中共中央组织部《关于修订中共中央管理的干部职务名称表的通知》。

25. 国务院《关于实行分税制财政管理体制的决定》

26.《中共中央政治局关于加强和维护党中央集中统一领导的若干规定》

27. 中办、国办《关于贯彻落实党的十八届四中全会决定进一步深化司法体制和社会体制改革的实施方案》

28. 中共中央办公厅《关于健全人大讨论决定重大事项制度、各级政府重大决策出台前向本级人大报告的实施意见》

29.《国务院关于推进中央与地方财政事权和支出责任划分改革的指导意见》

30. 国务院办公厅《基本公共服务领域中央与地方共同财政事权和支出责任划分改革方案》

31. 国务院办公厅《医疗卫生领域中央与地方财政事权和支出责任划分改革方案》

32. 国务院办公厅《教育领域中央与地方财政事权和支出责任划分改革方案》

33. 国务院办公厅《科技领域中央与地方财政事权和支出责任划分改革方案》

34.《中共中央国务院关于支持深圳建设中国特色社会主义先行示范区的意见》

35.《河北省人民政府基本公共服务领域省与市、县共同财政事权和支出责任划分改革实施方案》

36.《山东省人民政府关于推进省以下财政事权和支出责任划分改革的意见》

37.《上海市人民政府关于推进市与区财政事权和支出责任划分改革的指导意见》（试行）

38.《甘肃省基本公共服务领域省与市县共同财政事权和支出责任划分改革方案》

39.《黑龙江省人民政府关于推进省以下财政事权和支出责任划分改革的意见》

40.《广东省人民政府关于基本公共服务领域省级与市县共同财政事权和支出责任划分改革方案》

41.《海南省人民政府关于推进省与市县财政事权和支出责任划分改革的实施意见》

责任编辑：柴晨清
封面设计：石笑梦
版式设计：胡欣欣

图书在版编目（CIP）数据

基于国家治理现代化的政府间事权配置机理研究/任广浩 著. —北京：
　人民出版社,2022.9
ISBN 978－7－01－025133－2

Ⅰ.①基…　Ⅱ.①任…　Ⅲ.①国家-行政管理-研究-中国②政府职能-研究-中国
　Ⅳ.①D630.1

中国版本图书馆 CIP 数据核字(2022)第 185189 号

基于国家治理现代化的政府间事权配置机理研究

JIYU GUOJIA ZHILI XIANDAIHUA DE ZHENGFUJIAN SHIQUAN PEIZHI JILI YANJIU

任广浩　著

人民出版社 出版发行
(100706　北京市东城区隆福寺街 99 号)

北京九州迅驰传媒文化有限公司印刷　新华书店经销

2022 年 9 月第 1 版　2022 年 9 月北京第 1 次印刷
开本:710 毫米×1000 毫米 1/16　印张:16
字数:231 千字

ISBN 978－7－01－025133－2　定价:69.00 元

邮购地址 100706　北京市东城区隆福寺街 99 号
人民东方图书销售中心　电话 (010)65250042　65289539